融合型·新形态教材
复旦学前云平台 fudanxueqian.com

普通高等学校学前教育专业系列教材

学前儿童科学教育活动设计与指导

（第二版）

主　编　李洪屏

副主编　田　洪　赵宁华　王永强

编　者　牟兰娟　徐祖玉　祝　亚
　　　　李　军　刘爱平

复旦大学出版社

内容提要

本教材立足普通高校和高职高专院校学前儿童科学教育的教学实际,较好地体现了《幼儿园教育指导纲要(试行)》《3—6岁儿童学习与发展指南》的基本精神,体现学前儿童科学教育理论与实践研究的最新成果。全书分三个模块:模块一"科学探究"包括学前儿童科学教育的概述、目标及内容、方法、活动设计与指导、资源,非幼儿园场所的学前儿童科学教育和学前儿童科学游戏活动;模块二"数学认知"包括学前儿童科学教育活动中的数学认知的意义、特点、方法和活动的设计与指导;模块三"活动评价"包括学前儿童科学教育评价的概述、价值、内容和方法等。

本书编者从多年教学积累的经验出发,吸收当前国内外最新研究成果,呈现了较为丰富的案例,具有专业性强、实践性突出、易学习、好操作等特点。本书的主要读者对象为各院校学前教育专业的学生,也可作为幼儿园教师继续教育用书。

本书配有课件、教案、习题答案等教学资源,可登录复旦学前云平台(www.fudanxueqian.com)免费下载。

前　言

　　为认真贯彻党的教育方针和党的二十大报告精神，落实立德树人根本任务，加强社会主义核心价值观教育，培养德智体美劳全面发展的建设者和接班人，更好地推动学前儿童科学教育改革的需要和发展，为高职高专学前教育专业的学生和幼教工作者提供更多的参考和帮助，我们根据《幼儿园教育指导纲要(试行)》《3—6岁儿童学习与发展指南》《幼儿园教师专业标准》的基本精神和要求编写了本教材。教材包含科学探索、数学认知和活动评价三个模块，对学前儿童科学教育的目标、内容、方法、设计与指导、资源、评价等方面进行了讲解。

　　本书在编写过程中立足教育教学实践，突出专业知识的系统性、实用性，以提高学生的理论水平和教学水平，全面促进学生专业素养的形成，为他们能迅速适应学前教育工作的需要打下坚实的基础，实现高等专科学校培养高素质、强技能应用型人才的教育目标。本书的编写具有以下五个方面的特点：

　　1. 紧密结合当前学前教育发展的新要求、新理念、新理论，以理念更新、能力培养、素质形成为主要目标，注重知识与技能、理论与实践相结合。

　　2. 通过对点案例、案例展示与实践活动等环节的设置，使教学案例与理论知识相辅相成，增强了示范性和指导性，促进学生理解，构建了专业性强、实践性突出、易学习、好操作的知识体系，既增强了教材的趣味性和实践性，又能促进学生掌握知识提高技能，让学生学有所获，学有所长。

　　3. 语言运用力求通俗易懂，言简意赅；图表搭配力求精准适量，主题鲜明，体现出教材编写形式丰富的特点，以提高学生的阅读兴趣。

　　4. 本教材还配了相应的教案和习题参考答案，可为新教师提供教学参考，提升教学效果。

　　5. 新增了教学案例，为教师和学生提供了更丰富的案例学习资源。

　　本书是面向全国师范院校、高职高专学前教育专业或幼儿园科学活动指导的培训教材，建议授课时数为48—60学时。也可根据学校情况和不同需求加以取舍。

　　本教材由李洪屏(铜仁幼儿师范高等专科学校)担任主编，田洪(铜仁幼儿师范高等专科学校)、赵宁华(济南幼儿师范高等专科学校)任副主编，铜仁幼儿师范高等专科学校的牟兰娟、祝亚、李军、徐祖玉、刘爱平五位老师参加了编写。本教材编写分工如下：

　　第一章由牟兰娟编写；第二章由李军编写；第三章由王永强编写；第四章及第九章第二节至第五节由李洪屏编写；第五章由赵宁华编写；第六章由徐祖玉编写；第七章由祝亚编写；第八章由刘爱平编写；第九章第一节由田洪编写。

　　本教材编写过程中参考引用了国内外许多专家、学者的著述，采纳了各地幼儿园优秀科学活动案例，也得到了社会各界人士的大力支持，在此一并表示衷心的感谢。

　　由于编者水平所限，书中疏漏和不足之处敬请同行专家和广大读者给予批评指正，以便修订、改进。欢迎读者在使用本书的过程中，向编者提出宝贵意见。

目 录

模块一 科学探索

模块二　数学认知

模块三　活动评价

模块一

科学探索

第一章

学前儿童科学教育概述

【本章重点】

- 理解学前儿童科学教育的内涵。
- 理解学前儿童科学教育的价值。
- 掌握学前儿童科学教育的基本特性。

【技能提升】

掌握学前儿童学习科学的特点,领会学前儿童科学教育活动的意义,并能主动关注和观摩学习学前儿童科学教育活动。

【学前引路】

学前儿童科学教育在幼儿的启蒙教育中起到举足轻重的作用,结合幼儿的心理发展途径,不仅是幼儿智力开发的起源之一,也是幼儿学习兴趣的启蒙教育。作为高质量的科学教育课堂,可以使枯燥的课堂教学变得丰富多彩,也可激励好奇心旺盛的幼儿对浩瀚的知识领域产生浓厚的兴趣和渴求。

第一节　学前儿童科学教育内涵

一、科学与学前儿童的科学

人类从接触文明以来,不断对科学确定明确的定义,特别从学前儿童的科学这个角度对科学概念做一个界定和描述。

(一)科学与生活紧密相连

我们不否认科学是知识,但是对学前儿童来说,科学更多的不完全是现成的书本上的原理和规律之类的知识,而是他们在生活中不断接触和积累经验层次的知识。所以,幼儿的科学不是高深莫测的纯理论,而是与生活紧密相连的科学知识。人类在吃、穿、住、用、行等各个领域都有无穷无尽的科学知识。

(二)科学知识离不开科学的探索过程

科学不仅表现为静态的知识,而且表现为动态的探索过程。对于幼儿来说,所有的对事物的观察、比较、分类的活动,由好奇心引发的猜想、实验和操作探究的活动,以及对事物、时间和现象的推理、解释过程都属于科学的范畴。这样的过程不仅仅具有引领儿童获得知识和经验的作用,更重要的是让幼儿亲历科学探究的全过程,体验科学家研究科学的过程,满足幼儿喜欢动手做和探究的欲望,有利于培养幼儿的科学兴趣和精神。

(三)科学也是一种态度、世界观和价值观

在学前儿童科学教育过程中,好奇心和求知欲、尊重事实和客观世界的态度、怀疑精神、求异求新求变的不满足精神、乐于通过亲自实践来求证的精神都属于科学的范畴,它们比科学知识更能影响幼儿一生的发展,具有更深远的意义。

二、像科学家一样的儿童

心理学研究表明,一个心理安全感良好的孩子,会对外部世界充满兴趣。外部世界不外乎两种:一是人,二是物。因为对人充满兴趣,儿童学习社会交往,建构自己的社会;因为对物感兴趣,儿童一刻不停地动用他们的手脚和感觉器官来探索这个世界,我们称为好奇心和探索欲。

好奇心和探索欲对于人类发展极为重要,人类社会发展和文明进步的历史有力地证明了这一点。好奇心和探索欲不仅能帮助儿童认识和了解世界,而且是推动儿童健康成长的重要力量。

爱探索是儿童的天性。对于3—6岁的儿童来讲,伴随好奇心的外部行为就是好问和探索。面对这个如此奇妙、充满变化的世界,儿童有太多的疑惑、太多的惊奇,还有太多的奇思妙想……所以,儿童是闲不住的,他们想要看、想要听、想要触摸、想要动手操作,以便弄清楚这个世界所有的奥妙,所以无论是作为老师还是作为幼儿家长,面对如此兴致勃勃的探索者,我们最应该做的就是保护和支持他们的好奇心和探索欲。

每一个儿童都是科学家。科学的本质不在于认识已经存在的真理,而在于探索真理。从这个角度来说,科学家探索过程的核心在于探究精神,而儿童天生喜欢新事物,对未知世界充满兴趣和探索欲望,他们孜孜不倦,永不满足,所以说"每一个儿童都是科学家"一点也不为过。科学家也正是因为具备了像小孩子一样的好奇心和探索欲望,才会不断挑战未知领域,才会对世界做出如此巨大的贡献。

三、学前儿童科学教育内涵

从呱呱落地开始,孩子就与科学结下了不解之缘。到了幼儿阶段,无数个"是什么""为什么""怎么样"就在脑海中产生,科学就在幼儿身边。他们时时、处处在学科学,以不同于成人的特有方式在接触科学,探究世界。

学前儿童的科学不像成人的科学那么深奥,都是周围世界中经常接触的事物和现象。如人们制造的各种物品和自然界的事物现象,都包含了许多科学的因素,所以都属于学前儿童的科学范畴。学前儿童对周围的事物有着强烈的好奇心和求知欲,他们总是在与周围的环境接触中了解和认识这个世界,他们所感兴趣的是一些成人看来天经地义和浅显易懂的事物。例如:为什么会有白天和黑夜?种子怎样发芽?电视里为什么会有人?鱼儿在水里怎么能呼吸?为什么天空是蓝色的?这些都是学前儿童感兴趣的科学问题。显然,学前儿童的科学不同于成人的科学,两者之间的不同具体表现在以下四个方面。

(一)学前儿童的科学是一种经验层次的科学知识

学前儿童可以通过观察获得有关事物和现象的具体、个别的经验,却不容易从中进行抽象和概括,更不可能通过概念来进行间接的学习,所以说,"学前儿童的科学"是一种经验层次的科学知识,它是直接的、具体的,而不是间接的、抽象的;是描述性的,而不是解释性的。如果要学前儿童说明具体事物背后的间接的联系,或者解释现象背后的因果关系,就超出他们的能力范围了。

(二)学前儿童的科学是一个自我构建的过程

随着生活经验的丰富,学前儿童对周围世界的认识也在不断地改变。当这些直接的、间接的经验与学前儿童已有的认识不相一致时,新旧经验的冲突、同化、整合就导致了他们认识的改变。这就是知识构建的过程。除了生活经验以外,学前儿童的认知能力也是促进其认识不断发生改变的重要因素。随着学前儿童年龄的增长,他们会逐渐放弃那种主观的、自我中心的思维方式,取而代之以寻求客观的解释。他们对世界的认识会越来越接近于成人的科学认识。因此,与其说学前儿童的科学是一种肤浅的、不完善的认识,还不如说它是一个建构知识的过程。我们应该用一种发展性、过程性的观点精炼理解"学前儿童的科学",把它看成是一种处在不断发展、变化和完善过程中的科学认识。

(三)学前儿童的科学是对世界的独特理解

学前儿童分不清主观的现实和客观的现实,不能客观地解释自然事物和现象,而往往从主观的意愿出发或赋予万物以灵性。皮亚杰曾说,游戏是儿童选择的所相信的现实。儿童相信自己的假想,好像它是真的一样,即使是在"求真"的科学探索活动中也是如此,常常是在游戏的情景中、在假想的情景中观察着现实、探索着科学。儿童在假想游戏中探索自然、以投入的情感与自然对话、用诗意的想象解释自然——认知发展水平的局限使学前儿童的科学带有主观性的色彩,这既是它的不成熟之处,也是其独特之处。

幼儿有着与生俱来的好奇心和探究欲望。好奇心是幼儿内在生命本质的展现,正是好奇心驱使着幼儿去探索未知。幼儿有着科学领域的探究和学习,往往受到好奇心和兴趣的直接驱使,可以说好奇心和兴趣是幼儿主动进行科学探究的基本前提。例如,教师带领幼儿采集各种各样的小石头,带回幼儿园,让幼儿向同伴介绍自己采集的石头,互相交流,进行各种分类、制作活动。在活动过程中,孩子不仅认识了各种各样的石头,学习了分类方法,提高了观察能力、思维能力,同时培养了探索大自然的兴趣和热爱大自然的情感。

学前儿童科学教育不在于教授幼儿高深的科学知识和技术,而在于要在幼儿的心灵中播下科学精神的种子。在日常学习中,要培养幼儿对自然和社会充满广泛的兴趣,喜欢探索,乐于发现,掌握初步的科学知识和方法。更重要的是培养幼儿对科学的兴趣和探索精神,为日后发展打下坚实的基础。

教育部颁布的《幼儿园教育指导纲要(试行)》(以下简称《纲要》)中明确指出:"幼儿的科学教育是启蒙教育,重在激发幼儿的认识兴趣和探究欲望,尽量创造条件让幼儿参加探究活动,科学教育应紧密联系幼儿的生活进行。"生活中处处都有科学,科学就藏在孩子对自己周围的物质世界的好奇和探索中。幼儿园科学教育的宗旨是对幼儿进行科学素质的早期培养。

(四)关于学前儿童科学教育的含义

学者们有多种观点,比较有代表性的包括有以下三种。

观点一:学前儿童科学是指在教师的指导下,通过自身的活动,对周围的自然界(包括人造自然)进行感知、操作、发现以及提出各种问题,寻找答案的探索过程。

观点二:学前儿童科学教育应成为引发、支持和引导幼儿主动探究、经历探究和发现过程,获得有关周围物质世界及其关系的经验的过程,使幼儿乐学、会学简单的科学知识,使儿童终身发展的长远教育价值得以实现的过程。

观点三:学前科学教育是指在教师的指导下,通过幼儿自身的活动,对周围物质世界进行感知、观察、操作、发现问题,寻求答案的探索过程;是幼儿获取广泛的科学、技术经验和具体事实,主动构建表象水平上的初级科学概念,学习科学方法和技能,发展智力的过程;是发展幼儿好奇心,使幼儿感受到自己的能力,得到愉悦的情绪体验,产生学习科学技术的兴趣,积极对自然界和人类社会的关注和爱护的过程。

概括以上几点,学前儿童科学的内涵应突出强调两个问题:学前儿童科学教育应该是引导儿童主动探索的过程,教师应改变以往只重结果、不重过程的做法,给儿童足够的时间,有足够的耐心等待儿童自己发现,而不急于告诉儿童结果;学前儿童科学教育应引导儿童从他们每天所做的事情中增长科学经验,从他们日常的好奇心与探索行为中悟出道理、发现关系,从只重视教师有组织的集体和分组科学教育活动转向重视日常生活活动,教师要随时随地发现、支持并引导儿童自发的探索活动。

💡 对点案例

在某班中,为了学习自然测量的方法,游戏时李老师请亮亮和强强在教室的前方和后方分别搭了一座亭子。数学活动时李老师问:"怎样才知道两座亭子哪一座高哪一座矮呢?"幼儿纷纷想办法。"把两个亭子放在一起比赛。""不行,不行,这样移容易把亭子弄倒!""用尺子量!""没有尺子怎么办？""用铅笔。"有的幼儿想到用铅笔、小棒等自然物做计量工具。老师带动小朋友们用小棒测量，并且记录下来。幼儿可忙开了，等幼儿"完成任务"后，教师请幼儿说出测量的结果，讨论问题："大家测的结果是不是一样？""为什么不一样？""为什么同一张桌子不一样长的小棍测量的结果不一样？"然后，引导幼儿再认真测量一次，最后明确规定正确的测量方法是：测量工具的顶端对齐，测量一次后要做个记号，量第二次时，工具的顶端要紧接着记号后面量，这样测量的结果才准确。

这就是"儿童的科学"——儿童表现出好奇、提出疑问、进行探索、寻求答案，尽管他最后没有得出在成人看来"正确的"结论，但是这种探索过程对培养他们的动手操作能力、独立思考能力和解决问题的能力是非常有益的。

综上所述，学前儿童科学教育体现在以下四个方面：

第一，教师充分利用周围环境为幼儿创造条件，提供物质材料和机会，在不同的场合、以不同的组织形式给予幼儿不同程度的指导过程（包括直接指导和间接影响）；

第二，幼儿通过自身的活动，感知周围的物质世界，观察、操作、发现问题、寻求答案的探索过程；

第三，幼儿获取广泛的科学技术经验，初步掌握科学的方法和技能，培养科学态度，发展智力的过程；

第四，发展幼儿好奇心，培养学习科学的兴趣，以及培养幼儿良好的行为习惯的教育过程。

总之，学前儿童科学教育是整个教育体系的起始阶段、基础环节。学前儿童处于人生的最初阶段，身心发展远未成熟、完善。因而，学前儿童科学教育是一种科学启蒙教育。通过这种科学启蒙教育，使学前儿童萌发科学情感，培养科学态度，掌握一些初步的科学方法，积累科学经验，为学前儿童的终身学习打下良好的基础。以下是幼儿主动探究科学活动的案例。

💡 对点案例

案例一　我知道摩擦力了（大班）

活动目标：

1. 培养科学兴趣。
2. 培养动手能力。
3. 培养科学探索精神。

活动准备：

表面是玻璃板的斜面若干（其中玻璃板的一半面上固定一块毛巾），小玩具车若干。

活动过程：

先让小明与小强上讲台，出示一台斜面，并给他们每人一个小玩具车，教师指导他们分别在玻璃面与毛巾面从同一高度同时释放小车，让全班幼儿观察后自行回答观察后的结果。（鼓励幼儿自由思考、讨论，答案不固定）教师："小明和小强在做科学家的科学实验，小朋友们想不想当科学家？"回答："想！""想不想做实验？""想！""现在大家一起来做这个科学实验。"给每桌小朋友一个斜面教具，每个小朋友一个小玩具车，让他们做刚才小明与小强做的实验。小朋友们做得热火朝天，让他们多做几遍，并交换做，让他们讨论实验结果。教师："小朋友们，得出你们的科学结论了吗？"回答什么结论的都有："老师，为什么毛巾上的小车运动慢呢？""老师，两个小车在比赛，在玻璃板上的小车赢了。""老师，在毛巾上的小车不怎么运动。""老师，把毛巾去掉，行吗？""老师，小车喜欢在玻璃上运动。""老师，在玻璃上的运动快。"……教师鼓励幼儿大胆说出自己的结论。教师："大家回答得很好，都得到了你们的科学小成果。只要大家喜欢，科学就在我们身边。今天除了你们的小成果外,我们还发现了一个在我们生活中随处可见,但我们还不为所知的科学概念——摩擦力,"教师边讲边推动教室内的大玩具车,"车子被推出去运动一段距离后为什么又停下了? 我们为什么会爬上树? 为什么会走路? 为什么教室里的讲台小朋友们推不动? 等等,可以说离开了摩擦力我们将无法生活。今天你们也发现了摩擦力,你们也是好样的。毛巾上的小车比玻璃板上的小车运动慢的原因就是毛巾表面粗糙而摩擦力大。我们能爬上树是因为有摩擦力,我们能走路是因为有摩擦力,我们推不动讲台是因为有摩擦力,我推出去的小车运动一段距离后停了下来也是有摩擦力的缘故。平常你们骑自行车也是因为有摩擦力的原因,下面我们来观看关于骑自行车的动画。"放映配有恰当的音乐的动画,如图 1-1,幼儿的兴趣再一次达到高潮。

图 1-1　骑自行车前后轮的摩擦力

　　这次活动中教师利用了幼儿好奇、好动和好模仿的心理特点,不利用常规的固定的答案,发挥幼儿的自由发散思维,首先肯定小朋友的成绩,让他们有成就感,从而达到激励他们的好奇心、求知欲和热爱科学的兴趣,达到科学教育的目的。能有针对性地对儿童给予指导,是每位幼儿都能得到发展的关键。

活动评析:

"我知道摩擦力了"是教师通过实验,利用日常生活中的现象引导幼儿自发产生的疑问和探究活动的典型事例。

首先,教师有在课堂教育中进行目标教育、开发幼儿发散思维的意识,利用幼儿的好奇心、好动的特点,使他们理解科学就在他们身边,而不是离他们很遥远,让他们亲近科学、热爱科学,支持探究,激励幼儿学习和科学探究的兴趣。

其次,能引导幼儿通过自己的观察和发现得出结论,使他们尝到成就感的甜蜜,并初步认识摩擦力这一新鲜概念。

对点案例

案例二　小树叶回家(中班)

活动目标:

1. 认识梧桐树和银杏树,学习按树叶的颜色、形状、大小进行分类。

2. 有参加活动的兴趣,愿意讲述操作过程。

教具准备: 场地四周放着七块泡沫板,其中五块上画有大圆圈,贴有大、小、黄、绿、橘黄色标记,表示各种树叶的家。另外两块板上画有大树的轮廓并在树冠上分别贴有1片梧桐树叶、1片银杏树叶。音乐(歌曲《秋天》)。

学具准备: 人手一个小篮子,里面装着事先捡的不同大小、颜色的树叶。

活动过程:

1. 通过出示多媒体画面,让幼儿认识梧桐树和银杏树。

2. 学习按树叶的形状归类（幼儿拎着篮子上场）。

（1）巩固幼儿对树叶的颜色、形状、大小的认识。

"秋天来了，小树叶离开了妈妈，飘呀飘呀，飘到地上，和我们小朋友做游戏来了！那么，树叶在哪儿呢？"（在篮子里）

"找一片你最喜欢的树叶，然后告诉大家你的树叶长得是什么样子。"引导幼儿从颜色、形状、大小上进行描述。

（2）教师引导幼儿了解归类要求。

"听，谁在哭？"教师指着两棵大树说，"噢，是树妈妈，它在想自己的树叶宝宝了，我们把树叶宝宝送回家吧。"教师分别指着贴有梧桐树、银杏树的大树提问："它是什么树叶的妈妈呢？""你是从哪里看出来的？"教师进一步巩固幼儿对梧桐、银杏树叶的认识。

3. 幼儿操作。

请幼儿按形状将有关树叶放入大树中。教师进行检查。

学习按颜色、大小标记归类。

（1）认识标记。

"篮子里还有小树叶，我们也给它们找个家吧！"教师手指四周的圆圈，"你们看，这时还有几个家，什么样的树叶可以住在里面？""你是从什么地方看出来的？"教师引导幼儿观察圈上的标记。

（2）幼儿操作。

请幼儿按标记将树叶分别放入圈中，要求幼儿边送边说："小树叶，我送你回家。"幼儿操作时播放背景音乐。教师观察并指导分类有困难的幼儿；对能力强的幼儿，教师可引导他们将同样的树叶放在不同的集合中。

活动评析：

"小树叶回家"在引导幼儿认识树叶的同时，检查是否每片树叶都找到自己的家，对放错的树叶进行纠正。表扬边操作边讲述的幼儿，并请他们给大家示范。通过情境，不仅让幼儿认识自然，而且能进行归类。利用幼儿的童话心理、情感教育的方法、声情并茂的课堂气氛，使幼儿体验学习科学的乐趣，激励他们乐学向上的精神。在复习活动和区角活动中，教师可以利用日常生活中常见物品的科学性质进行归类活动。例如，各种不同的植物，按照它们是蔬菜类还是水果类进行分类；按照动物是家禽还是家畜进行分类，等等。配合幼儿喜欢的场景、音乐，让他们认识和接触更多的自然科学并进行分类，加深他们的理解力、分辨力、创造力，增强幼儿的求知欲和探索精神，使他们在获得知识的同时，也体验到了学习自然科学的乐趣，激励了他们的学习兴趣和对科学的热爱之情。

第二节　学前儿童科学教育的特性

一、学前儿童学习科学的特点

好奇心和探究欲是儿童与生俱来的，从他们接触社会开始，"为什么"一直在他们的大脑中萦绕，这些"为什么"大多与科学有密切联系，如"为什么地球是圆的，而人不会掉下去？""踢出去的皮球为什么会继续运动？""为什么有的树叶秋天会变红，有的树叶一年四季是绿的？"等等。他们对周围世界中的任何新颖、陌生、神秘、有趣或难以理解的事物都会产生探究的兴趣和欲望，并以自己的方式与周围世界相互作用。儿童对周围世界的认识经历了一个从片面到全面的、从表面的到本质的、由感性的到理性的、由前概念到后概念的发展过程。

幼儿的思维有其特点和规律。2—4岁幼儿的思维具有明显的自我中心特点。他们在判断理解复杂的事物时还不能把自己和外部客观世界完全分开。他们对客观事物和自然现象的认识和解释往往从主观意愿和个人感觉出发,常常把周围的事物拟人化,形成了看待事物及其关系的"独特眼光"。例如,教育他们爱惜玩具,不要乱扔,"不要把小狗狗扔到外面去,不然它就没有家了""不要用刀子乱画乱砍桌子,不然它会变得很丑,它会很伤心的"。5—7岁幼儿虽然仍具有自我中心阶段的一些认识特点,但这时的认识更多是依赖于所感知的现象。对事物及其关系的认识和解释往往依据具体接触到的表面现象而进行,直接受到其原有经验的影响,还不能抓住事物的本质特征。幼儿认为,布娃娃是活的、有生命的,所以他们会哄娃娃吃饭、睡觉、看病;他们认为,童话故事都是真人真事,所以会在圣诞节等待圣诞老人的来临;他们认为,钟表也是活的,因为它在走;有的孩子还会认为是树叶、红旗的摆动才产生了风,等等。以下就不同年龄阶段幼儿学科学的特点进行具体分析。

1. 3—4岁儿童学习科学的特点

3—4岁儿童刚从家庭或者托儿所进入幼儿园,已经从成人那里或日常生活中获得一些对周围事物或现象的认识,其中可能有些是正确的,但也有些是错误的。这些认识多数是表面的直观现象,而且他们的思维正处在由直觉行动性思维向具体形象性思维的过渡阶段,因此这时儿童在学习科学的过程中表现出以下一些特点。

(1) 认识处于不分化的混沌状态

多彩斑斓的客观世界,在刚进入幼儿园的幼儿的大脑中,往往是一片不分化的混沌状态,他对一些物体的现象分辨不清,常常"指鹿为马"。例如,有的幼儿把绿草、绿叶叫作"绿花",有的幼儿把树干叫作"木头",有的幼儿认识柳树后把其他的树都叫作"柳树"。

(2) 认识带有模仿性,缺乏有意性

3—4岁的幼儿不会有意识围绕一定的目的去认识某一事物,也不善于根据自己的所见所闻和所知来表达自己的认识,调节自己的行为,而是喜欢模仿别人的言行去作出反应,表现为别人做什么,他们也跟着做什么,甚至动物做什么,他们也喜欢模仿。例如,大人打鸡蛋,他们看到鸡蛋后也会拿两个鸡蛋进行对打;看见大人在做什么他们就会模仿什么,所以往往提醒人们要注意"言传身教"就源于此,特别是幼儿接触社会的第一人——父母,为了教育好自己的子女,一定要注意自身的言行。这个年龄阶段的幼儿不仅不会有意识地围绕一定的目的去做或认识某一事物,也不善于根据自己的所见、所闻、所知来表达自己的行为。别人说小狗是小猫,他们也说小狗是小猫,即别人"指鹿为马"他们也会"指鹿为马",也就是人们所说的"人云亦云"。有时由于辨别能力差,爱模仿,甚至发生无意伤害行为。例如,一个小朋友看见其父亲用刀在杀鸡,结果他也用刀去把同伴的脖子划伤了,差点造成重大事故。作为老师和父母应注意幼儿行为中的安全隐患。

(3) 认识带有明显的拟人化倾向

因为这个阶段的幼儿受自我中心的影响,常以自己的生活体验和直观现象去解释各种事物和现象,而且认识带有明显的拟人化现象。例如,他们可以模仿大人给玩具喂水、喂食;他们会把一朵花、一棵树、一个小玩具看成自己、看成小朋友,与它们一起活动、对话,共享欢乐、共担忧愁。当他们有时看见一只小昆虫、小鸟,他们会对它们说:"你的家在哪里? 为什么一个人跑出来? 快快回家吧! 不然妈妈会着急的。"对生病的小动物很同情,给它们喂药,甚至央求妈妈快带它们去医院看病,等等。这也是为什么幼儿喜欢童话的原因。因此,把童话融入活动,配以适当的场景和音乐,以讲故事的方式进行教学,也是幼儿教育的一种良好的尝试性的教育方法。这种尝试性教育方法,已被人们大量推广,并获得了显著效果。

(4) 认识带有表面性和片面性

这个年龄阶段的幼儿容易对有鲜艳色彩、发出悦耳的声音、能动的、自己喜欢的事物产生注意。一般对动态物体的兴趣胜于对静态物体的兴趣,对自己不感兴趣的事物视而不见,这就使其认识必然带有表面性和片面性,从而影响了他们对事物主要方面和主要特征的认识。这也是我们在进行幼儿教育中应该注意的问题，为了给幼儿成功地传授相关的知识，扩大他们的知识面，在教育中我们就要掌握幼儿的心理动态，因地制宜地进行教学，把他们不感兴趣的事物转移或模拟成他们感兴趣的事物，把教师自身融入角色中，激励幼儿的学习兴趣，从而达到教学相长的目的。

2. 4—5岁儿童学习科学的特点

在幼儿园中生活了两年的孩子，在正常情况下对科学和学习的兴趣明显地加强。这个阶段的幼儿以具体形象性思维为主。他们在学习科学的过程中主要表现为以下三个特点。

第一，好奇好问。

随着身心的发展，这个阶段的儿童比3—4岁的儿童显得更加活泼好动，好奇好问，对大自然已产生浓厚的兴趣，什么都想去看看、摸摸，对"想知道"产生更强烈的愿望，从而促使他们能够运用感官去探索、了解新事物。会经常向成人提问，不但喜欢问"是什么"，还爱问"为什么"。例如："天上为什么会下雨？""鱼儿为什么会在水里游？""小鸟为什么会在天上飞？"等等。常常会打破砂锅问到底，探个究竟。在这种情况下我们绝对不能抹杀幼儿的求知积极性，而是应抓住机会，启发他们的探究精神，扩大他们的知识面，利用科学教育带领他们进入五彩缤纷的世界。

第二，初步理解科学现象中表面的和简单的因果关系。

这个阶段的儿童一般已能从直接感知到的自然现象中理解一些表面的和简单的因果关系。例如，"不给小金鱼喂食它就会死去""鸟有翅膀才能飞翔"等等。他们还难以理解科学现象内在的和隐蔽的因果关系，所以这个阶段的儿童对于科学现象和物体，易受其形状、颜色、大小和活动等外部的非本质的特征所影响，而做出错误的因果判断。例如，认为"树摇了才会刮风""乒乓球会浮在水面上，是因为乒乓球是圆的、滑的""火车会动、会叫，因为它是活的东西"。这一切说明，他们的认识还没有完全从感性向理性升华，智力开发还有很广阔的领域。

第三，开始根据事物的表面属性、功用和情境进行概括分类。

这个年龄阶段的儿童在已有感性经验的基础上，开始能对具体事物进行概括分类，但概括的水平还很低。其分类的根据主要是具体事物的颜色、形状等表面属性、功用或情境等。例如，在利用图片进行分类时，他们把苹果、西瓜、桃子归为一类，认为"能吃，吃起来水多"；把球、太阳、卷心菜、月亮归为一类，认为都是"圆的"；把玉米、香蕉、小麦归为一类，认为都是"黄颜色的"。可见，这个阶段的儿童对事物的概括分类，具有明显的形象性、情境性和直观性的特点。因为不能从事物内在的和本质的属性上进行抽象概括，所以也就不能正确地根据客观事物的分类标准进行概括和分类。

3. 5—6岁儿童学习科学的特点

这个阶段的儿童即将进入小学，他们比4—5岁的儿童更渴望了解周围的世界。并且，这一阶段的幼儿抽象逻辑思维已开始萌芽。这个阶段的儿童在学习科学的过程中主要表现为以下三个特点。

第一，有积极的求知欲望。

这个阶段的儿童对周围世界有着积极的求知探索态度。他们不但爱问"是什么？""为什么？"还想知道"是怎么来的？""是做什么的？"例如，"冬天树叶为什么落了，为什么在春天又重新发出了新叶？并且长高了？""人为什么会在电视里说话和走路？"有的幼儿在做科学小实验时，能够想出用不同的方法去探究实验的结果。有的幼儿喜欢把玩具拆开，看看其中的奥秘。他们对自然现象的起源和机械运动的原理等开始感兴趣，渴望得到科学的答案。

第二，初步理解科学现象中内在的、隐藏的因果关系。

这个阶段的儿童已经开始能从内在的、隐藏的原因来理解科学现象的产生。例如，"圆的物体比方的物体滚出去的距离要长一些，物体从高处滚下比从平地滚出时要滚得远一些"，说明他已经能从客体的形状与客体的位置之间的关系，即"圆"与"高"的关系中寻找物体滚落的原因。由于科学现象中的因果关系比较复杂，即使到了5—6岁，幼儿对不同科学现象中因果关系的理解水平也不可能一致，而且对日常生活中所不熟悉的复杂的因果关系也还很难理解。

第三,能初步根据事物的本质属性进行概括分类。

通过有目的的教育,随着抽象逻辑思维的发展,这个阶段的儿童开始对事物的本质属性,按照客观事物的分类标准进行初步的概括和分类。例如,把两条腿的鸡、鸭、鹅归为家禽类,四条腿的猪、猫、兔、狗归为家畜类。幼儿阶段,由于受知识、语言、抽象概括水平的限制,对类概念的掌握还是比较初级和简单的,不能掌握概念全部的精确含义,缺乏掌握高层次类概念所需要的、在概括基础上进行高一级抽象概括的能力。因此,5—6岁的幼儿仍不可避免地会出现一些概念外延上的错误。例如,有的幼儿只能把家禽、家畜概括为动物,而把昆虫排斥在动物之外,认为昆虫是虫子而不是动物。

从以上幼儿学习科学的特点,对幼儿科学教育有以下两点启示:第一,幼儿学习科学不但是可能的,同时也是幼儿的兴趣和需要。幼儿通过学习科学,能获得各方面的发展。第二,应根据科学教育的总目标,制定符合幼儿认知水平的科学教育年龄目标,选择内容,确定教法,并遵循由近及远、由浅入深、由具体到抽象的原则,逐步加深和提高要求。同时,教师还应在科学教育中结合实际情况灵活地掌握和做出必要的调整。

总之,幼儿在探索和认识事物的过程中所表现出的不合成人逻辑的想法和做法,从幼儿已有经验和认知结构的角度看却是极其合理的,合乎其"自身逻辑",幼儿在认知发展中的这种局限性,决定了他们无法获得完全客观的反映事物本质的认识。

二、学前儿童科学教育的基本特性

学前儿童科学教育应成为引发、支持和引导幼儿主动探究,并获得有关周围物质世界及其关系的经验的过程,也是乐学、会学这些有利于幼儿终身发展的长远教育价值得以实现的过程。其基本特性包括以下六个方面。

(一)教育目标的长远性

追求有益于幼儿终身发展的大目标,是学前儿童教育的价值取向。当今社会的迅速发展已经引起了教育的巨大变革。终身教育的倡导和实施,使儿童的学习已经走出以往的小范畴,开始成为贯穿一生的完整过程。科学教育是他们进入知识海洋的诱饵,所以作为教育工作者一定要走好这一重要的启蒙教育之路。

为了幼儿终身的学习和发展,学前儿童科学教育应注重幼儿乐学和会学的教育目标和价值,强调培养幼儿对学习的兴趣,幼儿就有了终身学习的动力机制。如果孩子们通过学习科学,获得了探究解决问题的方法,他就能不断运用这些方法去获得知识,解决各种问题。

当我们预想的教育内容与幼儿的兴趣和需求发生矛盾时,我们绝不能以牺牲幼儿对学习的兴趣为代价来求取知识的传递。

(二)教育内容的生活化、兴趣性和生成性

1. 教育内容的生活化

教育内容生活化,其目的在于让幼儿更好地理解和掌握教师教给他们的知识,在于让幼儿理解和体验到教育目标和内容对于幼儿当前的意义。因为只有当幼儿真正感到所学内容对于自己是有意义的,是他当前想要知道的东西或想要解决的问题,他才能积极主动地去学习和理解,不会因为被动的学而产生厌学状况。因此,幼儿园的教育目标中要适时地融入幼儿感兴趣的活动,教育内容要贴近幼儿的实际生活,使幼儿体验和感受到这些内容对自己和同伴的意义,发现和感受到周围世界的神奇,体现和领悟到科学就在身边。这为培养幼儿的探究动机,保持好奇心和探究欲望,为使幼儿获得内化的科学知识和经验提供了前提和可能。

2. 教育内容的兴趣性和生成性

幼儿对感兴趣的东西学得积极主动、效果好。兴趣使幼儿主动地从事某种活动,从中获得经验和乐趣;兴趣是幼儿自觉学习和发展的动机力量;兴趣使幼儿敢于冒险,并使活动得以维持。如果没有兴趣,幼儿就缺乏了真正的学习动机和催化剂。

兴趣是幼儿主动学习和发展的原动力，没有兴趣，幼儿的学习就缺乏真正的动机。孩子天生具有强烈的好奇心和求知欲，教育应当开发和利用幼儿感兴趣的事物和想要探究的问题，扩展成为幼儿科学教育的内容，生成科学教育活动。所以，教师应随时注意发现、支持、扩展和利用幼儿感兴趣的活动，发现、保护和培植幼儿可贵的好奇心和探究兴趣；从幼儿的兴趣出发生成科学活动，使幼儿科学教育成为幼儿感兴趣的活动，进而引导幼儿进行主动探究。

在教育实践中老师们往往从自己的经验出发选择教育内容，也常常为幼儿不感兴趣而苦恼。所以，教师应该改变自己的教育出发点，多花时间发现和寻找幼儿感兴趣的事物和内容，生成科学教育活动，使学前儿童科学教育活动成为幼儿感兴趣的活动是引导幼儿主动探究的前提。

（三）教育过程的探索性

学前儿童科学教育应该是引导幼儿通过探究、发现和获得知识的过程。因此，幼儿的知识经验不再是教师直接告诉和传授给幼儿的，而是幼儿自己获得的。学前儿童是一个主动的学习者，教师的作用不再是范例或操作实验引导幼儿分步讲解或示范，而是支持、引发和引导幼儿的探索和发现的过程。

幼儿园进行的科学教育在很大程度上解放了幼儿的手脚，开发了幼儿的思维，幼儿运用感官感知和动手操作的机会多了，但他们的头脑还没有真正得到解放，还是停留在"在教师指导下，才能去支配学习"的状况。真正的主动探究和学习应该是幼儿积极主动地与客观事物相互作用，其结果不断强化或调整幼儿对客观事物原有认识的过程。这一过程应包括以下必要环节和要素：幼儿产生疑问或疑惑；幼儿用已有的经验猜测和解释，幼儿按照自己的想法作用于物体；作用的结果和事实调节幼儿的认识，检验幼儿的解释是否适宜。

但是，在实践中教师往往很难做到这一点，往往都是在幼儿没有猜想和实验之前而急于把结果告诉幼儿，或在幼儿还没有经历足够的探究，获得足够的教育之前就急于替孩子概括和总结，这种教育方式实际上不是真正意义上的主动探究，幼儿操作不过是在验证老师的想法而不是幼儿自己的想法，幼儿获得的认识也不是自己经验的概括而是教师告诉的事实，从一定程度上限制了幼儿的智力开发，这是教学的一个弊端。

所以，学前儿童科学教育的过程必须是幼儿的探索性过程，是让幼儿猜想、尝试和发现的过程，智力得到有效发展的过程。

（四）教育结果的经验性

学前儿童科学教育与以前不同的是，更加尊重幼儿的认识特点和科学的本质特征，更加注重其个性发展。它不追求幼儿得出准确的、科学的概念，而是强调让幼儿亲身经历探究和发现的过程，获得有关的经验。这些经验可能是幼儿可以悟到但说不出来的，也可能在成人看来是幼稚的、童话般的，但幼儿却在探索和获取知识的过程中真正体验到了科学的精神、科学的思维方式和过程。当老师问小朋友"为什么会有白天和黑夜"时，幼儿解释说：有了白天小朋友才能玩，有了黑夜小朋友才能睡觉；或者是太阳白天上班，晚上也要去睡觉，等等。在引导幼儿认识风时，我们不应该期待着他们能说出"空气流动产生风"，而应为幼儿发现和感受到"风真有劲，把我的帽子吹跑了""风让我的风筝一会儿转，一会儿停；一会儿往这边转，一会儿往那边转"。使他们为自己的发现感到满足，从而激励他们的学习兴趣。

幼儿对事物及其关系的认识和解释只是依据具体接触到的表面现象来进行，对事物的认识不能抓住其本质。例如，当他们在推动大小不同的两辆小车时，发现小的车运动要远一些，在老师的激励下，两个力气相差比较大的同学推动同一辆车时，使他们又有了新的发现，这样既满足了他们的好奇心，又使他们获得了成就感，同时也培养了他们的学习兴趣，达到了教学的目的。

幼儿对事物的认识直接受其原有经验的影响。幼儿在探索和认识事物的过程中所表现出的不合乎成人逻辑的想法和做法，在幼儿已有经验和认识结构上却是极其合理的，合乎其"自身逻辑"。例如，幼儿有小金鱼在鱼缸能养活的经验，从而产生小鸟也能在水里养活的逻辑。幼儿原有经验电能照明，当老师问水有什么作用时，他们也可能回答水能照明。老师常常教育多喝开水对身体有好处，有的幼儿就会给花浇开水。幼儿认识事物的这一特点是由他们思维的具体形象性和认识事物的直观性所派生出来的。

孩子们的这种认识在成人看来很多时候都是错误的，因为他们认识发展上的局限性决定了他们无法获得客观的认识。也就是说，幼儿理解的科学知识具有一定程度的"非科学性"。所以，幼儿认识事物的特点决定了幼儿不能像中小学生那样学习真正的科学概念，而是只能获得一些有关周围物质世界的经验，学习一些粗浅的科学知识。所以，教师要以"儿童化的思维"方式努力去理解幼儿，接纳幼儿对周围事物不同于成人的"独特认识和解释""非科学性"认识和想法。

（五）教育价值的可持续性和多项性

1. 可持续性

任何科学教育活动和教师的指导策略应追求和实现的核心目标与价值是幼儿的可持续发展。在科学教育活动中能否使幼儿获得可持续发展的、具有终身价值的大目标，是我们衡量科学教育活动成败的核心原则。

在科学活动中，知识经验是幼儿探索活动的必然结果，它不应成为教师追求的主要对象。作为教师，要时刻牢记"人是教育的目的""不能以牺牲学前儿童的主体性来求取知识的传递"，不能以牺牲幼儿的探究兴趣来求取知识的获得。

2. 多项性

多项性培养幼儿乐于探究、知道如何去探究以及在探究过程中获得对周围物质世界的认识，这是科学教育的实现。

在科学教育过程中幼儿体验和获得科学的精神、尊重事实的态度，培养坚持性和克服困难的精神，学会与同伴交流自己的发现，学着从同伴的角度考虑问题、欣赏同伴的价值、尊重同伴、与同伴友好相处；在探究过程中，发现自然界中事物各具特色的有序排列，了解人与周围环境的依存关系，热爱和保护周围环境，热爱和保护周围的动植物，培养幼儿的爱心和对生命的尊重与热爱。

如同真、善、美的统一是科学的一个本质属性一样，在引导幼儿探究周围物质世界中实现认知、社会性和审美价值的统一，也是学前儿童科学教育的一个本质属性。

（六）教育组织的多样性和灵活性

1. 注重幼儿自发的个别探究和小组探究活动

在传统的教学中，上课或老师有组织的集体活动是学前儿童学习的主要渠道，甚至是唯一渠道，因此许多老师认为，科学教育是非常正规、严谨的教育活动，所以课堂教学比较机械、生硬而不灵活，只能通过教师预先设计好的程序和步骤进行。这种做法不符合学前儿童认识事物的特点，无法激励幼儿的主观能动性以及幼儿大脑的发散思维活动，无法使幼儿的科学活动成为幼儿主动探究和学习的活动。

2. 教育活动应灵活地渗透于幼儿的一日生活之中

因为幼儿对周围世界的好奇和疑问无时无刻不在发生，所以学前儿童科学教育更多的应是随机教育，应在幼儿的一日生活中随时随地进行。因为对于幼儿来说，科学就是他们每天所做的事。在户外活动时、在进餐和饮水时、自选活动时都是可以进行。如在户外活动时，幼儿不断使用各种材料，可以和动植物有更多的接触，主动的探究和发现就会更多。滚动的铁环、滑梯、风车……地上的蚂蚁、小虫……各种不同的树、叶子和花草都是幼儿探索和发现的对象；自选活动时，由于材料是教师有目的投放的，幼儿的探索和发现更是层出不穷。这也是幼儿阶段和学龄阶段科学教育的另一个重要的不同之处。

学前儿童科学教育没有也不可能直接培养科学技术人才，但从长远的眼光看，它所奠定的是未来一代人的科技素质的基础，从这个摇篮中，将诞生迎接未来科技革命时代的新一代科学家和技术性人才，更将孕育出能够适应未来科技社会需要和保证社会可持续发展的高素质公民。所以，学前儿童科学教育任重道远！

第三节　学前儿童科学教育的意义

对幼儿进行科学教育是现实、人类社会进步的必然要求，也是幼儿全面发展教育必不可少的组成部分，无论从社会的需要来看，还是从社会的发展来看，都至关重要。

幼儿是国家科学发展的希望和生力军，是国家未来的主人和捍卫者，对幼儿从小进行科学知识的普及、科学现象的探索指导，使他们始终保持对科学知识的求知欲、好奇心及创造力是学前儿童科学教育的首要任务。

一、学前儿童科学教育与社会的发展

改革开放以来，经济、社会的快速发展既推动着教育的进步，同时又向教育提出了新的挑战。社会发展需要主动的、有创造性的个体，而个体要在社会上更好地生存也必须具备主动性和创造性。培养具有主动性和创造性人才，是当今社会对教育提出的必然要求，科学教育必须迎接这一挑战，站好学校教育的第一岗。

当今世界充满着竞争、机遇和挑战。国家间的竞争主要是经济的竞争，而经济的竞争实质上就是科技的竞争，科技的竞争，说到底是人才的竞争。邓小平的"科学技术是第一生产力"的论断，科学地反映社会发展的客观规律。科技的载体是人才，而人才的培养靠教育。时代发展需要具有创新意识和能力、强烈求知欲和科学态度的人才。引导幼儿从小爱科学、学科学，对幼儿进行启蒙教育，培养幼儿基本的科学基础素质和社会适应能力，会为幼儿长大后成为时代发展所需要的人才打下良好的基础。

二、学前儿童科学教育与个体的发展

幼儿园科学教育是引发、支持和引导幼儿主动探索、经历探索和发现过程，获得有关周围物质世界及其关系的经验的过程。作为幼儿园课程的一个重要组成部分，幼儿园科学教育担负着幼儿科学知识的传授、激发幼儿对科学的兴趣、从小培养幼儿科学探索精神的任务。幼儿园进行科学教育，不仅能够培养幼儿的科技意识，而且对幼儿认知、情感、社会性、自信心、创造性和身心等方面的发展都具有重要的促进作用。

（一）学前儿童科学教育促进幼儿认知的发展

根据皮亚杰的认知发展理论，幼儿是通过与环境中人和事物相互作用获得知识和形成概念的。在科学教育活动中，幼儿运用多种感官感知事物，不断地动手操作、动脑思考，获得丰富的科学知识和经验。

例如，通过感受四季的特征及其变化；通过实验学习磁铁吸铁、水有浮力、物体有弹性等科学知识；通过观察认识丰富多样的动植物世界等。科学教育活动开阔了幼儿的眼界，使幼儿的认知结构不断丰富、完善，使他们的认识不断从感性向理性升华。

幼儿园科学教育的一个重要特点，就是教师不仅引导幼儿掌握科学发现的结果，即科学知识，而且要引导幼儿经历科学发展的过程，即观察、分析、比较、分类、概括、实验等过程。在教师设计的科学活动中，幼儿学习运用多种感官认识事物，学习有顺序地进行观察，从而使自己的观察力得到发展。在广泛接触自然的过程中积累了丰富的感性经验，这为其思维的发展奠定了雄厚的基础。在科学教育活动中，幼儿学习动手操作科学小实验，学习用比较的方法认识事物，并找出事物间简单的联系及因果关系。例如，认识物体的弹性，幼儿是通过教师备好的材料（如皮球、弹性玩具、橡皮绳等）进行操作和探索，才发现其中的秘密。在认识了物体的弹性之后，教师启发幼儿思考，生活中还有什么东西具有弹性，幼儿会联想公园里的蹦床、沙发、羽绒服、脸上的肌肉等，在这个过程中，幼儿的思维得到了锻炼和提高。在科学教育活动中,幼儿也学习对物体进行分类,形成初步的类概念。

例如,认识鸡、鸭、鹅之后,幼儿会通过它们的外形特征、生活习性和功能进行比较,找出异同点,从而形成"家禽"的概念。在认识猪、狗、羊之后,形成"家畜"的概念等。

幼儿园科学教育活动是幼儿在操作探索中思考,在思考中寻找答案的过程。在活动中幼儿的好奇心不断被激起,又不断地得到满足。总之,幼儿园的科学教育对幼儿认识能力的发展有重要的促进作用,不仅使幼儿获得了丰富的科学知识与经验,而且学习了认识世界的方法。

(二)学前儿童科学教育促进幼儿情感的发展

幼儿科学教育在丰富幼儿科学知识各经验的同时,也丰富了幼儿的情感体验。科学教育向幼儿展示了一个丰富多彩的物质世界,声音、色彩以及事物相关的变化等,都能激发幼儿好奇心和求知欲。在活动中,幼儿像蜜蜂一样辛勤地探索,吸吮知识。在这个过程中,幼儿将获得丰富的情感体验:对科学奥秘的好奇,对大自然美的感受和欣赏,对操作探索的满足感,对获得知识的成功感等。

例如,在探索"磁铁的奥秘"时,如图1-2发给幼儿几块磁铁和各种各样的铁制品、塑料制品、陶瓷制品,让他们自己摆弄,幼儿积极性很高,很快津津有味地玩起来了,许多孩子为自己的发现兴奋不已:铁制品能吸起来,不是铁制品就吸不起来,体验发现的快乐。丰富情感体验有利于幼儿逐步形成稳定、持久的情绪情感和活泼开朗的性格。

当然,在活动中幼儿也会经受一些困难和挫折,但经过教师的指导和自己的努力,一旦战胜了困难,获得了成功,他们所获得的成就感,就会滋养出一种蓬勃向上的探索精神,并成为下一次探索的动力,对其今后的发展也有着重要的作用。

图1-2　探索磁铁的奥秘

幼儿园科学教育,也有利于消除幼儿的消极情感。幼儿接触和认识大自然时,对大自然产生亲近感,对生物有仁爱之心,这种爱心便是长大后形成的道德感的必要基础。幼儿害怕某些动物和自然现象,其重要原因是缺少对这些动物和现象的认识。科学教育活动使幼儿对自然界有了粗浅的认识,减少了其恐惧感,增强自信心。例如,狮子、老虎等动物是孩子最害怕的,但在认识了动物世界后,幼儿知道了动物是人类的朋友,懂得人类应该和动物和平相处,从而培养他们热爱大自然的情感。

(三)学前儿童科学教育促进幼儿社会性的发展

儿童社会性的发展,直接影响其心理过程的发展,也影响着儿童个性的形成。许多科学活动是需要合作才能完成的,这就为幼儿提供了与教师、同伴的相互交往,协调人际关系,互相交流的条件和机会。

例如,在一次大班活动"神奇的力"中,教师分组向幼儿提供了各种各样的玩具,引导幼儿玩这些玩具,有的人一个人玩,有的几个人一起玩,玩好后自由交流自己的发现,幼儿之间形成和谐、友好、互助的关系,营造了一种互相讨论、互相补充、互相启发、互相合作的学习气氛。幼儿与教师、同伴一起观察四季的变化,观察自己在园地种的小苗慢慢长大;一起操作物体的沉浮实验报告;一起思考人们如何使自己凉快,怎样才能使物体移动等。幼儿之间相互交流,相互协作,共同分享成功的快乐,这对幼儿社会性的发展无疑具有重要作用。

认知发展是社会性的前提,幼儿除了在其他教育活动和日常生活中学习社会行为规范外,在科学教育中也学习了守规则、和谐、合作、相互依赖等概念,如不能拿别的小朋友的实验品,不妨碍别人的活动,更不能扰乱正常的课堂秩序,要爱惜玩具教具等。这些概念的获得有利于幼儿学习并逐渐形成社会性的行为方式——爱护公共环境和公共利益。

（四）学前儿童科学教育有利于促进幼儿自信心、创造性的发展

充分的自信心和积极的自我概念是任何人都需要的良好品质，使人勇于步入现实世界，并怀着乐观的期望迎接生活。

自信心和积极的自我概念来自对自己能力的认识。在幼儿早期，对自己能力的良好感觉受成人的影响，但更重要的是幼儿的内部感受。怀特曾说过："无人能授予儿童有能力的体验，谁也不能给予别人有能力的感受。"教师所能做的，只是为幼儿变得有能力提供许多机会。学前儿童科学教育正是给予幼儿这样的机会，它允许幼儿自己决定使用什么方法，独立地与客观世界相互作用，去感知、操作和探索。一旦幼儿有所发现或成功地解决了某个问题，不仅为他带来情感上的满足和愉快，而且能使其感受到是用自己的行为所发现、所获得的成功，从而感受到自己是有能力的。各种各样的科学活动，给予不同能力的幼儿在自己原有水平上显示能力的可能性。科学活动的实践证实了学前儿童都可能在有趣的科学探索过程中有所发现，获得成功，从而促进自信心的发展。心理学研究表明，幼儿正处于创造力的萌芽期，但是创造力又是一种最容易受压制和挫折的能力，需要得到成人的保护、鼓励和培养。幼儿科学教育为幼儿创造了良好的环境气氛。广泛的教育内容和丰富的物质材料，宽松、自由、可操作性强的科学活动，在幼儿创造力的发挥中起着重要作用。如幼儿设计的太空屋、能钻透地球的汽车修理厂、用蜡笔把纸涂满就发明了"不湿纸"等都表现出了幼儿的想象力与创造力。又如，当教师带领幼儿在自然环境中探索树木的大小、粗细，但缺少测量工具时，幼儿纷纷想出办法：有的拿鞋带，有的拿扎发辫的绸带，有的找树枝，有的拿草，有的拿皮带，有的用自己的小手，从而创造性地解决了测量工具不足的问题。幼儿在科学活动中生动、新颖、独特的表现，充分说明了幼儿科学教育有助于幼儿创造力培养。

（五）学前儿童科学教育为幼儿提供知识基础

在科学教育活动中，幼儿获得了有关自己身体的知识，认识了身体的各部分及其功能，从而更乐于接受健康教育和自我保护教育。例如，幼儿掌握了鼻子的作用和鼻子容易受损伤的知识，就会很快克服抠鼻子的毛病；幼儿在认识蔬菜时了解到蔬菜具有营养价值，对身体有益，也乐于改掉挑食、偏食的习惯。让幼儿有更多的机会投入大自然的怀抱，充足的阳光、新鲜的空气、愉快的探索，可以促进幼儿身体健康发育。

幼儿园科学教育过程中会给孩子提供充足的玩具、教具，面对这些可玩、可学的东西，幼儿往往表现出浓厚的兴趣和愉快的心情，有益于幼儿心理健康的发展。

例如，在学习"温度"这一常识时，教师会给幼儿准备实验用的一杯热水、一杯冷水、一瓶红墨水等，活动时幼儿根据教师的引导大胆操作，最后知道"温度"这一常识，知道"冷、热"的秘密。在此过程中，孩子们兴致勃勃，积极、主动地去尝试，体验到了愉快的心情。在这种情绪状态下，不仅使幼儿能够感知事物美的特征，形成美感，而且使其注意力集中、想象丰富、思维灵活，促进智力发展。

综上所述，幼儿科学教育在不同程度上促进了幼儿认知、情感态度、社会性、自信心、创造力、身心健康等方面的发展。它不仅能让幼儿获取丰富的科学经验，形成初步的科学概念，而且能培养幼儿积极的学习态度，激发他们的求知欲，使他们更乐于去观察一个物体、一个事件的发展、变化，还会使他们耐心、细致地重复完成一个任务，使他们根据可靠的证据去辨别是非，纠正错误，学会机智地去寻找信息和帮助，相信自己的能力去做各种探索，尊重他人的意见等。所有这些良好的态度，都会给他们今后的学习、生活带来积极的影响，对其逐步建立科学的世界观和求知态度奠定基础。因此，可以这样说，幼儿科学教育与未来人才素质的培养紧密相连。

三、学习本课程的意义

学前儿童科学教育是幼儿教育的一门专业课程，是幼儿"五大领域"教育的重要组成部分，是一门主干课程。它是一门以教学论的一般原理为依据，运用教育学、心理学的理论和原则来研究学前儿童科学教育活动过程的学科。具体研究对象是学前儿童科学教育的理论和实践问题；教师怎样设计组织幼儿开展科学探索活动以及如何进行评价等。因而，它是一门应用性较强的学科。

　　学前儿童科学教育与自然科学、学前儿童心理学、学前儿童教育学的关系十分密切,学前儿童科学教育的内容与生物、物理、化学、天文、地理、生理卫生等自然科学紧密联系。同时,引导幼儿学习科学知识必须以幼儿的心理发展规律为依据,根据不同年龄的学前儿童制定不同的教育目标,采用不同的教学内容及方法。在教育过程中,还要以学前儿童教育学的一般原理为根据,分析幼儿科学教育的知识基础和理论根据,学习本课程有助于其他相关学科知识的进一步理解与巩固。

　　学前儿童科学教育是幼儿教育的重要组成部分,它与其他领域的学科相互联系、相互渗透。学前儿童科学教育活动指导为其他领域教育活动指导提供具体的内容,而其他各领域教育活动指导又为学前儿童科学教育的开展提供了生动形象的手段和形式。五大领域相互结合,共同完成幼儿教育的总目标。

　　学前儿童科学教育是学前教育专业的专业必修课,通过本课程的学习,可以提高学生对学前儿童科学教育活动的正确认识,全面掌握学前儿童科学教育的目标、内容、方法、活动设计、活动评价等专业知识,使学生具备从事组织幼儿科学教育活动的实际能力,并为他们展开学前儿童科学教育研究工作打下基础。

案例展示

神秘箱——图形的认识(中班)

活动目标:

1. 认识几种基本图形。

2. 触摸科学,接触生活,在认识图形的基础上,拼出自己的想象画。

3. 培养责任心和自理能力。

活动准备:

教师准备一个标明"神秘箱"的纸箱,箱里有五颜六色的三角形若干、长方形若干、正方形若干、圆形若干、梯形若干,A3纸若干,胶水若干。

活动过程:

一、引出活动

教师出示一个标有"神秘箱"的漂亮的箱子,指着箱子上的三个字:"小朋友,这是神——秘——箱,神秘箱里东西多,让我们来摸一摸。我先来摸一下,大家看,这是什么?"

二、认识常见图形

1. 三角形、圆形、正方形

教师拿出一个三角形,小朋友们回答"三角形""好像是三角板""好像一张纸被撕破了""是一张纸被折叠了"……教师:"小朋友,这是三角形,大家看,三角形有三条边,让我们再来摸一摸,这又是什么呢?"教师又摸出了一个圆形。小朋友们回答"是圆""是球""像月亮""像太阳"……

教师:"小朋友们,这是圆。好,现在让小朋友们自己来摸一摸,好不好?"小朋友们争先恐后:"好!"大家排队等候摸一摸,除了摸到三角形、圆形,还有的小朋友摸出长方形,有的摸出了正方形,老师一一介绍了各种形状的特征。

2. 梯形、椭圆形

还有的小朋友摸出一个梯形、一个椭圆,小朋友们对这两个图形很陌生,这也是本次活动的知识难点,所以老师做了详细介绍。教师:"小朋友,这是梯形,同样,梯形也有四个边,上下两个边是平行的,侧面两个边是倾斜的,并且上边比下边要短。在我们生活中也有梯形,下面我们来看一个电影,这是一个水库,这是水库的堤坝,是梯形的。"(出示多媒体影视)教师又出示一个小斛子:"这是我国古代用来量米的器具,叫斛子。还有你们平常玩的积木里也有这种梯形。"

(出示积木里的梯形块)老师拿着椭圆:"这是什么呢?""是圆""是鸡蛋""是球"……"小朋友们,这不是圆,它虽然和圆相似,但不是圆,大家记住,它是椭圆,它没有圆那么圆。小朋友们很聪明,鸡蛋是椭圆的。"

3. 其他图形

教师:"小朋友,我们认识了这么多图形,在我们的生活中,这些图形有很多,大家想一下,看一下,在家里和教室里还有哪些是由这些图形组成的?如长方形的有哪些?""空调""电视机""黑板""冰箱"……教师一一列举生活中和这些图形相关的物体,带动小朋友回想和观察生活中许多东西,让小朋友触摸科学,体验生活中的科学。

三、图形 DIY

教师:"小朋友们,我们认识了这些图形,并知道生活中有许多东西也是由这些图形组成的,我们还可以用这些图形组合成许多漂亮的图案。"(多媒体动画放映图形组合,同时配有恰当的音乐)如图 1-3,这是其中的一个图形。"小朋友们,这好不好玩?""好玩!""好玩,让我们也来摸一摸,做一做,现在我给小朋友们每人一张大白纸,每人都有这么多图形,每人一瓶胶水,现在在你们用这些图形在白纸上粘上你喜欢的图案,看谁粘贴得又快又好。但大家注意,东西不能乱扔,做好后要把东西收好,我们要爱护公共环境哦。"

图 1-3　图形组合

小朋友们热火朝天地动起手来,老师边观察边提醒,不一会儿,小朋友们完成了他们的作品。老师选了几幅小朋友的作品,并让他们讲解自己的作品,老师表扬了他们都做得好,激励了他们的兴趣,调动了他们学习的积极性。

四、活动结束

教师:"今天,我们认识了这么多图形,并知道了我们生活中的许多东西都是由这些图形组成的。小朋友们回去,可以用你们的积木和爸爸、妈妈一起拼更多的、你们喜欢的图案。"(活动结束,让小朋友收拾好自己刚才粘贴图形用的东西,并把这些东西放到老师指定的地方,注意保持环境卫生。)

活动评析:

本节活动是根据中班幼儿的特点:一般已能从直接感知到的自然现象中理解一些表面的和简单的因果关系,但他们还难以理解科学现象中内在或隐蔽的因果关系,所以他们对于科学现象和物体,易受其形状、颜色、大小等外部的非本质特征的影响。除了对基本形状进行分类,还可以把基本形状进行组合。让他们接触科学,体验生活,感受到生活中的科学。让他们触摸科学,接触自然。利用他们的好奇心,充分调动他们的科学积极性,发挥他们的思维能动性,培养他们热爱科学、学习的兴趣和良好的行为习惯。

【实践活动】

结合实例说明学前儿童开展科学教育活动的意义,并尝试自己联系幼儿园进行科学教育活动见习观摩活动。

【拓展实训】

一、选择题(以下选择题有一个或多个正确答案,请选出正确的答案)

1. 对于学前儿童的科学下列说法中正确的是(　　　)。

A. 幼儿的科学不是高深莫测的理论,而是与生活紧密相连的科学知识

B. 科学不仅表现为静态的过程,而且表现为动态的过程

C. 科学是一种态度,一种价值观和世界观

D. 幼儿科学是高深莫测的理论

2. 对于3—4岁儿童学习科学的特点,下列说法中正确的是(　　)。

A. 认识处于不分化的混沌状态

B. 有积极的求知欲望和初步根据事物的本质属性进行概括分类

C. 认识带有模仿性、缺乏有意性和有明显的拟人化倾向

D. 认识带有片面性和表面性

3. 对于学前儿童科学教育的基本特性,下列说法中正确的是(　　)。

A. 教育目标的长远性和内容的生活化、兴趣性、生成性

B. 教育过程的探索性和教育结果的经验性

C. 儿童学习的被动性和教育目标的短期性

D. 教育价值的可持续性和多项性与教育组织的多样性和灵活性

4. 学前儿童科学教育对幼儿个体的发展所起的作用,下列说法中正确的是(　　)。

A. 促进幼儿认知、情感和社会性的发展

B. 促进幼儿自信心、创造性和身心健康的发展

C. 学前儿童科学教育与其他学科联系不大,所以对幼儿学习其他学科的促进作用不大

D. 不能消除儿童的消极情感,所以不能促进幼儿的情感发展

二、简答题

1. 如何理解学前儿童科学教育的内涵? 请举例说明。

2. 学前儿童学习科学有哪些特点? 请举例说明。

3. 学前儿童科学教育的基本特性是什么?

4. 你认为怎样才能学好"学前儿童科学教育"这门课程?

第二章

学前儿童科学教育的目标与内容

【本章重点】

- 了解制定学前儿童科学教育活动目标的依据。
- 掌握学前儿童科学教育活动的各年龄段的目标。
- 掌握学前儿童科学教育活动内容选择的要求。
- 掌握学前儿童科学教育活动内容的范围。

【技能提升】

- 能够掌握按学前儿童科学教育活动目标安排幼儿园科学教育课程的技能。
- 能够掌握根据学前儿童科学教育活动内容选择合适幼儿学习内容的技能。

【学前引路】

我们将通过本章系统学习确定幼儿科学教育目标的制定依据、结构、内容以及幼儿科学教育内容的范围,选编幼儿科学教育内容的基本原则和方法等有关理论,为设计与指导幼儿科学教育活动奠定基础。

第一节　制定学前儿童科学教育活动目标的依据

【基础知识】

学前儿童科学教育活动是学前儿童全面发展教育的一个重要组成部分,学前儿童科学教育的目标,是根据国家幼儿教育总目标、结合科学教育的特点而制定的,是国家幼儿教育总目标在科学教育中的具体体现。我国幼儿教育的总目标是:对幼儿实施体、智、德、美诸方面全面发展的教育,促进其身心和谐发展。确定学前儿童科学教育的目标要依据哪些因素呢? 一般来说,确定学前儿童科学教育的目标除了要依据国家幼儿教育总目标之外,还要依据以下几个方面。

一、依据《纲要》的主要精神

《纲要》是国家进行幼儿教育的指导性文件,是学前幼儿有效地进行科学教育的指南和风向标,他明确规定了3—6岁学前儿童科学教育的内容和要求,虽然国家对0—3岁的科学教育没有正式的明文规定,但《纲要》对这一阶段儿童的科学学习起到了重要的参考作用。我们要用《纲要》的主要精神指导我们的幼儿教育行动,过去的很多实践已经证明了,离开了《纲要》精神的指导,我们的学前儿童教育就会走很多的弯路,儿童的可持续发展的能力就会受到严重的影响,所以《纲要》是我们制定学前儿童科学教育活动目标的重要依据。

二、依据学前儿童的认知特点

（一）0—3岁儿童的认知特点

0—3岁是人脑迅速生长的发育期，是人生认知能力发展的最佳时期。3岁前婴幼儿的认知能力是其所有能力、技能、情感、行为习惯等发展的基础，是今后学习求知的基础。

1. 感觉发展特点

0—3岁期间儿童的感觉发展迅速，儿童刚出生不久很快就有各种感觉，例如东西触及手掌就引起抓握反射；环境中突然发出的巨响可引起惊跳；强光会引起眨眼、转头等反应。在视觉上，2岁左右他们开始能够正确辨别各种基本颜色（如红、黄、蓝、绿）。听觉上，语音听觉迅速发展，能够通过声音辨别自己的亲人。触觉上，逐渐能够辨别物体的各种不同属性。如软的、硬的、冷的、热的，等等。

2. 知觉发展特点

0—3岁的儿童已经有了一些关于"白天""晚上"的时间知觉。空间知觉上，儿童逐渐有了简单的空间知觉，尤其是2岁以后，儿童往往在游戏和日常生活中表现出能够辨别一些物体的大小、形状；也常常说出有关大小、形状的语词。例如，搭积木时能选取最大的放在底层，而后依次堆上较小的木块。在看图画时能说出这是"圆圆的""方方的"。2岁多的儿童还会玩圆形的、方形的拼板。0—3岁的儿童已经有了一些关于"白天""晚上"的时间知觉。

3. 记忆发展特点

半岁左右的婴儿出现"认生"的现象。例如陌生人抱他们，他们会哭，晚上一定要最亲密的人抱，但几天不见最亲密的人，他们又不认识了。0—3岁期间儿童的记忆力逐渐发展。到本阶段末，儿童已能记住一些日常物品的名称。能在看到物体藏的位置后找到该物体。例如大人当着儿童的面将某一物品藏于一个地方，他会到这个地方去寻找，说明他已经能记住该物品藏起来的位置。

4. 思维发展特点

0—3岁儿童的思维属于直观行动思维，即依靠直接感知和实际动作来进行思维，离开了动作和实物，思维也就停止了。此阶段的学前儿童是在操作实物的过程中认识事物，获得生活和科学经验。

5. 数概念发展特点

0—3岁儿童对大小、多少有笼统的感知。能数数，但一般不超过10；逐步学会用手协调地点数，但范围不超过5，而且点数后说不出物体的总数。个别儿童能做到伸出同样多的手指用比划表示数量。对明显的大小、多少的差别能区分，如知道伸手去抓数多的糖果或大的苹果。对不明显的差别，只说"这个大，这个也大；这个小，这个也小"。

另外，是新生儿与生俱来的无条件定向探究反射。例如，色彩鲜艳的玩具能引起婴儿目光的追随；听到说话声音，他们会扭头去看等。也正因为婴儿生来就有无条件定向探究反射，所以婴儿才天生就有好奇心和探究欲望。他们常常不善于用语言来表达他们的好奇心，但是我们可以从他们的行动中，从他们的表情和眼神中"读出"他们对世界的惊奇和疑问。

（二）3—6岁学前儿童的认知特点

1. 感觉发展特点

3—6岁学前儿童在听觉发展上，纯音听觉感受性不断提高。运动觉和皮肤觉的感受性也在不断提高。这两种感觉的结合，可以使学前儿童在触摸中感知物体的大小、形状、轻重、软硬、弹性、光滑和粗糙等属性。在视觉发展上，视力越来越好，逐渐能分辨细小物体或远距离物体的细微部分，并且能经常正确说出黑、白、红、蓝、绿、黄、棕、灰、粉红、紫、橙等颜色名称。

2. 知觉发展特点

3—6岁学前儿童在时间知觉上的发展水平比较低，因为时间是抽象的，没有具体形象作支柱，而表示时间的词又往往具有相对性，这对于思维能力尚未发展完善的学前儿童来说是较难掌握的，因此学前儿童认识时间住往把熟悉的有兴趣的事件联系在一起作为参照物。学前儿童时间概念的发展特点是：越是与他们的生活有联系的时间单位，他们越容易掌握。而那些与他们生活联系不紧密的时间单位，如分钟、小时等，则较难掌握。学前儿童对时间的理解是从和生活紧密联系的"一天"开始，然后逐渐向更长和更短的时间延伸的。这个阶段知觉发展的最重要变化是知觉逐渐发展为独立的、有相对稳定方向性的过程，也就是开始形成有自觉意识的观察过程。这个阶段的儿童初步具备一定的观察力，但总体水平不高。观察的目的性和有意性逐渐发展，表现为从不能接受任务、东张西望、只看一处或任意乱指，发展到能根据观察任务，有目的地观察。观察的顺序由紊乱逐渐发展到能按照一定的顺序来观察。观察的细致性由不细致、只注意面积大的和突出的部分发展到观察时不再遗漏主要部分。观察的理解性由只能看到孤立的事物或事物的表面现象发展到能把握事物之间的关系。3—6岁学前儿童在空间方位知觉发展上，主要以自身为中心，辨别上、下、前、后、左、右逐渐过渡到能以其他客体为中心辨别上、下、前、后、左、右。儿童在掌握空间方位的过程中，最早分出的是垂直轴的上下方向，然后是水平面的两对方向即前后、左右。儿童辨别前后又比左右方位的确定容易。一是体现了上下——前后——左右的发展顺序，二是体现了由以自身为中心到以客体为中心的定向过程。学前儿童左右方位知觉发展较慢，学前晚期儿童虽然能做到以自身为中心辨别左右，但尚不能完全做到以客体为中心来辨别左右。但学前儿童的形状知觉也在逐年发展着，他们掌握8种形状的难易顺序依次为：圆形、正方形、三角形、长方形、半圆形、梯形、菱形和平行四边形。圆形最易被学前儿童掌握。这一阶段的儿童还能认识一些基本的立体图形，做到正确地命名并知道它们的基本特征。

3. 记忆发展特点

3—6岁学前儿童的记忆能力逐渐提高，常常能在无意之间记住经常接触的事物和现象。我们可以利用这个特点让孩子记住一些常识和知识。

4. 思维发展特点

3—6岁学前儿童的思维是以具体形象思维为主要特点。具体形象思维是一种依靠事物的具体形象或表象来进行的思维。具体形象思维的特点是具体性和形象性。表现在以下两个方面：（1）思维内容是具体的。他们能够掌握代表实际东西的实物概念和代表实际动作的动作概念，不易掌握抽象概念，而且他们掌握的概念更多属于日常概念。（2）根据感知到的表面现象或头脑中的表象来理解或解释自然界事物和现象。幼儿还常常根据自己的生活经验来理解和解释自然界的事物和现象，表现出不合逻辑的想法和做法。

5. 数字概念发展特点

数概念是一种比实物更抽象的概念，因而数概念的掌握迟于实物概念。在数概念的发展上，这个阶段儿童处于数字和物体数量之间建立联系的阶段。表现在以下五个方面。

（1）逐渐学会口手一致地数物体，即按物点数，然后能说出物体的总数，开始出现数物的"守恒"现象。

（2）能按数取物。

（3）这阶段的儿童能分辨大小、多少、一样多，中间能认识第几、前后的顺序。

（4）逐步认识数与数之间的关系。如有了数序的观念，能比较数目大小，能对10以内的数进行数的组成和分解。

（5）能做简单的运算。此外，3—6岁的学前儿童仍然有着强烈的好奇心，他们会提出有关自然和物理世界的问题，表达他们对周围世界的疑问。学前儿童的问题从"是什么"逐渐扩展到"为什么"和"怎么样"。他们的好奇心几乎遍及每个科学领域的现象和事物。无论是天上飞的小鸟，还是地上爬行的小虫，都会引起他们的好奇心。

三、依据当代社会的发展需要

现在世界，国家之间实力的竞争归根到底都是人才的竞争，谁培养出好的人才，谁才立于不败之地。但人才从哪里来？只有好的教育，才能培养出社会需要的人才，学前教育是人生接受学校教育的开始,只有把幼儿教育的头开好了,后面的教育才少走弯路,才有可能培养出当代和未来社会的杰出的人才,所以教育目标的确立必须从社会发展的宏观角度考虑,考虑当代和未来社会需要具备什么样素质的国家人才。我们必须树立时代意识,站在时代的高度,认识幼儿科学教育的任务和作用,树立起科学的儿童观,通过科学教育活动的组织和实施,实现幼儿科学教育的真正价值。当代社会有以下三方面的特点。

(一) 信息技术的大量应用

世界上的每一个角落都有信息技术的影子,信息技术的迅速发展促进了信息在人们生活中的广泛应用,人们比过去任何时候都更加感到信息传递的重要性。在知识领域,尽管人们的知识范围在不断扩大,但相对于日益加快的知识更新速度仍会感到应接不暇。在信息社会中,教育已不可能是"一次性"的,而是终身教育,终身接受新信息和知识。一个人仅仅依靠十几年的学校教育已无法适应一生的社会生活,他必须终身学习,不断学习。一个人只有具备了终身学习的兴趣和能力,才能主动获取新信息和新知识,不断改变自己的知识结构,适应社会的发展。而作为人生启蒙阶段的学前儿童教育,要担负起培养终身可持续发展所需的基础素质的任务。具体到学前儿童科学教育上,我们不应让学前儿童被动地接受知识,而要激发学前儿童主动求知的欲望,使其乐学,不应片面追求获取知识的数量多少,而应培养学前儿童获取知识的能力和创新知识的能力,使其会学,即注意培养学前儿童乐学、会学这种有利于终身发展的素质。乐学就是对学习有兴趣,感到学习是一件快乐的事。如果我们通过科学教育活动在学前期就培养儿童对学习和探究的兴趣,那么儿童就有了终身学习和发展的动力机制。会学强调的是获取知识的能力、探究解决问题的能力。如果我们通过科学教育使学前儿童学会了学习,获得了探究解决问题的方法,他就能不断运用这些方法去寻求尚未知晓的知识,并不断探求各种解决问题的方法。因此,在学前儿童科学教育活动目标中,我们不应对学前儿童应该掌握的科学知识作量上的规定,而要强调科学情感的培养和科学方法的获得。

(二) 科学技术的飞速发展

在今天,一个不能掌握和运用现代科学技术的人几乎就像文盲一样,很难在现代社会中生存。因此,学前儿童科学教育活动应该面向全体学前儿童,以科技素养的早期培养为宗旨,以形成学前儿童对科学技术的基本的、积极的态度,使学前儿童体验到生活中需要科学,科学就在身边,科学就是我们每天所做的事。只有这样,才能使学前儿童真正理解科学的实际意义,产生内在的学习动机。所以,学前儿童科学教育目标应体现对技术的关注以及对科学、技术和社会关系的重视。例如,要求让学前儿童获取有关的技术经验和技术知识,发展学前儿童的操作技能,培养学前儿童对科技产品的兴趣以及了解科学技术的应用。科学技术的飞速发展几乎使现代生活的每个角落都打上了科学的烙印,如电视、电脑、冰箱、空调、编织机、面条机、榨汁机、烤箱、微波炉等。

(三) 人类生存环境日益恶化

科技发展在给人类带来方便的同时,也造成了很多负面影响,环境问题就是其中最为突出的表现。现代大工业生产造就了前所未有的物质文明,也给环境带来了前所未有的破坏。生态环境的严重破坏,使人类生存受到威胁。我国的环境问题主要表现为:水土流失严重;沙漠化迅速发展;草原退化加剧;森林资源锐减;生物物种加速灭绝;地下水位下降;湖泊面积缩小;水位污染明显加重;大气污染严重;废渣存放量过大;垃圾包围城市;环境污染向农村蔓延。因此,中国作为生态平衡遭到严重破坏的国家。在终身教育背景下,现代学前儿童科学教育应培养学前儿童关注自然、关注社会以及帮助学前儿童形成人与自然和谐发展的责任感。学前儿童科学教育的目标要重视培养学前儿童尊重自然、热爱自然、保护自然的意识,同时也注意培养儿童关注周围社会生活中的科学技术,萌发初步的社会责任感。

四、依据学前儿童科学教育活动的特性

(一) 教育内容的生成性

教育内容的生成性是指内容超越事先的计划性,根据学生的需要和兴趣在即时的情境、突发事件

中,或根据学生在活动中的需要、兴趣和提出的问题临时安排。学前儿童的学习是一个主动建构的过程。只有当他们积极主动地学习,他们才能获得真正内化的科学知识和经验。学前儿童有自己的需要和兴趣特点,只有他们感兴趣的东西,他们才会积极主动地学习。教师尊重儿童就要尊重他们的需要和兴趣特点,开发和利用学前儿童感兴趣的事物和想要探究的问题,扩展成为学前儿童科学教育的内容,生成科学教育活动。

(二)教育过程的探究性

学前儿童天生好奇,有探究的本能。好奇是探究的内在动机,探究能满足好奇。另外,学前儿童认知水平低,思维以直觉动作思维、具体形象思维为主,他们只有通过感官观察、动手操作和动脑思考,才能获得真正内化的科学知识。所以,科学探究是学前儿童科学教育的核心。在科学教育中,如果没有学前儿童的探究过程,就不存在科学教育的过程。学前儿童科学教育过程是在教师指导下学前儿童自主探究的过程。学前儿童的探究过程一般经历以下三个环节:

第一,产生疑问。产生疑问是探究过程的第一步。学前儿童有了疑问,才会去想方设法消除疑问,要消除疑问,就必须积极主动去探究未知领域。

第二,进行猜想。有了疑问,学前儿童就会运用自己有限的知识经验对问题和疑问进行猜想解释。这是学前儿童调动原有的经验和认识的过程,它为学前儿童认识的主动建构提供了可能。

第三,进行验证。学前儿童按自己的想法进行实验。如果实验的结果与他们的猜想一致,将强化他们原有的认识,提高他们原有经验的概括程度。如果实验结果与他们的猜想矛盾,将促使他们调整自己的认识,形成新的解释,再去与现实相互作用,构成不断演进的主动建构新知识的过程。

(三)教育组织方式的多样性和灵活性

学前儿童科学探究活动可分为集体活动、小组活动、个别活动。集体科学探究活动是指全班在同一时间、以统一要求、统一步骤和方法进行同一科学内容的探究活动;小组科学探究活动是指由少数学前儿童组成小组进行科学探究活动;个别科学探究活动是指学前儿童单独或一两个在一起进行科学探究活动。教师应该注重学前儿童自发的个别探究和小组探究活动。集体科学探究活动因为人数多,无法使每一个学前儿童积极地参与到科学探究活动中去;而小组科学探究活动和个别科学探究活动由于人数少,则可以让每一个学前儿童积极主动地、尽兴地参与到科学探究活动中去。另外,集体探究活动常常只能通过教师预先设计好的程序和步骤进行,无法使科学探究活动真正成为学前儿童的自主探究过程,而学前儿童自发的小组探究和个别探究则能真正成为学前儿童的自主探究过程。因此,学前儿童科学教育活动更多的是以自发的个别活动和小组活动为主。教师应支持和引导学前儿童自发的个别探究活动和小组科学探究活动,集体探究活动也应是在此基础上扩展和生成。学前儿童科学教育组织方式的多样性和灵活性也是保证学前儿童主动探究和学习的重要条件。

学前儿童科学教育活动要灵活地渗透于一日生活。对于学前儿童来说,科学就是他们每天所做的事,而且,学前儿童对周围世界的好奇和疑问无时无刻不在发生。因此,学前儿童科学教育除了通过专门组织的科学教育活动之外,更多的是在一日生活中的随机教育。由于学前儿童生活经验的不系统性,生活事件便成为重要的问题线索。这也决定了学前儿童科学行为出现的随机性。教师只要具备解读学前儿童科学行为的能力,学前儿童不经意的一个举动、一句自言自语的话都可能经过挖掘而生成一个精彩的科学探究活动。有时,这种随机产生的科学教育活动的教育价值比按部就班的活动教育价值更大。

学前儿童科学教育活动的地点不局限于教室,在幼儿园内、大自然、家庭和社区都可以进行。学前儿童的科学探究活动不只在使用材料中,问题也不只由教师提出。学前儿童在真实的生活中感悟科学,会觉得科学探究是自己生活的一部分,而不是只在特定的时间、地点、老师准备好的情况下发生的。学前儿童科学教育活动中要多种探究方法并用,既然学前儿童科学探究活动的地点突破了教室的界限,科学探究的内容和问题就会极大地丰富起来,那么科学探究的方法必定呈现出多样性。需要以观察为主的探究活动就要运用观察,需要做调查研究的就要采用调查方法。教师要具体问题具体分析,关键要让学前儿童在科学探究活动中体验方法,在实践中掌握方法。

学前儿童科学教育活动多时间段进行。虽然学前儿童科学探案活动在概念、原理上是粗浅的,但基于学前儿童生活经验的内容可能是复杂的,再加上学前儿童之间存在能力差异,因此,不是每个学前儿童的科学探究活动都能一次完成。

(四)学前儿童科学教育活动的结果是使学前儿童获得广泛的科学经验

科学经验是指学前儿童在科学探究过程中,通过亲自操作、凭自身感觉器官获取的具体事实和第一手经验。它可以是对事物外部特征的认识,如对蜗牛的外部特征认识;也可以是对科学现象的理解,如对迎春花早开的理解等。科学经验是最低层次的科学知识,它是与具体事物和现象联系在一起的,离开了具体的事物和现象不可能获得科学经验。尽管科学经验的层次较低,但它对学前儿童非常重要,是他们认识事物的必经之路。科学经验能为学前儿童形成抽象的科学概念提供大量的概括材料。

从学前儿童的思维发展水平来看,学前儿童的思维具有直觉性、具体性和形象性。他们不可能获得抽象的科学知识,只能获得一些有关周围物质世界的经验性知识即科学经验。学前儿童科学教育活动是学前儿童在教师指导下自主探究的过程。学前儿童探究的结果便是科学经验。所以,学前儿童科学教育活动结果能使学前儿童经过探究活动获得广泛的科学经验。例如,各种各样的植物生长变化的特点;各种各样的动物的生长、行动、进食等明显有趣的特征及其与环境的依存关系;各种工具如温度计、尺子、剪刀、放大镜、锤子、漏斗、筛子、各种容器等的使用经验;有关数、量、形、时间和空间的经验等等。这些经验对于学前儿童将来理解科学知识,形成科学概念具有重要意义。学前儿童科学教育活动的特性是我们制定学前儿童科学教育活动目标的一条基本依据。

第二节　我国现行学前儿童科学教育活动的目标

学前儿童科学教育的总目标是学前儿童科学教育目标体系中概括层次最高的目标。学前儿童科学教育目标包括自上而下、从概括到具体的四个层次是学前儿童科学教育目标、年龄阶段目标、单元目标和活动目标。

一、学前儿童科学教育活动的总目标

学前儿童科学教育总目标是学前儿童教育总目标的有机组成部分,是学前儿童教育总目标在学前儿童科学教育领域的具体体现。它是指学前儿童在教师指导下进行科学探究时应获得的发展。它是学前儿童科学教育总的任务要求。这一总目标将学前儿童体、智、德、美全面发展的目标转化成学前儿童科学教育领域中的具体发展目标,但又是学前儿童科学教育目标体系中概括层次最高的目标。《纲要》对我国幼儿园科学教育的总目标做了具体规定:

➢ 对周围的事物、现象感兴趣,有好奇心和求知欲;
➢ 能运用各种感官,动手动脑,探究问题;
➢ 能用适当的方式表达、交流探索的过程和结果;
➢ 能从生活和游戏中,感受事物的数量关系并体验到数学的重要和有趣;
➢ 爱护动植物,关心周围环境,亲近大自然,珍惜自然资源,有初步的环保意识。

为了更好地理解和贯彻总目标,我们还要对它从科学情感态度与价值观、科学过程与方法、科学知识与技能三个方面进行具体分析。

(一)科学情感态度与价值观

在学前儿童科学教育活动中,强调情感目标有两方面原因。

第一,情感目标是培养"完整儿童"的保证。培养"完整儿童"是现代学前儿童教育的新概念。所谓"完整儿童"指的是全面发展、和谐平衡的儿童,是指儿童的身体、情感、认知、道德和社会的整合性发展,所以学前儿童科学教育的目标不仅要促进学前儿童认知的发展,而且要促进学前儿童各方面素质的全面和谐发展,包括情感的发展。

第二,情感目标是终身教育的需要。当今社会的快速发展,使终身教育成为贯穿一生的命题。学前儿童科学教育活动应当追求和实现的核心目标是使学前儿童获得可持续发展和具有终生价值的大目标。培养学前儿童的科学情感和态度,他们就有了终身学习和发展的动力机制。

在学前儿童科学教育活动中,培养学前儿童的科学情感和态度,要注重以下四个方面。

1. 发展学前儿童的好奇心、兴趣和求知欲

《纲要》总目标的第一条是:"对周围的事物、现象感兴趣,有好奇心和求知欲。"具体地说,也就是要发展学前儿童对周围各种事物(包括自然事物和科技产品)和现象(包括自然现象和科学现象)的好奇心,培养学前儿童参与科学探究活动、科技制作活动的兴趣,激发学前儿童的求知欲。总目标的第四条是"能从生活和游戏中感受事物的数量关系并体验到数学的重要和有趣",强调的也是要发展学前儿童对数学的兴趣。好奇心是人类认识活动必不可少的主观前提,是科学探索、发明创造的必要条件,是科学家的重要素质。虽然学前儿童的好奇心不同于科学家,但它们并没有不可逾越的鸿沟。好奇心是学前儿童认识事物的原动力、内驱力。儿童一出生,就有先天的无条件定向探究反射,这使儿童天生就具有好奇心。但是,学前儿童最初的好奇是自发的好奇,而且学前儿童的好奇心还需要后天社会环境的强化,才会保留下来,进而发展成为对科学好奇和求知欲。反之,儿童的好奇心就会慢慢地被磨灭,他们对周围事物的态度会越来越冷漠,科学对他们也就不会再有很大的吸引力了。所以,保护和发展儿童的好奇心,激发其求知欲是学前儿童科学教育中重要的任务。和好奇心相联系的是学前儿童对科学的兴趣,兴趣是科学探索和学习的强大动力,它不仅能使学前儿童积极地投入科学活动中,而且还能在活动过程中有效地维持长久。学前儿童最初的科学兴趣就是对新奇事物的好奇,但这种好奇是表面的、不稳定的、容易波动的。随着学前儿童从科学活动中得到满足,他们的科学兴趣也逐渐变成内在的、稳定的、持久的倾向。在科学教育中培养学前儿童科学兴趣的目标,就是使学前儿童从对事物的外在的、表面的兴趣,发展为对科学活动过程的理智和兴趣。

2. 培养学前儿童关爱环境的积极情感和态度

《纲要》总目标的第五条:"爱护动植物,关心周围环境,亲近大自然,珍惜自然资源,有初步的环保意识。"强调了要培养学前儿童关爱环境的积极情感和态度。自然是科学的对象,也是人类赖以生存的环境。现代大工业生产在给人类带来方便的同时,也打破了自然生态平衡,导致了严重的环境污染、资源浪费、物种枯竭等一系列生态危机。面对自然界对人类的严酷惩罚,我们应该摆正人与自然的关系,寻求人与自然的和谐相处。因此,增强公民的环保意识,教育公民热爱自然、保护环境已成为全球性的迫切任务。在学前儿童科学教育中,提出热爱自然、关心和保护环境的目标,对于新一代与自然的和谐相处以及人类可持续发展都具有深远意义。学前儿童科学教育活动可以让学前儿童初步了解一些环境的污染状况,如水体污染、大气污染、噪声污染和生活垃圾污染等,知道这些污染对人和动物的危害。了解由于生活环境质量的下降,以及人类的过度砍伐、渔猎,许多物种正走向灭绝,同时也将危害人类自身,从而使幼儿从小形成对花草树木、小动物、珍稀生物、水资源等的关注。同时,自然界中的事物各具特色、有序排列,自然是美的。自然生态所呈现出的生机勃发、互生互补、绵延不息是一种最高层次的美的形态。学前儿童科学教育还可以引导学前儿童学会发现自然界的美、欣赏自然界的美。

3. 培养学前儿童尊重事实的科学态度

科学领域之所以会不断扩大,是因为人类本着尊重事实的科学态度,不断对大自然进行探索研究,对前人所作的结论敢于表示怀疑,对事物善于从多方面加以考虑,不断有新的发现和发明。在传统的传授式教育中,幼儿的学习以听和看为主,他们的操作也大多是为了验证老师所传授的知识。在幼儿的意识中,"教师是知识的来源""教师是知识的化身"。新的科学教育观,强调让幼儿面对真实,向真实发问,与真实接触。通过看、听、嗅、触摸、品尝等获得对事物的感性经验,并且综合出对该事物的整体印象。幼儿通过动手动脑,探究解决问题,逐渐懂得真理不容置疑地独立于我们而存在,它不

是存在于老师的头脑之中。只有与客观事物真实地接触,才能真正地接触到知识。尊重事实是最起码的科学态度。尊重事实的科学态度表现为从事实出发,从不同的角度去认识事物;不过早地下结论;尊重事实,愿意考虑不同的意见;对公认的事实有怀疑不怕提出来,敢于怀疑,敢于批判,自己记录自己观察探索和操作的结果,根据这些客观存在的结果形成自己对事物及其关系的看法和解释。

4. 尊重他人,乐于合作、分享与交流

任何事物都是发展着的,每一个人的观点都是有价值的。在科学的发展道路上,许许多多的想法都是可能的。我们要通过学前儿童科学教育使学前儿童从小能从多角度看问题,看到同伴的价值;乐于与同伴分享和交流自己的发现;能与同伴合作,互相关心、支持和提出合理建议,必要时能寻求帮助;能认可、倾听同伴的不同想法;能接纳和吸收同伴的合理意见,修正或完善自己的想法和做法。

(二) 科学过程与方法

当今时代,每个人都必须终身学习。"授人以鱼,不如授人以渔"。在学前儿童科学教育中,为了使幼儿在当今和未来的社会中能够很好地生存,就必须使他们掌握学习和获得知识的方法。只有掌握了科学方法,他们才可能运用这些方法自己去寻找自己尚未知晓的知识,探求各种问题的答案,才能真正成为自主、主动的科学探索者。"方法比知识更重要"。巴甫洛夫曾论及过科学方法的重要性:"科学的跃进,往往取决于方法上的成就。研究方法每前进一步,我们也仿佛随之升高一层,从那高处,我们可以望见广阔的远景,望见许多先前望不见的事物。"限于幼儿的认知发展水平,他们也许并不能像成人那样通过严密的观察和实验方法来进行科学研究,解决科学问题,但是这并不是说不能对他们进行科学方法的启蒙。《纲要》中目标的第二条"能运用各种感官,动手动脑,探究问题",以及第三条"能用适当的方式表达、交流探索的过程和结果"所体现的精神就是科学方法和策略。科学方法的实质在于探究问题。掌握科学方法的核心就是要获得探究解决问题的策略,即知道如何去探究和解决问题。让幼儿掌握科学方法实质上是帮助幼儿获得探究解决问题的策略的感性认知。幼儿探究解决问题往往是两类问题:未知的问题和技术设计的问题。因此,探究解决问题的策略包括:对未知的探究策略和技术设计的策略。两个策略都由四个环节构成:观察发现问题—动脑思考—动手操作—表达交流。

1. 观察发现问题

《纲要》中提到"能运用各种感官,动手动脑,探究问题",指的就是通过观察发现问题的策略。对于学前儿童来说,科学思维的第一步是用感官观察和探究周围环境,发现问题。感觉器官是人类感知外部世界的生理基础,是人类吸收外界信息的通路。观察就是运用多种感官对周围世界所产生的有目的、有计划、有思维的知觉。观察是学前儿童认识周围世界的基础。探究未知问题的第一步需要观察。学前儿童只有通过观察探索,才能发现可探究的问题。在技术设计中,第一步是先想好做什么,即提出设计目标。人类的发明创造往往起源于问题。要提出设计目标需要幼儿对周围的事物和科技产品进行观察,发现一些有趣的或不尽如人意的地方,然后才能提出设计目标。例如,通过观察发现用碗将水灌入可乐瓶中,水会漏出好多,于是一个技术设计目标就产生了:怎样将一碗水灌入可乐瓶中,尽量不漏。因此,本条策略的核心在"观察",通过运用多种感官观察、比较观察、连续观察发现一些问题。学前儿童观察策略的具体目标包括:小班学会运用多种感官对个别物体和现象进行观察,即能有目的地运用多种感官,对某一特定的自然物、自然现象或科技产品进行观察;中班学会比较观察,即对两种或两种以上的自然物或自然现象、科技产品进行观察和比较;大班学会对自然现象的观察,即能为探究自然现象的发生(如动植物的生长、变化,天气、季节的变化等)、发展、变化而进行连续、持久的观察。

2. 动脑思考

科学思维的第二步,就是动脑思考解决问题。《纲要》中提到"能运用各种感官,动手动脑,探究问题"指的就是动脑思考解决问题。探究未知问题的第二步,就是针对观察和探索时发现的问题、产生的疑问,进行推理和预测。推理是指从一个或数个已知判断推出新的判断。预测是指对将要发生的

事件作出猜想。在一个探究活动开始时能预先作出推理和猜想，有助于幼儿探究活动的有意性，并有助于幼儿将预想与探究结果比较，真正促进幼儿认识结构的发展。推理和预测本身也属于思维。技术设计的第二步是提出解决方案产生设计。提出解决方案产生设计实际上也是一种思维过程，当然也需要想象参与。例如，提出"怎样将一碗水灌入可乐瓶中，尽量不漏"的设计目标后，就思考出解决方案产生设计：漏斗可帮助解决问题，漏斗怎么做最好，设计简单图纸。动脑思考策略的核心是思维。学前儿童思维策略的目标主要包括：小班学会分析综合，即把观察到的事物分成各个特征，把组成整体的各个特征结合起来，初步尝试推理和预测。中班学会比较和概括，即对直接观察到的事实进行比较和概括，认识到事物的不同和相同（比如从对各种水果的观察中发现它们的不同，同时概括出它们都是水果，尝试进行推理和预测）。大班学习推论和预测，即根据观察到的现象，并结合自己已有的经验，推想它的原因，提出合理的解释，得出结论，并预测将来可能发生的现象（比如从对自己没有眼睛看不到东西，推论其他人和动物没有眼睛也看不到东西）。

3. 动手操作

《纲要》中提到"能运用各种感官，动手动脑，探究问题"。其中的"动手"指的就是动手操作。在学前儿童科学教育活动中，无论是科学发现活动，还是科技制作活动，都离不开动手操作。在探究未知问题时，通过动手操作来验证推理和预测是否正确，这是科学方法策略中最重要的一环。在技术设计时，需要通过动手操作来实施设计方案。学前儿童的动手操作有三种类型：实验操作、技术操作、其他手段的操作。实验操作是指幼儿在探究未知的科学活动中，以行动、操作或其他方式验证其发现、推论或预测是否正确的过程和方法。通过做实验操作，原来的预想可能得到支持和证实，也可能被推翻。技术操作则是指学前儿童在科技制作活动中，运用工具或材料，对客观对象或材料进行操作加工或制作新产品的过程。其他手段的操作验证主要指幼儿通过图书查阅、互联网查阅等各种渠道收集有关资料和信息的过程和方法。在当今的信息化时代，这也是一种重要的科学学习方法。其他手段的操作还包括在实验过程中或在实验之后，对实验结果的记录。在学前儿童科学教育活动中，幼儿动手操作的具体目标是：小班能通过自己的实验操作获得发现，学会使用简单工具；中班能对问题作出假设并用实验来加以检验，学习使用工具制作简单产品；大班在操作过程中根据操作目标及时调整操作过程，对操作过程和结果进行思考、调整和修改。

4. 表达交流

《纲要》中总目标的第三条"能用适当的方式表达、交流探索的过程和结果"，强调是表达交流。无论在探究未知问题时，还是在技术设计时，科学探究的最后一步都是表达交流。表达交流的方式有语言和非语言两种方式。幼儿表达交流的目标主要包括学习用准确、有效的语言表达、交流自己在科学活动中的做法、想法和发现。小班可以让儿童描述观察中发现了什么，逐渐学着描述在操作中发现了什么；中班儿童可以学着整理自己的记录来说明结果，并用结果得出结论；大班可以引导儿童将结论与预想结果进行简单的比较，提出新问题、新发现。学会用适当的方式表达自己在科学活动中的情绪体验，如体态、动作、表情等。学会用各种手段（如图表、绘画、作品展览等）展示自己的科学活动结果（中班以上）。

（三）科学知识与能力

《纲要》总目标中提到的"能运用各种感官，动手动脑，探究问题""能用适当的方式表达、交流探索的过程和结果"，应理解为能力目标。培养学前儿童的能力是学前儿童各领域教育的共同任务。所以，学前儿童科学教育应有能力目标，而学前儿童科学教育活动也有利于培养学前儿童的能力。学前儿童科学教育活动是学前儿童在教师指导下自主探究的过程。幼儿在对自然界生动进行探究的过程中，需要观察、思考、动手操作、表达，这都有利于培养幼儿的观察力、思维能力、解决问题的能力、动手操作的能力和语言表达能力。另外，科学游戏中的感官游戏、操作游戏、情景性游戏、竞赛游戏等都能直接培养幼儿的能力。幼儿的能力素质也是终身可持续发展的素质。科学知识和能力目标在总目标中虽然没有很明确体现，但是作为科学探索过程的必然结果，知识的目标蕴藏在其他的目标中。例如,总目标中强调的"好奇心、兴趣和求知欲"是获取科学知识的强大动力;"运用各种感官,动手动脑,探究问题";"表达、交流探索的过程和结果"都是为了更好地获取知识;"感受事物的数量关系"相对来说是比较明确的数学知识目标。

根据知识的抽象性,知识可分为三个层次:经验层次、概念层次和理论层次。幼儿的思维以直观动作思维和具体形象思维为主。幼儿的思维发展水平决定了他们不可能获得抽象的概念层次和理论层次的知识,只能获得一些有关周围物质世界及其关系的感性认识和经验性即经验层次的知识。学前时期获得的经验层次的知识能为将来理解抽象的概念层次和理论层次的知识提供具体的表象支持。曾有一位老教育工作者这样回忆:"我小时候生活在农村,经常接触各种田间作物,尽管不知道什么'单子叶植物'和'双子叶植物',但它们的形象都印刻在脑中了。后来到大学里学习生物学课程,老师讲到'单子叶植物'和'双子叶植物'的概念,那些生活在城里的同学觉得非常抽象,而我马上就联想到儿时的经历,就觉得很容易理解。"尽管《纲要》并没有明确规定学前儿童科学教育活动的科学知识目标,但是,学前儿童科学教育活动具有"学前儿童科学教育活动的结果使学前儿童获得广泛的科学经验"这一特性,学前儿童科学探究活动的必然结果是科学知识。所以,学前儿童科学教育活动的知识目标毫无疑问地必然存在。

"感受事物的数量关系"相对来说是比较明确的数学知识目标。法国教育思想家阿兰曾说过:"我们应该首先阐明科学教育的目标。它不是为了积累知识,而是要开发一个人的观察世界的能力。""没有数学的准备,便无法理解自然科学,因此尽管它们提供了科学教育中的有用的入门知识,使我们达到科学教育目标的却主要是数学。"任何自然物体和现象都具有数、形、时、空等方面的单一的或综合的特点。科学探究离不开数学,科学包括自然科学和数量关系。因此,总目标中提出要让学前儿童感受事物的数量关系。但是,因为学前儿童科学教育活动重在培养幼儿的学习兴趣,所以学前儿童科学教育强调让学前儿童从生活和游戏中感受事物的数量关系。幼儿对数量关系的认识是以对具体事物的认识为基础的。幼儿周围环境中的每件物品都以一定的形状、大小、数量和方位存在着,教师可以充分利用这些生活素材让儿童积累数学感性经验。在科学探索活动和日常生活中,引导幼儿感受事物的数量关系,积累数学经验,也可以借助游戏情节将数学知识和教学目标巧妙地转化为游戏的内容和规则,使幼儿在没有外在压力的情况下,感受数量关系。还可以将数学融入游戏之中,让幼儿在游戏中发现和感受数学,同时在运用数学解决游戏中某些问题的过程中理解数学,积累数学经验。

关于《纲要》中没有专门列出具体的科学知识目标,我们可以从以下四个方面来理解。

第一,《纲要》对学前儿童应该掌握哪些科学知识不作统一规定,以便教师在实践活动中灵活安排,因为学前儿童科学教育活动具有内容的生成性和组织方式的多样性和灵活性的特性。

第二,幼儿在探究活动中获得的科学经验能否进一步概括上升为抽象的知识,教师可以灵活掌握。

第三,因为学前儿童科学教育活动具有探究性的特性,在教育活动中,能否让幼儿获得一个准确的科学结论,教师也可以灵活掌握。如果儿童的某个科学探究活动不能获得准确结论,教师也不要强求。学前儿童科学教育活动重在通过探究活动培养幼儿的科学情感和态度,让幼儿掌握科学方法。

第四,《纲要》不专门列出具体的科学知识目标,有利于纠正以往科学教育活动中"重知识"的错误观念,避免学前儿童科学教育片面追求知识倾向。在学前儿童科学教育活动中,尽管知识是幼儿探究活动的必然结果,但不应成为教师追求的主要对象。幼儿形成科学情感和态度,掌握科学方法和策略比掌握科学知识更重要。在科学教育实践中,情感态度目标和方法策略目标应优先考虑。

二、学前儿童科学教育各年龄阶段目标

所谓学前儿童科学教育各年龄阶段目标是指学前儿童科学教育在不同的年龄阶段所要实现的目标。它一般分为0—3岁、小班、中班、大班的教育目标。关于学前儿童各年龄阶段目标,国家没有统一规定。以下所列目标仅供参考,在具体运用时,还需要根据幼儿园和班级的实际情况,进行相应的调整。

（一）0—3岁儿童科学教育活动目标

（1）保护好奇心，支持儿童的触摸、爬动、操作、摆弄玩具和物品的行为。

（2）提供丰富的感觉刺激，发展感觉能力、注意力。

（3）初步掌握与生活经验相贴近的日常概念和科学常识，例如，知道一些与生活贴近的动植物、自然现象和科技产品的名称。

（4）形成"1"和许多的数概念；形成白天、晚上的时间概念。

（二）小班儿童科学教育活动目标

1. 情感方面

（1）激发儿童对周围事物的好奇心，使其乐意感知和摆弄他们能够直接接触到的自然物和人造物。

（2）萌发他们探索自然现象和参与制作活动的兴趣。

（3）使其热爱动植物和周围环境，并能在成人的感染下表现出关心、爱护周围事物的情感。

2. 方法技能方面

（1）帮助儿童学会运用多种感官感知物体的外部特征。

（2）帮助儿童学会使用简单工具。

（3）帮助儿童学会通过目测等简单方法比较物体的形体大小和数量的差别。

（4）引导儿童用词语或简单的句子描述事物的特征或自己的发现，与同伴、教师交流。

3. 知识方面

（1）引导儿童观察周围常见的个别自然物（小猫、小狗、小草、石头等）的特征，获取粗浅的科学经验，初步了解它们与自己生活、与周围环境的具体关系。

（2）引导儿童观察周围常见自然现象的明显特征，获取粗浅的科学经验，并感受它们和学前儿童生活的关系。

（3）引导儿童观察日常生活中直接接触的个别人造产品的特征及用途，获取粗浅的科学经验，感受它们给生活带来的方便。

（4）学习用一一对应的方法比较两组物体的数量，有多、少和一样多的概念。

（5）学会以自身为中心区分上下、前后的空间方位；认识圆形、正方形、三角形；形成早、晚的时间概念。

（三）中班儿童科学教育活动目标

1. 情感方面

（1）发展儿童的好奇心，引导儿童探究周围生活中常见的自然现象、自然物和人造物，愿意参加制作活动。

（2）培养儿童关心、爱护动植物和周围环境的情感和行为。

2. 方法技能方面

（1）学会比较观察不同物体或同类物体的特征。

（2）学会使用工具制作简单产品。

（3）学会对直接观察到的事实进行比较和概括，认识到事物的不同和相同。

（4）引导儿童用自己的语言描述自己的发现，能和同伴、教师交流，并学会运用其他手段（如图表、绘画、作品展览等）展示自己的科学活动结果。

3. 知识方面

（1）帮助儿童获取有关自然环境中动植物及沙石水等无生命物质及其与人类关系的具体经验，了解不同环境中个别动植物的形态特征和生活习性。

（2）帮助儿童了解一年四季的特征及其与人们生活的关系，观察常见的自然现象，获取感性经验。

（3）引导儿童获取周围生活中常见科技产品的具体知识和经验，初步了解它们在生活中的运用。

（4）能比较10以内数的大小。

（5）认识长方形、梯形、椭圆形；学习以客体为中心区分上下、前后；形成昨天、今天、明天的时间概念。

（四）大班科学教育活动目标

1. 情感方面

（1）激发和培养儿童好奇、好问、好探索的态度。

（2）激发儿童对自然环境和现代社会生活中的科技产品的广泛兴趣，能自己发现问题、提出问题、寻求答案。

（3）使儿童喜欢并能主动参与、集中于自己的科学探索活动和制作活动。

（4）培养儿童主动关心、爱护周围环境的情感和行为。

2. 方法技能方面

（1）学会主动运用多种感官观察物体的运动和变化，即对自然现象进行观察。

（2）学会实验操作验证推论和预测，并能对操作过程和结果进行思考、调整和修正。

（3）学会运用简单工具和多种材料进行制作活动，能够发现物品和材料的多种特性和功能，并能表现出一定的创造性。

（4）学会推论和预测，即根据观察到的现象，并结合自己已有的经验，推想它的原因，提出合理的解释，得出结论，并预测将来可能发生的现象。

（5）引导儿童用完整、连贯的语言与同伴、教师交流自己在科学活动中的做法、想法和发现，以及能够表达发现的愉快。

3. 知识方面

（1）帮助儿童初步了解不同环境中的动植物及其与环境的相互关系。

（2）向儿童介绍周围生活中的环境污染现象和人们保护生态环境的活动。

（3）帮助儿童获取有关季节、人类、动植物与环境等关系的感性经验。

（4）引导儿童探索周围生活中常见的自然现象，获取有关的科学经验。

（5）能对 10 以内的数进行数的组成和分解，能做简单的计算。

（6）逐渐学会以自身为中心区分左右，能认识几种常见的立体图形（正方体、球体、长方体、圆柱体），形成星期几和一年四季的初步概念。

由于各地学前儿童的实际情况有差异，本书提供的学前儿童科学教育各年龄阶段目标仅供参考，幼儿教师在实践中可适当调整。总之，我们对于学前儿童科学教育各年龄阶段目标不能机械地、绝对化地理解。

三、学前儿童科学教育的单元目标

各个幼儿园的具体情况不同，所制定的单元目标有所差异。以下实例仅供参考。

1. 以时间为单元的科学教育活动

【例一】　幼儿园小班 4 月份的科学教育目标

➤　愿意接触大自然。

➤　有好奇心，喜欢模仿、探究。

➤　认识易于接触的动物如小兔子、金鱼等，了解其主要外形特征和生活习惯。

➤　认识易于接触的植物如花、草、树等，了解其主要外形特征。

➤　了解自己身体的主要器官，如眼睛、鼻子、嘴巴等，学习认知和保护。

➤　观察春天的景色（根据时间对应季节），初步体验大自然的美丽。

➤　初步运用感官认识物体。

2. 以主题活动为单元的科学教育活动

【例二】　幼儿园小班主题活动"有趣的颜色"的科学教育目标

➤　察看不同的颜色，能辨别物体的颜色，发展观察能力。

➤ 关心周围事物,对活动感兴趣。

➤ 学习用语言表达所得到的信息。

➤ 知道眼睛的重要性。要爱护自己的鼻子。

四、学前儿童科学教育的活动目标

【例三】 幼儿园小班"青蛙的一生"的科学教育目标

➤ 了解从小蝌蚪到小青蛙的变化过程,丰富知识经验。

➤ 尝试用肢体表现小蝌蚪到小青蛙的转变过程。

➤ 体验模仿的喜悦,激发表现的欲望。

第三节　选择学前儿童科学教育内容的要求

　　幼儿科学教育活动内容的选择与编排主要以幼儿科学教育活动的目标为依据,并要求符合《幼儿园工作规程》和《纲要》的精神。而在具体选择与编排学前儿童科学教育内容时,还要考虑以下六个原则。

一、科学性和启蒙性原则

　　科学性和启蒙性是选编幼儿科学教育内容的基本要求。幼儿科学教育的内容应符合科学的原理,不能违背科学事实——类似"先看到闪电后听到雷声是因为眼睛在耳朵前面"之类的脑筋急转弯,不适合作为幼儿科学教育的内容。同时,科学性又应该和启蒙性相结合,即提供给学前儿童学习科学内容应是一种粗浅的科学知识,以此激发幼儿的好奇心和科学探索的欲望,启示幼儿的科学学习,而不能超越幼儿的发展水平和理解能力。

　　科学性和启蒙性是相互联系、相互依赖的。没有科学性,幼儿教育便失去了根本;而忽略了启蒙性,则不能完成科学教育的目标。要兼顾科学性与启蒙性原则,就要求在选择内容时要考虑科学性,在内容的范围和深度上遵循启蒙性。根据科学性和启蒙性原则,选择幼儿科学教育内容应该做到以下三点。

　　第一,科学启蒙就是要选择幼儿可以直接探索的内容(操作性:看、听、摸、闻等),让幼儿通过自己直接的探索活动,在力所能及的范围内学科学。教师要尽量挖掘幼儿身边的科学内容。如吃的食物是从哪里来的? 吃的是植物的哪一部分? 生熟有什么不同?

　　第二,科学启蒙就是要选择幼儿可以理解的内容(浅显性——用纸片振动模拟蜜蜂翅膀发声,而不是将不倒翁涉及的杠杆原理、势能、摩擦系数等介绍给幼儿),将复杂、深奥的科学道理寓于简单、明显的现象之中,让幼儿通过具体的经验获得对科学知识的粗浅理解。

　　第三,科学启蒙就是要选择幼儿日常生活中熟悉的内容,将科学教育活动渗透于一日生活之中,引导其发现日常生活中的科学内容。尽量选择幼儿自己发现的内容,如从幼儿身边熟悉的小动物、植物、气象现象延伸至宇宙飞船等。在介绍灯具时可以让幼儿了解历史上不同的灯具,介绍现代通信工具时,可向幼儿介绍古代的通信工具如烽火台、信鸽等,也可以请幼儿猜测未来还会有哪些通信工具出现等。

二、系统性和整体性原则

　　所谓系统性即学前儿童科学教育的内容应当由近及远、从简单到复杂、从浅至深有系统地编排进行。纵向上主要是在选择内容上要从幼儿各年龄段整体上来考虑,所选内容要随着年龄的增长其容量与深度也随之增加。横向上主要是指事物与事物之间的逻辑关系。所谓整体性即在选编幼儿科学教育内容时,要考虑与其他教育内容如语言、数学、社会、健康等内容相互配合,相互渗透,综合进行。

学前儿童科学教育活动是对幼儿进行科学的启蒙教育,强调幼儿的科学兴趣和科学态度,但并不意味着在选择和编排科学教育内容时就可以杂乱无章,不需要系统性和整体性,事实上,自然界本身就是一个整体。因此,学前科学教育的内容应该根据自然界的客观规律、人的认识规律以及幼儿的思维发展特点来考虑科学教育内容的系统性。

人类认识世界经历了由粗略到精细的过程,学科的分化正是反映了人类认识的深度。幼儿认识周围的整体世界,其心理认知过程简单地重复整个人类的认知过程,也必然是从粗略的整体到精细的局部。作为幼儿教育内容之一的幼儿科学教育,必须考虑与其他教育内容相互配合一致,使得幼儿获得较为完整的知识。

根据系统性与整体性原则,选择学前儿童科学教育内容时应该注意以下两点要求:

第一,在选择内容时,可采用直线式上升或螺旋式上升的方式。直线式上升是指同一方面的内容按难易、繁简的程度予以安排。例如,选编"认识太阳"这一主题时,让小班幼儿知道太阳是圆的,能发出强光;让中班幼儿知道太阳光有紫外线,长时间照射要伤害人的皮肤;让大班幼儿知道世界上的动植物生存都离不开太阳的原理。螺旋式上升是指同一内容反复出现,循环加深。以认识"四个季节"这一内容为例,在小、中、大班都可以进行,但内容的侧重点不同及具体要求不同。小班主要了解四季的明显特征,中班主要了解四季的变化及规律,大班则要了解四季变化对动植物的影响。

第二,幼儿科学教育内容不宜过于分化,应将若干有内在联系的内容有机地联系起来。如在选择"冬季"作为科学教育的内容时,除了使幼儿感知冬季的气候特点外,还要进一步引导幼儿探索冬季动植物的生理变化,冬季对于人们生活的关系等。要注意的是,整体性并不代表"拼凑式",对于不能相容的教育内容,不能生硬地把它们联系在一起,也是可以单独进行的。

三、时代性和民族性原则

时代性是指幼儿科学教育的内容应体现现代科学技术的发展,以适应时代的变化;民族性是指幼儿科学教育的内容应体现传统文化的特色,以弘扬民族的优秀文化。时代性原则与民族性原则不是对立的,而是相互联系的。例如,在让幼儿了解有关"桥"的知识时,既要让幼儿了解现代各式各样的桥,如立交桥、斜拉索桥、旱桥(地面上的桥)、水面上的桥等,同时也要让幼儿了解我国古代的一些著名的桥梁,如赵州桥等。在这一系列内容的选择安排中,既遵循了民族性原则,又体现了时代性原则。

学前儿童科学教育活动的内容应该具有时代的气息,体现现代科学的发展及其在社会生活中的应用,以便让幼儿深切体会到科学技术对人类生活的影响。另外,科学教育的内容也应具有民族性,要让幼儿从小了解、继承和发扬中华民族的优良传统,因此要把时代性和民族性完美地结合起来。根据时代性和民族性原则,选择学前儿童科学教育内容时应该注意以下三点要求。

第一,结合幼儿的生活向幼儿介绍现代的先进科学技术,特别是我国在现代科学技术上的成就,如神舟飞船、天文望远镜、计算机技术、现代交通等。

第二,向幼儿介绍科学技术的发展,让幼儿在古今的对比中体会现代科学技术的先进和古代人民的智慧,例如地动仪、水车、指南针等。科学技术的进步史,就是人类文明的进步史。了解科学技术的发展历程,能够让幼儿体会到科学技术的进步及古代人民的智慧,萌发幼儿探索未知科学的兴趣和欲望。

第三,引导幼儿认识我国的具有民族特色的物产,或当地有名的物产。我国地大物博,有许多具有民族特色的物产。如茶叶被称为"中国的饮料",其品种之多可谓世界之最。我们可以让幼儿观茶、品茗,认识茶叶的多样性。有条件的话,还可以带幼儿去参观茶园,了解茶叶的生长、采摘和制作过程。再如,丝绸也是我国的著名物产,可以引导幼儿观察蚕从结茧到吐丝的全过程,参观了解丝绸的制作过程。

四、地方性和季节性原则

地方性原则是指要联系当地的自然环境和文化背景，从实际出发，灵活选编科学教育的内容。我国幅员辽阔，地跨寒、温、热三带，各地的自然条件和社会环境各不相同。生态环境、自然资源、风土人情、人文历史、科技发展程度差异很大。幼儿的生活环境与其科学的学习密切相关，因此要根据当地的特点选择科学教育的内容，还可以自行编制一些乡土教材，以保证幼儿直观地感受本地区的自然特点。

季节性原则是指应联系季节变化来选编科学教育的内容。科学教育涉及的各种自然现象的发生、发展和变化，大多与季节变化有着密切联系。遵循季节性来选编科学教育的内容，既能丰富、加深幼儿对季节的整体理解，又能帮助幼儿理解事物变化与季节之间的关系。

学前儿童科学教育活动的内容选择应结合当地的自然条件和季节特点，因地、因时制宜。地方性和季节性的要求既是幼儿认识事物的特点所决定的，也是自然科学知识的特点所决定的。根据地方性与季节性原则，选编幼儿科学教育内容应注意做到以下三点。

第一，在选择教育内容时，不能照搬照抄现成的材料，而要注重从当地的自然和社会资源中挖掘和选择有价值的教育内容，如教师可以自己结合地方特点和季节特点编写地方课程或园本课程。在自身资源中进行选择，形成具有鲜明园本特色的教育内容。

第二，结合当地、季节特点选择内容，就要会灵活地替换教育内容，即用当地幼儿熟悉的事物代替相应的教育内容。比如，认识石头的内容，山区的幼儿可以认识山上的大块石头，河边的幼儿则可以捡鹅卵石，南京的幼儿还可以欣赏雨花石……尽管他们认识的具体事物不同，但都有机会运用感官感知和观察石头的特征，而且由于观察的对象是他们熟悉的，还能萌发幼儿对自己家乡的热爱之情。

第三，要根据当地的季节变化，安排教育内容。我国不同地区的季节差异很大，北国冰封的时候，南国已是鸟语花香。因此，幼儿园教育计划的制订要根据本地的季节特点，选择合适的时机。此外，还要根据当地的具体情况，由近及远地安排教育内容。

地方性和季节性的要求并不等于一定要认识当地可见的事物，当地没有的事物也可以认识，只是同样要遵循由近及远的顺序，即先认识身边的、常见的事物，再扩展到较远的、不常见的事物。

五、广泛性和代表性原则

广泛性指的是选编幼儿科学教育内容应该尽可能包含诸多方面，涉及天文、地理、生物、物理、化学、现代科学技术等，确保教育活动让幼儿获得广泛的科学经验；而代表性指的是科学教育选择的内容要能典型反映某领域的基本知识结构。

自然科学涉及丰富多样的内容，这些综合性的科学内容都是可以通过精心设计让幼儿进行学习和探索的。同时，科学就在幼儿的身边，这也为幼儿提供了探索的可能。幼儿对于丰富多彩的科学内容充满了兴趣和好奇，无论是太阳的东升西落，还是春天飞扬的柳絮、冬天洒落的雪花，抑或是园林小鸟的鸣叫等都能使其产生无数的疑问，提出各种问题，这些都反映了幼儿渴望了解丰富多彩世界的心理需要。因此，只有为他们提供广泛的科学教育内容，使他们有机会与大千世界充分接触，才能满足他们探索的需要，进而促使他们获得多样的科学知识和科学体验。要注意的是，广泛性并不代表面面俱到，过于繁杂、混乱的信息对于幼儿科学经验的储备和思维的发展都是不利的，因此，在选择科学教育内容时还要注意内容的代表性，也就是使幼儿对科学知识的各个方面都有最基本的了解，掌握其最基本的结构。只有这样，才能为幼儿今后进一步学习系统的科学知识奠定坚实的基础。

根据广泛性和代表性原则，选择幼儿科学教育内容应注意做到以下三点。

第一，坚持从广泛的范围中选择内容。我们既可以将选择范围确定在幼儿的日常生活中，也可以从广泛的学科知识方面进行选取。前者如我们生活的环境、天上的彩虹、各种各样的水果等；后者可以从自然科学体系中得到启发，按知识领域确定，如物理中有关力的知识点就很多，如沉浮游戏、风车转转转、滑轮玩具、降落伞等。

第二，衡量所选内容的代表性。衡量所选内容的代表性的标准主要在于幼儿学习这个内容后是否能举一反三，为他们学习类似的科学内容提供帮助。

例如，学习牵牛花，它不仅是幼儿常见的植物，而且对其形态、结构、生活环境等方面的认识对幼儿将来学习植物的共同特征打下基础。再如，对水的认识，幼儿通过观察、操作、实验，不仅获得了关于水的三态（液体、固体、气体）的认识，积累了水的科学经验，建立表象水平的概念，而且还有利于他们举一反三，为他们认识其他物质的多种存在状态奠定了基础。

第三，要全面均衡地选择各部分的内容。科学内容涉及较广，教师在为幼儿选择科学教育内容时，应该尽量让幼儿获得一个对世界较完整的认识。因此，要考虑所选择的内容能够涉及更多的内容范围，各个部分内容的比例保持协调，不能过多偏重某方面的内容或者某个内容的某个部分，而忽视其他方面。认识植物时，不仅让他们认识水生的、陆地上生长的植物，还应该让他们认识不同季节的代表性植物及其特点；不仅让他们认识不同植物的外形特征与生长特点，还应该引导他们探索植物与人和环境之间的关系，等等。这样，才能使幼儿获得较为全面而又具有代表性的科学经验。

六、趣味性和探究性原则

趣味性原则是指选编的内容必须是幼儿感兴趣的，简单生动、幼儿易接受。趣味是幼儿主动学习和发展的原动力，没有趣味，幼儿的学习就缺乏了真正的动力。孩子天生具有强烈的好奇心和求知欲，教育应当开发和利用幼儿感兴趣的事物和问题，扩展成幼儿科学教育的内容。

探究性原则是指选编的内容尽可能使幼儿通过自身的能力观察、操作和思考，报告自己的发现，得出自己的结论。在科学教育活动中，报告自己的发现，得出自己的结论。在科学教育活动中，幼儿科学教育活动本身就是一种以幼儿为主体的探究性学习的过程，幼儿是主动的探究者和发现者，是知识经验的主动建构者，教师是幼儿探究活动的支持者和引导者。每个孩子都具有与生俱来的好奇心，爱刨根问底，渴望探究自己周围的世界。

根据趣味性与探究性原则，选择幼儿科学教育内容应注意做到以下两点。

第一，选择幼儿身边熟悉的、感兴趣的内容，引导幼儿发现日常生活中的科学。兴趣是幼儿自觉学习和发展的动力。选择幼儿科学教育的内容就应该从幼儿周围生活和环境中常见的事物和现象入手，开发和利用幼儿感兴趣的事物和想要探究的问题，并将其扩展成为幼儿科学教育的内容。幼儿对自己身边这些感兴趣的、熟悉的内容已经积累了一定的生活经验，具备了一定的感性认识和基础常识，这为实现科学教育目标提供了良好的前提，而且还会使幼儿真正感受到"科学并不遥远、科学就在我们身边"。

第二，选择幼儿可以直接探究的简单易行的内容。幼儿由于受其年龄和智力水平的限制，我们不能选择复杂的探究内容。选择幼儿可以直接探索的内容，可以通过幼儿亲身经历科学探究的过程和感受科学探究的方法，激励幼儿对科学知识的兴趣，体现科学发现的乐趣和成功的快乐，并且形成科学的态度和科学的探索能力。

第四节　学前儿童科学教育内容的范围和设置

幼儿科学教育的内容是幼儿科学教育的载体与媒介，是决定幼儿科学教育目标能否实现的关键所在。因此，选择幼儿科学教育的内容范围，确定幼儿科学教育内容的选编原则和方法至关重要。

《纲要》对幼儿科学教育提出的具体内容与要求如下。

（1）引导幼儿对身边常见事物和现象的特点、变化规律产生兴趣和探究的欲望。

（2）为幼儿的探究活动创造宽松的环境，让每个幼儿都有机会参与尝试，支持、鼓励他们大胆提出问题，发表不同意见，学会尊重别人的观点和经验。

（3）提供丰富的、可操作的材料，为每个幼儿都能运用多种感官、多种方式进行探究活动提供条件。

（4）通过引导幼儿积极参加小组讨论、探索等方式，培养幼儿合作学习的意识和能力，并培养其学习运用多种方式表现、交流、分享探索的过程和结果。

（5）引导幼儿对周围环境中的数、量、形、时、空等现象产生兴趣，建构初步的数概念，并学习用简单的数学方法解决生活和游戏中某些简单的问题。

（6）从生活或媒体中选择幼儿熟悉的科技成果入手，引导幼儿感受科学技术对生活的影响，培养他们对科学的兴趣和对科学家的崇敬。

（7）在幼儿生活经验的基础上，帮助幼儿了解自然、环境与人类生活的关系。从身边的小事入手，培养初步的环保意识和行为。

根据幼儿科学教育的总目标，我们将幼儿科学教育的内容范围确定为科学情感与态度、科学知识、科学方法与能力三个方面，具体如下。

（一）科学情感态度与价值观方面

科学情感与态度方面的内容包括对身边现代生活中科学技术的印象、科学技术对生活的影响、对身边的科学现象的关心、对周围生活中的自然现象的观察、被身边的科学现象所吸引、对身边的科学现象的观察和积累、愿意对一些科学现象进行尝试等。其具体内容如下。

（1）对身边现代生活中科学技术的印象。形成对衣、食、住、行及娱乐中现代科技成分的初步印象。知道科学技术水平的提高可以使日常生活用品不断升级换代，以及科学技术在现代社会和家庭中无处不在。

（2）科学技术对生活的影响。知道科学的生活会带来优美的环境。了解科学技术既能给人们带来幸福，但使用不当，也会给人们带来灾难。

（3）对身边的科学现象的关心。有感知身边科学现象的愿望，经常被生活中的科学现象所吸引。对身边的各种现象充满好奇，常问："是什么？""为什么？"

（4）对周围生活中的自然现象的观察。喜欢观察生活中的自然现象，对观察到的自然现象能大胆提问，希望解开头脑中的问题。

（5）被身边的科学现象所吸引。能经常发现周围生活中有趣的科学现象。知道常见的小动物、花草树木的名称、习性、养护方法。能大胆、自信地把知道的和正在探究的科学知识和现象告诉同伴。

（6）对身边的科学现象的观察和积累。乐意介绍幼儿园、家庭、社会生活中的玩具和现代生活用品。喜欢生活中的新用品，并乐意感知和使用。

（7）愿意对一些科学现象进行尝试。积极感知各种科技活动，喜欢摆弄。在游戏或操作活动中，喜欢寻找不同的方法，喜欢在反复尝试实践后再得出结论。

（二）科学知识与技能方面

1. 探索和研究人体

幼儿生来就对自己的身体有着强烈的好奇心和浓厚的探索兴趣，探索和研究人体是幼儿科学教育不可或缺的基本内容。幼儿认识和探索人体具有重要意义：一能满足幼儿对自己身体的好奇心；二能获得有关人体科学和健康的知识；三为建立科学的自然观奠定基础。

（1）人体的基本结构、功能和保护。了解人体的外部基本结构及其功能，包括头、颈、躯干、四肢及皮肤、骨骼、肌肉、血液等。了解人体的感觉器官及其功能，包括眼睛、耳朵、鼻子、舌头、皮肤等。了解人的共同性和差异性：每个人的人体结构和基本功能是一样的；不同种族的人在皮肤、眼睛和毛发等方面各有差异，不同年龄、不同性别的人在身体特征上也不相同。知道爱护并锻炼自己身体的方法及要点。

（2）人体的内部生理活动和脑的心理活动。了解人体内部基本的生理活动及其意义，如消化、呼吸、血液循环、排泄等。初步了解脑可以思考问题，具有想象、记忆等功能。初步了解人有情绪、情感，知道不同情绪的不同表达方式。学习表达或控制自己情绪的方法和要点,发展自己的积极情绪。

（3）个体从出生、生长发育到衰老、死亡的生命过程。认识到人是一个自然实体,每个人都经历着从出生、生长发育到衰老、死亡的生命过程。让幼儿知道自己是爸爸和妈妈"造"出来的,是从妈妈的肚子里来到这个世界的。了解食物、空气和水是人生长发育的基本条件;合理的营养、适当的运动和休息等都是个体健康成长的必要条件,学习基本的保健知识和方法。

（4）保护身体及身体健康。知道在任何条件下都应该注意安全,保护自己的身体不受侵害和损伤,以避免不必要的痛苦。养成良好的卫生习惯和锻炼身体的意识,以预防疾病,健康成长。

2. 关注、探究自然生态环境

生态环境教育对幼儿科学教育提出了新要求,即我们在进行有关自然环境的内容的教育时,不仅要强调认识自然环境中的单个事物,更要将其放入生态的背景中认识,强调了解自然环境和人们生活的关系,强调热爱自然、保护自然、人与自然和谐相处的生态观点。

幼儿周围的动植物和非生物(如沙、土、石、水、空气等)是自然生态环境的基本组成部分,也是幼儿经常接触的事物.它们都可以作为幼儿学习的内容。

（1）自然界中的生命(常见的动植物)、人与环境间的相互关系。

① 观察常见动植物,探索动植物的形态特征和生命活动,认识动植物种类的多样性。知道常见动植物的名称,如家禽、家畜、野兽、昆虫、花草树木、蔬菜、水果等,它们都各自有区别于其他种类动植物的形态特征。知道动植物有很多种,了解各种动物不同的外部特征及其功能,了解植物的根、茎、叶、花、果实、种子及其功能,了解不同种类动植物的生活习性。

观察和发现常见动植物的生长、变化规律,了解所有动植物都要经历基本的生命过程。

② 探索动植物与环境间的关系。

了解动植物的生长与环境的关系:知道动植物的生存与成长离不开空气、阳光、水、土壤和食物等。

知道动植物的多样性与环境的关系:初步了解动植物对其生活环境的适应,发现不同地方生活着不同的动植物,有不同的行为方式、繁殖方式和食性。

知道动植物和季节变化的关系:了解动植物怎样改变自身以适应环境的变化等,如有的动物会冬眠,有的植物会落叶。

知道动植物的形态结构与环境的关系:了解不同环境中的动植物在形态结构上的不同,如仙人掌的叶子为什么是针形的,北极熊的皮毛为什么那么厚,大树的根为什么要深入地下很深的地方等。知道动植物可以通过改变自身适应环境,而它们的活动也反过来影响和改变周围的生活环境。

了解植物与动物、动物与动物之间相互依存、相互竞争的关系。

③ 探索动植物与人的关系。

了解人类在生活中如何对动植物加以利用,认识动植物与人之间是紧密相连、互相依存的。

懂得动物是人类的朋友,应该保护它们;不同植物对人类有不同的贡献,要保护植物。

（2）自然界中无生命物质及其与人、动植物的关系。

① 自然界中的无生命物质。

知道在我们生活的世界里,除了生物(人类、动植物),还有岩石、沙、土壤、水、空气等无生命的物质,它们都是相互联系着的。

感知自然界中的无生命物质(水、沙、石、土、空气),了解它们的基本特征和物理性质。

② 自然界中无生命物质与人、动植物之间的相互关系。

帮助幼儿理解无生命物质对于生命的重要性,使幼儿知道生物离不开水和空气,沙和土壤都是由岩石变来的,土壤是适宜生物生长的,空气存在于所有空间,它们都是生命不可缺少的物质。

了解人类对自然界过度索取造成的一些环境的污染状况,如水污染、大气污染、噪声污染和生活垃圾污染等,知道这些污染对人和动植物的危害,许多物种正濒临灭绝,同时也将危害人类自身。

了解人类为了保护和改造自己的生存环境所作的努力,如植树造林。使幼儿知道应从小养成保护生态环境的良好行为习惯,如爱护花草、小动物,节约用水,保持环境整洁等。

3. 探索自然科学现象

大自然的许多科学现象就发生在幼儿身边,是引发幼儿好奇心和探索欲的重要组成部分,也是科学教育的内容之一。

(1) 天文现象。

知道地球存在于宇宙中,除地球外,宇宙中还有太阳、月亮和星星等,它们离我们都非常远。

知道太阳是一个恒星,是一个发光、发热、燃烧着的巨大火球。它距离地球很远。如果没有它,地球上所有的生命都不能生存。

知道月球是地球的卫星,它不会发光,只有当太阳光照射到月球上,才使我们看到夜空中的明月;知道月亮在一个月中的不同夜晚,形状看上去会变化,且这种变化是有规律的,学习观察月相的变化,并用简单的方式进行记录。

知道月球上没有空气和水,也没有生命。宇航员可以乘宇宙飞船或航天飞机去太空。

观察夜空中的星星,知道夜空中有无数的星星,它们有的自己不会发光,有的像太阳一样会自己发光,但因为距离我们太远,只能看到一个个闪烁的光点。

(2) 气候和季节现象。

了解气候和季节是人类、动植物生存的重要环境因素,它们的变化一般是有规律的。

观察各种天气现象,如雨、雪、风、冰、闪电、雾、冰雹、霜等,并能进行简单的记录、报告和预测。了解风的产生,知道不同大小的风对动植物、人的影响;知道雨的种类及其在不同季节对植物生长的影响;知道云的形状,知道云是多变的,不同的云可以预测不同的天气。

观察晴天、多云、阴天、雨天等天气,并学会做记录。学会使用温度计测量并记录气温。

知道四季的变化及其规律,了解不同季节的不同特征。

了解季节和气候变化对人类和动植物生活、生长的影响,能主动适应外界环境的变化,并学会保护身体。

(3) 物理现象。

① 光:了解光和人类生活的密切关系,光为我们带来光明,使我们可以看见周围世界。光是植物生长的必要条件。

通过探索和发现光源,知道光源有来自自然方面的,如太阳、个别生物(萤火虫)、闪电等;也有来自人造物,如灯光、火光等。知道月亮、镜子等自身不能发光但会反光。探索光和影子的关系。

探索光学仪器(如平面镜、三棱镜、各种透镜等)和日常物品、玩具(如望远镜、万花筒),了解简单的光学现象。

通过实验探索物体的颜色现象,了解颜色是光反射造成的。

② 声:知道我们生活在一个充满声音的世界里,注意倾听、观察和感受各种各样的声音。

探索能产生声音的物体及产生声音的方法。知道不同物体会发出不同的声音。同一物体作用于不同的方法,也能发出不同的声音。

知道声音有乐音、噪声之分,乐音给人以美感,噪声会给人带来危害。

探索声音的传播规律,知道阻断噪声的简单方法。

③ 电:了解各种电的来源,摩擦产生的是静电,电线输送来的是交流电,干电池里的电是储蓄电。

知道摩擦产生静电,交流电是通过水电站、煤炭燃烧获得的,了解干电池的用途及回收。

理解电的用途及优越性,同时知道电使用不当会造成危害,使幼儿懂得安全用电,避免事故。

④ 磁:观察各种形状、大小的磁铁,探索磁铁的性质。

通过探索了解磁铁之间的吸引和排斥现象,不同磁铁,引力和斥力大小不同。了解磁在生活中的用途,了解我国古代四大发明之一——指南针。

⑤ 热：知道任何物体都有温度，有的温度高，有的温度低。发现高温物体会传热给低温物体的现象，有的传热快，有的传热慢。

知道天气有冷有热，知道夏天怎样散热，冬天怎样生热和保暖等，了解几种常见的取暖和散热产品。

通过探究，寻找升高或降低物体温度的方法。

⑥ 力和运动：知道力和运动是生活中最常见的现象，感知力的大小、方向、作用点，探索不同大小、方向、作用点的力与物体运动之间的关系。

了解不同种类的力，知道力有很多种，如地球的吸引力、推力、拉力、压力、浮力、摩擦力，以及风力、水力、电力等，感受各种力的作用。

通过玩跷跷板、天平和平衡架，感受力的平衡并探索力平衡的条件。

探索省力的方法，如使用轮子、滑轮、杠杆、斜面等。

（4）化学现象。

① 了解周围物质世界和日常生活中存在的简单化学现象。

② 知道食物的霉变现象，初步了解食物会霉变的原因。

③ 了解生活中可能存在有毒化学物质的物体和场所，知道远离和自我保护。

4. 探索、了解现代科学技术

（1）幼儿生活中常见的科技产品及其作用。

认识并探索现代家电产品，如电脑、电视机、电风扇、空调、洗衣机、电饭锅等，知道其主要用途及安全使用的方法，知道它们在人们生活中的重要作用。

探索现代通信工具和常用数码产品，如手机、对讲机、寻呼机、可视对讲仪、数码相机、打印机，了解它们在人们生活中的重要作用。

认识各种交通工具，如从自行车、摩托车、汽车、电车到火车、飞机、轮船，再到现代最先进的交通工具（如电气火车、超音速飞机、磁悬浮列车等），感受它们给人们生活带来的方便。知道使用交通工具的注意事项，形成安全意识。认识各种现代道路，如高架路、立交桥、高速公路、隧道等。探索认识各种农业和工业机械，如拖拉机、播种机、抽水机、起重机、挖掘机等，理解它们在工农业生产中的应用。探索和初步了解现代生物科学技术和农业科技产品，如无籽西瓜、无土蔬菜栽培、无菌食品加工和包装等。

（2）了解科学技术的发展。

了解科学技术是不断发展的。不同国家，其科技发展水平不同。

科学家对于科技的发展作出了很大贡献，向幼儿介绍具有代表性的科学家及其科学成就，介绍一些科学家的小故事，寻找科学家身上宝贵的科学精神和科学态度。也可以请科技工作者与幼儿直接交流，激发幼儿对科学的崇尚和探究之情。

初步了解科技给人们生活带来的方便，科技发展提高了人们生活的质量；知道科学技术使用不当会给人类造成灾难；认识科学技术需要恰当使用，才能造福人类。

（三）科学过程与方法方面

科学过程与方法方面的内容包括观察、比较、分类的过程和方法，尝试探究的过程和方法，以及信息收集的过程和方法等。

1. 观察的过程和方法

日常生活中的观察要有目的、有顺序，要专注、全面、细致，要能进行交流；能借助工具观察，学会几种简单工具的使用方法，并知道采用不同测量工具能达到不同的观察目的。

2. 比较、分类的过程和方法

学会比较不同的事物，找出它们的异同；学会比较同一类事物的异同；学会根据事物的不同特征进行分类。

3. 尝试探究的过程和方法

学习使用一些小实验器材,如手电筒、天平、磁铁等;独立或合作完成一些手工练习、小制作,如制作降落伞、树叶画等;能用不同的方法(如动作、图表、图画等)恰当表达实验结果,并能与同伴交流实验结果。

4. 信息收集的过程和方法

知道可以利用多种渠道(如观察、实验、记录、交流、拍照等)收集信息,学习交流信息和展示信息的一些方法。

幼儿科学教育的内容十分丰富,以上介绍仅供参考,教师可以此为线索,积极引进新的内容。

附录　各年龄班幼儿科学教育目标(供参考)

一、小班科学教育目标

(一)情感方面

(1) 激发幼儿对周围事物的好奇心,使其乐意感知和摆弄他们能够直接接触到的自然物和人造物。

(2) 萌发他们探索自然现象和参与制作活动的兴趣。

(3) 使其喜爱动植物和周围环境,并能在成人的引导下对周围事物表现出关心、爱护的情感。

(二)方法、技能方面

(1) 帮助幼儿了解各种感官在感知中的作用,学会运用多种感官感知物体的外部特征,发展感知能力。

(2) 帮助幼儿学会根据一两个特征,从一组物体中挑选出物体并归为一类的方法。

(3) 帮助幼儿学会使用简单工具。

(4) 帮助幼儿学会运用目测等简单方法比较物体的形体大小和数量的差别。

(5) 引导幼儿用词语或简单的句子描述事物的特征或自己的发现,与同伴、教师交流。

(6) 帮助幼儿学习使用他们日常生活中常用的科技产品的简单方法。

(三)知识方面

(1) 引导幼儿观察周围常见的个别自然物(小猫、小狗、小草、石头等)的特征,初步了解它们与幼儿生活、与周围环境的相互关系。

(2) 引导幼儿观察周围常见自然现象的明显特征,获取粗浅的科学经验,并感受它们和幼儿生活的关系。

(3) 引导幼儿观察日常生活中直接接触的个别人造产品的特征及用途.获得粗浅的科学经验,感受它们给人们的生活带来的方便。

二、中班科学教育目标

(一)情感方面

(1) 发展幼儿的好奇心,引导幼儿探究周围生活中常见的自然现象、自然物和人造物。

(2) 培养幼儿参加制作活动的愿望。

(3) 培养幼儿关心、爱护动植物和周围环境的情感和行为。

(二)方法、技能方面

(1) 帮助幼儿学会比较观察不同物体或同类物体的特征,发展观察力。

(2) 帮助幼儿学会按指定标准对物体进行简单分类的技能。

(3) 帮助幼儿学会使用工具制作简单产品。

(4) 帮助幼儿学会使用简单的工具进行测量的方法。

(5) 引导幼儿用自己的语言描述自己的发现与同伴、教师交流,并学会运用其他手段(如图表、绘画等)展示自己的科学活动结果。

(6) 指导幼儿学习使用日常生活中常见的科技产品的方法。

(三) 知识方面

(1) 帮助幼儿获取有关自然环境中动植物及沙、石、水等物质及其与人类关系的具体经验,了解不同环境中个别动植物的形态特征、生活习性和生长过程。

(2) 帮助幼儿了解四季的特征及其与人们生活的关系。

(3) 帮助幼儿观察生活中简单的理化现象,获取感性经验。

(4) 引导幼儿了解周围生活中常见科技产品的具体知识和经验,初步了解它们在生活中的运用。

三、大班科学教育目标

(一) 情感方面

(1) 激发和培养幼儿好奇、好问、好探索的态度。

(2) 培养幼儿对周围自然界和科技产品的广泛兴趣,能自己发现问题、提出问题、寻求答案。

(3) 促使幼儿喜欢并积极参与、集中于自己的科学探索和制作活动。

(4) 培养幼儿主动关心、爱护周围环境的情感和行为,具有初步的环保意识。

(二) 方法、技能方面

(1) 帮助幼儿学会综合运用多种感官观察事物的运动变化,即对自然现象进行观察,发展观察力。

(2) 帮助幼儿能够按照自己规定的不同标准对物体进行分类。

(3) 帮助幼儿学会运用简单工具和多种材料进行制作活动,并能表现出一定的创造性。

(4) 帮助幼儿学习使用各种工具进行自然测量,掌握正确的测量方法。

(5) 引导幼儿用完整、连贯的语言与同伴、教师交流自己在科学活动中的做法、想法和发现,以及能够表达发现的愉快。

(6) 引导幼儿继续学习使用日常生活中常见的科技产品的方法。

(三) 知识方面

(1) 帮助幼儿获取有关季节、人类、动植物与环境等关系的感性经验,形成春、夏、秋、冬四季更迭的初步概念。

(2) 帮助幼儿初步了解不同环境中的动植物及其与环境的相互关系。

(3) 向幼儿介绍周围生活中的环境污染现象和人们保护生态环境的活动。

(4) 引导幼儿探索周围生活中常见的理化现象,获取有关的科学经验。

(5) 让幼儿接触周围生活中的现代科学技术及其在生活中的运用。

案例展示一

可爱兔宝宝(中班)

设计意图:

中班幼儿对小动物十分感兴趣。一天,班里的一位小朋友谈论他自己去动物园的经历,其他小朋友听了十分兴奋,纷纷发表意见。我看到幼儿对小动物这么感兴趣,考虑到安全和条件等因素,决定饲养小兔子,于是就有了此次活动。旨在通过饲养,帮助幼儿了解小兔子的生活习性,逐步激发他们热爱小动物的情感。

活动目标:

1. 初步了解兔子的外形特征。

2. 初步了解兔子的生活习惯。

3. 发展好奇心和求知欲。

4. 培养关爱小动物的情感。

活动准备:

兔棚、小兔子、萝卜、青菜、青草等。

活动过程:

1. 教师引导幼儿观察小兔子,了解其外形特征。

(1) 兔子的颜色:白色、黑色、灰色。(课前准备兔子的颜色,但老师要讲解兔子还有其他颜色。)

(2) 兔子的头部:① 引导幼儿观察兔子眼睛的颜色,课前准备兔子眼睛的颜色(老师要讲解兔子眼睛的颜色,如小白兔的眼睛是红色的,其他颜色的兔子眼睛是黑色的)。② 观察兔子的嘴,知道兔子长着三瓣嘴。

(3) 兔子的腿:前腿短,后腿长。

2. 了解兔子的生活习惯,学做饲养员。(教师结合图片介绍如何饲养小兔子)

教师将饲养要点文字配上图片,张贴在兔棚旁,饲养要点如下——

① 不要乱喂食物。

② 要按时按量喂食物,不能让兔子饿着或撑着。

③ 兔子吃水分多的食物和露水多的青草和青菜,容易拉肚子、生病。

④ 保持兔棚清洁,要每天清理兔棚中的大小便等脏东西。(教师或保育员清理)

3. 引导幼儿讨论兔子的用途。

教师给出实物、图片等帮助幼儿了解相关的信息。

教师小结:兔肉可以食用;看实物兔毛毛衣,知道兔毛、兔皮可以做成衣服等。

活动评析:

饲养小动物是幼儿喜欢的活动,这些小动物给自然角带来了生机,给幼儿带来无穷的乐趣。小兔子非常可爱,性格温顺,惹人喜爱。每一次探索,每一次发现,都让幼儿获得各种经验,有不同的情感体验。另外,在有利的条件下,还可以与幼儿一起开展喂养小鸡、小鸭等活动,引导幼儿运用各种感观观察它们的外形特征,了解它们的生活习惯和用途。发展幼儿的好奇心和求知欲,使幼儿能够爱护动植物,关心周围环境,亲近大自然,珍惜自然资源,有初步的环保意识。

(选自:王英,江丽萍.童年之乐[M].南京:南京师范大学出版社,2011.)

案例展示二

认识风(大班)

活动目标:

1. 知道空气流动形成风。

2. 具体感知风,知道风是看不见、摸不着的,只能感觉到。

3. 培养观察力和感知能力,了解风的好处与坏处,以及人们怎样利用风和战胜风灾。

活动准备:

1. 课前引导幼儿观察风给外界带来的变化,如红旗、水、头发等的变化。

2. 一把扇子,每人一个气球,碎纸屑许多,小风车每人一个。

3. 有关风的课件。

活动过程:

1. 谈话:这几天老师让小朋友观察了树枝摇动,红旗飘,水面起波纹,你们知道这些是谁引起的吗?

2. 让幼儿感知空气流动形成风。

(1) 教师引导幼儿玩气球,通过玩气球亲自感受空气流动形成风。

(2) 幼儿自己动手做小实验:用自己的小手扇动空气,使空气流动形成风。

(3) 小结:空气流动形成风,哪里有空气流动,哪里就有风。

3. 了解风的特性。

(1) 让幼儿用自己的小手当小扇子,扇动空气,说出扇得快脸上有什么感觉,扇得慢脸上又有什么感觉?(幼儿自由发言)

小结:扇得快,空气流动得快,风就大;扇得慢,空气流动得慢,风就小。

(2) 教师给幼儿扇扇子,请幼儿试一试能不能抓住风?瞪大眼睛看一看能不能看到风?

小结:风看不见,抓不着,只能感觉到。

4. 玩纸屑。

(1) 分给幼儿每人一小堆纸屑,让他们想办法玩纸屑,看谁最聪明,想的玩法多。

(2) 讨论:玩完后让幼儿自由讨论,说一说自己是用什么办法产生风使小纸屑动起来的。

5. 了解风的好处与坏处。

幼儿讨论,教师讲解。

(1) (看课件)风为人们做了许多好事。风吹干了妈妈洗的衣服;使人凉快;让风筝飞上天;风车转动带动发电机发电……

可是有的风却做了许多坏事。它把房子推倒了;把树木刮断了;打翻了渔船……这样的风很可恨。

(2) 小结:现在的人们本领可大了,想出了许多办法不让风做坏事,人们建起了防风林,把风挡住,还提前预报风,这就减少了风给人们带来的危害。

6. 玩"风车转转转"游戏。

幼儿每人一个风车,想办法让风车转起来。请几名幼儿到前面演示讲解后,幼儿自由玩风车。带幼儿到户外玩风车结束活动。

(选自:妈咪爱婴网 www.baby611.com)

案例展示三

有趣的石头(大班)

设计意图:

石头在日常生活中随处可见,山上、河边、田野、小路等都可以看见它们的影子,这些不起眼的石头都是孩子们的最爱。玩耍时,地上有许多大小不一的石头,激起孩子们极大的兴趣:"咦,这石头怎么有花纹?""石头是哪儿来的?""石头可以用来……"孩子们你一言我一语,兴高采烈地讨论着。顺着孩子们的兴趣与思路,我们和孩子们一起走进石头的世界,探索石头的秘密。活动的目的在于引导孩子接触自然环境,使之感受自然界的美与奥妙,激发孩子的好奇心和认识兴趣,并在做做玩玩中体验合作的乐趣。

活动目标：

1. 在活动中感知石头的特性与作用,体验合作活动的乐趣。

2. 对生活中的自然物有好奇心和探索精神。

3. 培养大胆、连贯、完整的表述能力。

活动准备

1. 实物展示台,PPT课件,石头实物。

2. 区角操作材料。

3. 环境创设:收集各类石头风景及石头建筑物的图片在活动室内展贴。

活动过程

一、以观察"石头展览"谈话引入

师:小朋友们,你们见过石头吗?谁能告诉我,石头摸上去什么感觉?今天我们来参观小石头,小朋友想去吗?观看的时候请小朋友摸一摸、看一看、捏一捏、比一比、踩一踩,然后说一说这些石头的名字,有些什么秘密?可以把你看到的、想到的和同伴小声讨论。

二、幼儿参观"石头展览",探究石头的特性

1. 幼儿自由参观区域中的石头,教师引导幼儿从纹路、颜色、形状、大小、软硬光滑、粗糙等方面进行感知。

2. 请幼儿自由挑选一块自己喜欢的石头。

三、幼儿集中交流,分享探究发现

1. 幼儿互相介绍手中的石头。鼓励幼儿自由与同伴交流,说出自己的发现。

2. 师:小朋友参观石头展,谁愿意来告诉大家,你认识哪些石头朋友?(要求说出石头的名称)你发现这些石头朋友有哪些秘密?(要求说出颜色、形状等方面的特性)还有谁发现跟大家不一样的秘密?

(设计意图:让幼儿通过自己的观察,进一步掌握、了解石头的特征,并突出石头特征中的大和小、粗糙和光滑,为后面的根据石头的特征进行排序埋下了伏笔。同时在这一环节中,既发展了幼儿的观察能力,又使他们的语言得到了发展。在实际的活动过程中,幼儿不仅说出了石头有各种各样的颜色,有粗糙的,有光滑的,有大的,有小的,还有的幼儿说出了石头是冷冷的,摸上去像冰一样,这些都说明了幼儿比较细致的观察能力。如果在活动中教师能及时地抓住幼儿的回答引导幼儿再细致地进行观察、描述,那么更加体现了多种教育内容的整合。可见教师心中应该时时装有整合的目标,使整合真正落实、体现,而不是单纯为了整合而整合。)

四、师幼一起小结石头的特性及作用

1. 引导幼儿小结石头的特性。

师:大家认识了许多石头朋友,它们的颜色是怎么样的呀?(五颜六色、许多颜色、五彩斑斓……)大小怎么样?(大大小小、有大有小……)用手摸一摸、捏一捏,你发现了石头有什么秘密?(有的光滑、有的粗糙……)石头很硬,小朋友玩石头时要注意安全。

2. 了解石头的作用。

师:石头有这么多的秘密,小朋友们知道这些奇形怪状的石头有什么作用呢?根据幼儿所说,教师利用实物展示台展示相关图片。如:石头是一种很好的建筑材料,可用来盖房子、造桥、铺路……有些石头可以加工成我们的日常用品,如石磨、茶几和漂亮的工艺品石狮子、玉镯、玉佩……

五、欣赏石头风景图

1. 师:还有一些石头是我们不知道的,在大自然中成为美丽的石头风景,现在请小朋友一起来欣赏,边看边想:这些石头风景你见过吗?是哪儿的?这些石头形状像什么?

2. 利用实物展示台展示图片,引导幼儿展开想象。同伴互相交流。

（设计意图：在讲述环节中增加幼儿对石头的印象与理解,通过观看图片等不同的方法使得幼儿对于石头的特征有了进一步的巩固了解。更加让幼儿知道了石头的用途很多,我们生活中许多建筑物都是用石头做的,而且经过加工做出来的石头又美观又实用。）

六、结束活动

师：石头不但作用大,而且很好玩,活动结束后小朋友可在各个区角中和石头一起做游戏,也可以回家把你们发现的石头的秘密告诉爸爸和妈妈。

七、活动反思

幼儿对石头充满了兴趣,尤其在探索石头特性的环节,大家积极发言,说出了许多石头的特点,细小的发现都会使大家开心,后来欣赏石头画的环节,大家兴趣很高,较好地培养幼儿科学的探索精神和艺术欣赏能力。

（选自：妈咪爱婴网 www.baby611.com,有改动）

【实践活动】

尝试以"毛线"为主题制定中班科学教育集体活动目标并设置适当的内容。

【拓展实训】

一、选择题

1. 下列不是制定学前儿童科学教育活动目标依据的是(　　)。

　　A. 学前儿童的认知特点　　　　　　　B. 当代社会的发展需要

　　C. 幼儿园园长的要求　　　　　　　　D. 学前儿童科学教育活动的特性

2. 学前儿童科学教育目标包括四个层次,其中(　　)最具有概括性,而(　　)则最具操作性。

　　A. 学前儿童科学教育活动的总目标　　B. 学前儿童科学教育各年龄阶段目标

　　C. 学前儿童科学教育的单元目标　　　D. 学前儿童科学教育的活动目标

3. (　　)原则是选编学前儿童科学教育内容选择的基本要求。

　　A. 系统性与整体性原则　　　　　　　B. 科学性和启蒙性原则

　　C. 时代性和民族性原则　　　　　　　D. 趣味性与探究性原则

4. 下列各组动物中,适合幼儿饲养的是(　　)。

　　A. 乌龟　金鱼　猴子　蝌蚪　　　　　B. 乌龟　金鱼　蝌蚪　蚕

　　C. 蛇　金鱼　猴子　蝌蚪　　　　　　D. 乌龟　甲鱼　蚕　蛇

二、简答题

1. 熟记《纲要》中学前儿童科学教育活动的总目标,并谈谈你是如何理解的。

2. 讨论学前儿童科学教育活动总目标、各年龄段目标、单元目标、活动目标之间的内在联系。

3. 制定学前儿童科学教育的内容依据的原则有哪些?

4. 学前儿童科学教育的内容包含哪些方面? 请举例说明。

第三章

学前儿童科学教育的方法

【本章重点】

- 了解学前儿童科学教育常用的方法。
- 掌握学前儿童科学教育常用方法的特点。

【技能提升】

能掌握各种方法的活动指导要点，并能结合具体教材内容、教育对象和教学环境条件综合运用学前儿童科学教育方法灵活、创造性地进行活动设计。

【学前引路】

学前儿童科学教育的方法既是指教师为完成教育任务、实现教育目标而采取的方法和手段，也是指在教师指导下幼儿学习科学的方法。在确定了教育目标，选择了相应的教育内容后，采取适当的方法开展科学教育活动显得尤为重要。本章主要介绍了观察、实验、测量、交流与讨论、种植与饲养和早期科学阅读等幼儿科学教育的常用方法。科学游戏也是对学前儿童进行科学教育活动的一种重要方法，我们将在第七章进行专题学习。

第一节 观 察

一、观察的概念

观察是人的感觉器官在大脑的指挥下进行的有意识、有组织的感知活动。学前儿童科学教育中的观察方法是指教师有目的、有计划地组织和启发幼儿运用各种感觉器官感知客观世界的事物与现象，并获得具体印象，进而逐步形成感性经验和科学概念的一种方法。

二、观察的类型

观察既是科学探究的第一步，也是幼儿常用的基础性的探究方法。在幼儿科学教育过程中常用的观察方法包括简单观察、对比观察和长期跟踪观察等。根据观察的任务和对象不同，使用的观察方法也会不同。

（一）简单观察

简单观察是指幼儿对单个物体（或一类物体）或现象的了解性观察。幼儿通过运用自己的感觉器官与周围的某一事物或现象直接接触，从而了解它的外形特征、自然属性、生活习性等，如观察金鱼、竹子等单个物体，又如观察雾、雨等天气现象。

通过这种观察方法，可以帮助幼儿获得有关单个物体和现象的以下信息：

（1）物体的外形特征、颜色、气味等；

（2）物体的外部结构和功能；

（3）物体的相对静态和动态；

（4）物体的存在与周围环境的关系。

简单观察培养幼儿最基本的观察技能，也是其他各种观察方法的基础。简单观察在各年龄段班级均可启发开展。

（二）对比观察

对比观察是指幼儿同时对两种或两种以上的物体进行的观察和比较。观察中通过对比分析、判断思考，以达到比较细致、全面地认识事物。对比观察有助于幼儿发现事物的基本特征，有利于幼儿分类能力的培养发展。例如自行车和摩托车的对比观察，鸡和鸭的对比观察。

对比观察由于要对事物进行比较分析，是一种比较复杂的认知活动，因此它仅在中班及以上的班级开展。

（三）长期跟踪观察

长期跟踪观察是指幼儿在较长时间内，连续、持久地对某一物体或现象进行的系统观察，幼儿园阶段主要是对动植物的生长、变化过程和天气、季节变化的影响因素进行直观了解。例如，青蛙、蚕的生长观察。

长期系统观察对幼儿的认知经验、水平和幼儿观察的持久性都提出了更高的要求，因而一般在幼儿园中班才开始这种观察类型，而且主要在大班进行活动的安排。

三、观察活动的指导

1. 利用观察对象的显著特征激发幼儿的观察兴趣

幼儿对于自然界和生活中的新奇事物容易产生观察和探究的欲望。因此幼儿教师可以利用这一特点吸引幼儿对观察对象的注意，激发幼儿进行观察。

2. 通过启发性问题引导幼儿观察的方向和注意力

教师要掌握观察的方向和深度，不能让幼儿漫无目的地随意观察。要引导幼儿全面、系统、有序地进行观察；要引导幼儿既观察事物的整体，又要观察其主要细节。既要处理好观察整体与局部的关系，以保证观察的全面性，同时也要给幼儿留下自由观察的空间。

> 孩子们非常喜欢小动物，每次去饲养角或动物园前教师都要安排好重点观察内容、提出观察要求，如在观察小兔子时引导幼儿观察兔子的外部特征及其生活习性，提示幼儿按照从头到尾的顺序依次观察各部位，兔子具有哪些区别于其他小动物的明显特征？兔子的大耳朵便于接收信息，较为粗壮的后腿善于奔跑，这些适应环境的特点，教师要进行说明，让幼儿每次观察都有新的发现和收获，从而使幼儿养成按目的要求有意观察的习惯。

3. 引导幼儿运用多种感官感知事物的特征

观察不仅仅是用眼睛看，观察过程中教师要尽量启发幼儿运用多种感官观察。让幼儿在看看、听听、闻闻、尝尝、摸摸的过程中获得全面的观察信息。

4. 引导幼儿将观察与操作活动相结合

观察过程中幼儿通过对观察对象的操作，以全面地观察事物，了解观察对象的变化。该环节中尽可能让幼儿有自己动手操作的机会。

5. 鼓励幼儿用语言表达观察中的发现

语言可以帮助幼儿整理自己的观察结果，并使之系统化、条理化，还可以促进幼儿之间的交流。教师既要鼓励幼儿用自己的语言来表达，又要注意纠正其语言描述与观察结果不符的地方。

6. 指导幼儿学习用各种方法记录观察结果

观察记录就是由幼儿以形象化的绘画、图表表达对自然物、科学现象的观察结果。它是幼儿观察活动中的一个方面,也是一种表达的方式。通过对观察结果的记录、描述和交流,可促进幼儿反省和评价自己得到的信息。

💡 对点案例

案例一　一串红(小班)

活动目标:

1. 知道一串红的名称,了解花朵和叶子的外形特征。

2. 学习自上而下有序地观察一串红的花和叶,尝试用语言表述自己的观察结果。

活动准备:

在自然角摆放盆栽的一串红和几种常见花卉,或在室外花圃中进行观察比较。

活动过程:

一、教师出示一串红和其他几种花,引发幼儿的好奇心

1. 师:老师给小朋友猜一个谜语,请你猜猜是这几种花中的哪一种?"花儿红,花儿开,一串一串又一串,好似爆竹真可爱。"

2. 师:请你找一找这种花在哪里,找到的小朋友告诉老师,看谁找得快,找得对。将盆花移到各组供幼儿近距离观察。

3. 师:这叫什么花?为什么叫"一串红"?"一串红"像什么?

二、引导幼儿从上到下有序观察一串红的外形特征

师:一串红的花是什么颜色的?什么形状的?用鼻子闻一闻有味道吗?花是怎么排列的?花长在什么地方?花的下面有什么?叶子是什么颜色的?引导幼儿用语言表达自己的观察和认识。

带领幼儿共同有序地自上而下边观察边讲述。一串红的花是一串一串的,像一挂爆竹,又像串起的红辣椒;花朵左右排列在枝干两侧,没有香味,每一朵花都像一个小喇叭,花的中间有黄色的花蕊;在花的下面有绿色的叶子,叶形像桃子。

三、教育幼儿要爱护花朵

1. 师:你喜欢一串红吗?为什么?

2. 师:对,红色的花,绿色的叶,一串红真漂亮!在公园里马路边小朋友还会看到很多漂亮的花,我们应该怎样爱护它们呀?

教师引导幼儿学说儿歌:"公园里花儿开,红的红,白的白,花儿好看我不摘。"

活动评析:

通过本次活动幼儿了解一串红的名称和主要特征,学习并能基本掌握有序观察的方法,有助于幼儿观察能力的培养与提高。

💡 对点案例

案例二　糖怎么不见了(中班)

活动目标:

1. 了解溶解现象,学会观察比较易溶解和不易溶解的物体。

2. 对溶解现象产生好奇心,培养浓厚的观察兴趣,学会使用符号做观察记录。

活动准备:

1. 沙子、味精、盐、砂糖。

2. 透明玻璃杯、勺子、铅笔、记录表、瓶装纯净水、毛巾。

活动过程:

一、活动导入,激发幼儿的探索兴趣

1. 师:今天老师带来了一些饮料,请小朋友们品尝一下,再告诉你的好朋友,你喝到的饮料是什么味道的。(幼儿讨论)

2. 师:现在请小朋友说说你喝到的饮料是什么味道的?(甜的)

　　为什么是甜的呢?(个别幼儿回答)

3. 师:小朋友说饮料甜是因为里面放了糖。那你们有没有看到糖呢?糖在哪里呢?(个别幼儿回答)

4. 师:哦,小朋友们并没有看见糖,糖消失了,看不见了。

二、示范操作,展示砂糖的溶解现象

1. 师:饮料中的糖到底去哪里了呢?接下来我们通过实验一起来看看。老师舀一勺砂糖放入水中,小朋友们注意看老师的操作过程,认真观察放入的砂糖有没有变化,发生了怎样的变化?(幼儿回答)

2. 师:糖在水里,接下来老师用勺子来搅拌一下,小朋友看到糖到哪里去了呢?(幼儿回答)

3. 师:哦,糖躲到水里了,像这种糖均匀分布在水中的现象叫溶解。

三、组织幼儿操作实验,观察比较易溶解和不易溶解的物体

1. 介绍材料,提出操作要求。

师:等一下小朋友要进行分组实验,老师给每一组的小朋友准备了透明玻璃杯子、勺子、沙子、味精、盐、记录表、铅笔、瓶装纯净水、毛巾。等一下请小朋友们自己分别将沙子、味精和盐放到杯子里,并搅拌一下,看一看哪些东西会像砂糖一样溶解,哪些东西不会溶解,并在能溶解的物品后面打"√"不会溶解的打"×"。小朋友们要轻轻地把材料放入水中,如果桌子、衣服湿了要及时用毛巾擦干。

2. 幼儿操作、观察各种物质在水中的状态变化。

教师观察指导各小组幼儿的操作情况,提醒幼儿注意在实验中观察将沙子、味精、盐放到水中的状态变化。

3. 交流实验结果。

(1)师:刚才小朋友们都进行了实验,现在请小朋友说说你发现哪些东西会溶解,哪些东西不会溶解。(个别幼儿回答)

(2)师:哦,小朋友们都发现了,沙子在水中是不溶解的,而味精、盐在水中可以溶解。

四、活动小结

师:今天我们发现了一个有趣的现象——溶解。在我们生活中还有很多东西可以溶解,也有很多东西不能溶解,小朋友回家后可以和家人一起观察、发现,然后再来告诉我们。

活动评析:

该活动属于观察操作类活动,对于中班的幼儿通过操作、观察现象及得出结论起到巩固科学发现的作用。该活动既培养了幼儿观察兴趣,也进一步激发了幼儿动手操作来探索其他物质溶解性质的热情。

第二节 实　　验

一、实验的概念

实验是指在人为条件下，利用一定的仪器或设备，通过操纵变量来观测相应的现象和变化的方法。它能够排除干扰因素，揭示事物的因果关系。由于幼儿还不能在逻辑的基础上理解事物之间的因果关系，因此幼儿科学实验对变量的操纵和控制比较简单，所揭示的是事物之间明显的、可见的、表面的因果关系。幼儿科学教育中实验的操作和演示过程是简便易行的，是带有游戏性质的。

实验能帮助幼儿理解一些简单的科学现象和知识，培养幼儿对科学的兴趣和求知欲望，在实验过程中，能充分调动幼儿学习科学的积极性、主动性。通过实验也培养了幼儿动手操作的能力，并且让幼儿体验到科学探究的本质。

二、实验的类型

实验根据操作者的不同分为教师演示实验和幼儿操作实验。

（一）教师演示实验

教师演示实验是由教师操作实验的全过程，幼儿观察实验的过程、现象、变化和结果的一种活动形式。这类实验主要适用于一些难度较大，幼儿操作困难或较为复杂的实验。

根据实验内容不同，演示实验的运用也有所不同，比较常见的是先由教师对实验内容进行演示，让幼儿观察实验，并提出需要思考的问题，然后幼儿按照教师演示方法步骤进行实验操作。这一方式虽然便于组织活动，规范操作，但却极大地限制了幼儿自主探究的主动性。因而教学实践中要适度把握演示实验的数量。

（二）幼儿操作实验

幼儿操作实验是由幼儿亲自动手操作并参加实验全过程的活动形式。这类实验的性质一般比较简单，并常带有游戏性。

实验中幼儿自己动手操作，能充分地熟悉实验材料、工具，充分地观察实验中的现象、变化，并可以重复操作，多次尝试，积极地进行科学探究。

三、实验活动的指导

因为实验活动分为教师演示实验和幼儿操作实验两种类型，下面就实验中的注意事项分别进行讨论说明。

（一）教师演示实验的注意事项

教师演示实验操作中应注意以下问题。

1. 应先做预备性实验

课堂实验前，教师要将实验反复操作几遍，以便妥善安排调整实验过程中各个环节的操作时间、提出的探究问题，检验实验工具和材料的功能情况，避免活动时发生意外而影响实验效果。

2. 应使每个幼儿看清实验演示过程

实验演示过程中，应使每个幼儿都能看清演示的步骤、过程。幼儿座位的安排、观察的角度、使用材料工具的大小和摆放都要便于幼儿的观察，以保证每个幼儿都能看清教师演示的步骤和操作过程中出现的特征及变化。

3. 演示与讲解、提问协调配合

教师的演示与讲解、提问要相互协调配合，做到紧密衔接，环环相扣。教师的演示动作要准确熟练，速度要慢，避免不必要的动作；同时语言说明要简洁明了，边演示边讲解。实验结束时，教师要对

实验过程再次进行总结,以帮助幼儿认知科学现象。

（二）幼儿操作实验的指导

为使幼儿操作实验达到预期的效果,教师指导实验过程中应注意以下四点。

1. 为幼儿的操作实验提供必要、充足的工具和材料

幼儿实验操作中的工具和材料一般都比较简单,教师应尽可能多地提供使用身边常见物品（材料如纸张、颜料等;工具如放大镜、小铲、小容器等）,这样既方便幼儿的操作使用也容易收集准备。同时结合实验内容为幼儿提供相应数量的工具和材料,既要满足幼儿反复实验的需求又要保证让每一个孩子都能参加到活动中来。

2. 积极引导幼儿主动参与实验操作,勇于尝试,自主探究

教师要鼓励和引导幼儿按照自己的计划进行客观而细致的实验与验证,培养幼儿尊重事实、重视证据的科学品质。教师要给幼儿充分的时间与空间,让其进行反复的实验活动,在操作过程中探究、发现、提出问题并找出答案。实验过程中可给予必要的适当的实验操作方法指导,允许幼儿有不同的实验结果。

教师要鼓励并为幼儿提供交流的机会,要让每个幼儿学会表达自己的观点,懂得每个人都可以质疑同伴和教师。教师要善于归纳综合幼儿的观点,结合幼儿的实验和经验背景,使用准确、生动的语言描述基本概念和实验原理,让幼儿逐渐获得真正内化的科学知识和概念。

3. 支持并引导幼儿记录和整理获得的信息

教师要鼓励和培养幼儿记录的意识和能力,尊重幼儿的年龄特点,指导幼儿用多种适宜的形式进行记录,如用图画、符号、表格、文字等形式。

4. 注意提示实验规则,保证幼儿实验操作过程的安全

实验规则是幼儿实验成功的重要保证。实验操作开始前,教师必须向幼儿说明有关的实验规则;实验过程中应及时提示幼儿遵守实验规则,以保证实验操作成功完成。

注意所提供实验材料和工具的安全。要避免为幼儿提供尖锐的、有毒有害的物质材料和工具。

对点案例

案例一　沉与浮（大班）

活动目标:

1. 观察认识不同物体在水中的沉浮现象。

2. 能与同伴交流并合作探索调节物体沉浮的方法。

3. 培养主动参与科学探索活动的兴趣意识。

活动准备:

1. 每组一个水槽,盆里有半盆水,擦手毛巾人手一条。

2. 矿泉水瓶、橡皮泥、木块、钥匙、树叶等小物品。

3. 每人一张记录纸,一支笔。

活动过程:

师:今天老师要和大家一起做一个有趣的实验——"沉下去,浮上来"。我们为小朋友准备了一些物品,大家先看一看都有什么呀?

幼:有钥匙、小木块、树叶、橡皮泥、纯净水瓶!

师:如果我们逐一地把这些物品放在水里会怎么样? 小朋友们先猜想一下,然后把猜测的结果记录在记录表上。如果你认为物体是浮在水面上的,那就在"?"这一列中画一个"↑",如果是沉下去,那就画一个"↓"。

幼儿按照自己的猜想填写表格,教师注意观察幼儿的表现。

师:小朋友们都已经填好了自己的表格,那么这些物品究竟是浮在水面上还是会沉下去呢?是不是和小朋友们猜想的一样呢?怎么样才能知道谁猜得对呢?

幼:亲自做一下就知道了!

师:我们要通过实验来检验一下我们的猜想!老师已经为小朋友准备好水槽,请大家轻轻地把这些材料放进水槽,仔细观察有什么现象发生。然后,在你的记录表上把这些材料的实际表现画下来。

幼儿实验操作,教师进行个别指导。

根据记录表对两种结果进行对比,大家集中交流最后结果。

师:哪个小朋友愿意来给大家讲一讲他所看见的现象?它与你的猜想一样吗?

幼1:我猜想钥匙是会沉下去的,经过实验钥匙真的沉下去了。

幼2:我猜想这个空的水瓶是会浮在上面的,结果真的是浮在上面的。

幼3:我猜想橡皮泥是浮在上面的,实验后发现橡皮泥却是沉下去的。

幼4:我猜想木块是浮着的,实验后发现木块就是浮在水面上的。

探索调整浮沉方法实验:

(一)怎样使浮起来的东西沉下去

师:小朋友们,我们看到矿泉水瓶浮在水面上,如果它想到水底做一次旅行,让我们来帮它实现愿望,好不好?我们怎么做才能让它沉下去呢?大家想一想,试一试!

幼儿开始操作尝试。(根据幼儿交流讨论情况,教师进行提示引导。)

师:好的,各小组都完成了任务!非常感谢小朋友们帮助矿泉水瓶实现了水底旅行的愿望!

教师总结:实验中我们发现不装水的瓶子非常轻,所以能浮在上面;装满水后瓶子变重了,所以就沉下去了。因此,可以通过改变物体重量的方法实现沉浮变化。

(二)怎么样使沉下去的东西浮起来

师:小朋友们,我们刚刚让矿泉水瓶子实现了水底旅行的愿望。橡皮泥也需要大家的帮助,它好想浮在水面上看一看外面的美丽景色,让我们来帮帮它,好吗?

幼儿操作尝试。(根据幼儿交流讨论情况,教师进行提示引导。)

师:在大家的帮助下,现在橡皮泥终于能浮在水面上了,它好开心!

教师总结:通过实验小朋友发现,橡皮泥的体重虽然没变,当它团成球状时沉在水底下;当把它做成船的形状时,就能浮在水面上了。所以,我们可以通过改变物体的形状来调整它的沉浮状态。

活动评析:

活动通过观察、比较和实验探究过程,让幼儿了解了物体的沉浮现象,让他们通过观察来发现问题,通过实验来验证猜想,得出结论,充分发挥了他们的主动性。活动中重视对幼儿动手能力的培养,让幼儿在交流合作中获得成功的体验。

对点案例

案例二　乌鸦喝水(大班)

活动目标:

1. 知道有水的瓶子中加入石子或沙子可以使水位升高。

2. 通过积极探索,发现乌鸦能否喝到水还与水量的多少有关系。

3. 培养合作探索意识,体验合作学习、互相交流的乐趣。

活动准备:

1.《乌鸦喝水》的动画视频。绘制的石子、沙子堆积图,足量的实验记录表和铅笔。

2. 每组6只瓶子,瓶子分别装入少量(总容量的三分之一以上)、半瓶、多半瓶水(不同水量的瓶子各两瓶),一盆小石子,一盆沙子,一把小勺,一个漏斗。

活动过程:

1. 观看《乌鸦喝水》的动画视频,导入活动。

师:看过了动画片小朋友们回忆一下,乌鸦是怎样喝到水的呢?

幼:乌鸦非常聪明!通过向瓶子里投放石子,使得水面升高才喝到了水。

师:小朋友们说得非常好!那么大家再想一想,是不是有水的瓶子里投入石子后,乌鸦都可以喝到水呢?我们一起来做实验。

6个人一组,每组有3个瓶子,然后两个小朋友合作对一个水瓶进行操作。分别向3只水量不同的瓶子里加石子,加入石子后水面能到瓶口的表示乌鸦能喝到水,在相应的记录表格里用"√"做记录;加入石子后水面不能到瓶口的,表示乌鸦不能喝到水,用"×"做记录。

2. 幼儿分组实验,教师巡视观察,并做个别指导。

实验结束后交流实验结果,每一组分别宣读各自的实验结果。

师:通过实验向3只不同水量的瓶子里放入石子后,乌鸦是否都能喝到水呢?

师:对,小朋友都发现了装着少量水的瓶子里放入石子后,乌鸦还是喝不到水。

师:现在我们再换用沙子试一试,看看会有什么新的发现?还是两个人合作,做好实验后分别记录。

3. 幼儿实验,教师继续观察、指导。

幼儿实验后对照记录交流结果。

师:这次小朋友们又发现了什么?乌鸦是否都能喝到3个瓶子里的水?

幼:这一次乌鸦都能喝到水了!

师:水量少的瓶子里放入石子,乌鸦喝不到水,放入沙子可以喝到水,这是什么原因呢?请小朋友想一想,讨论一下。

4. 教师出示绘制的石子和沙子的堆积图,启发帮助幼儿思考。

师:这是老师绘制的放大以后的石子和沙子堆积效果图,你们看一看有什么不同?

师:对了,石子之间的间隙大,沙粒之间的间隙小,所以,水量少的瓶子里加入石子后,水还会大量地存在于这些间隙里,水面就不能涨到瓶口。加入沙子后,水也会流到间隙里去,但因为沙粒间隙小,所以还是会有一部分水涨到瓶口,乌鸦就能喝到水了。

教师小结:通过实验操作,我们发现乌鸦要想喝到水,并不是仅向瓶子里加入石子就可以实现的,还决定于瓶中原有水量的多少。瓶子里至少应该有半瓶的水,乌鸦才可以在努力后喝到水。由此可见,以后我们遇到问题要动脑筋,有的问题还要通过实验才能得到更准确、更科学的结论。下次,老师请小朋友来讲新的《乌鸦喝水》的故事,好吗?

活动评析:

活动主体部分属于自由引导式的实验操作,即让幼儿自由探索向三种不同水量的瓶中加入石子和再次加入沙子后的两种结果、两个层次的结论比较,来揭示科学道理、巩固科学发现,同时也能进一步激发幼儿探索科学知识的兴趣,培养幼儿合作探索的意识。

第三节　测　量

一、测量的概念

测量是指用量具或仪器来测定物体的尺寸、角度、几何形状或表面相互位置的过程的总称,包括用仪表来测定各种物理量的过程。学前儿童科学教育活动中的测量是指通过观察或运用简单的测量工具,对物体进行简单的、初级的测定,包括测量物体的大小、长短、高矮、粗细、轻重等内容,如用绳子粗略测量或用卷尺准确测量桌子的高度以作比较,用温度计测量气温或体温。学会运用简单的测量工具与方法,对于幼儿观察、认识周围的世界,发展幼儿的数量化思维都具有重要的促进作用。

二、测量的分类

根据测量活动中参与使用测量工具的不同,将测量活动分为以下三种。

(一)观察测量

观察测量是指通过眼睛、手等感官粗略测量比较的过程。例如,通过眼睛目测来反映比较物体的大小、粗细、长短等;用手感觉杯中水的温度(冷、热);用手掂量物体的轻重等。这种用感觉器官感知测量的方式多用于事物特征比较明显的事例,以利于幼儿对同种事物间的比较。

(二)非专业量具测量

非专业量具测量是指测量过程中不采用通用、标准的量具,应用一些自然物,如木棍、绳子、手指、手臂和步长等作为量具,对物体进行测量的方法。非专业量具测量可以让幼儿在避免测量单位影响下,熟练掌握测量的方法与要求,如测量长度时要将测量工具一端与被测物体对齐,放平。

(三)专业量具测量

专业量具测量是指应用通用、标准的量具对物体进行测量的方法。学前儿童科学教育活动中适宜的测量工具有刻度尺、天平、温度计、钟表、台秤等。幼儿通过对专业测量工具的操作与使用,能够正确认识量具的作用。在测量两杯热水的过程中,通过观察温度计中液柱的高低变化,能够准确比较热水间的温度差异。

三、测量活动的指导

幼儿测量活动中,教师应注意以下三方面的内容。

1. 测量活动中,注重培养幼儿的测量意识

学前阶段,幼儿已经有了通过测量来进一步认识周围事物的需求。游戏中他们需要通过测量构建物体某一方面的量来比较相对的粗细、大小、厚薄、远近和长短等。因而,教师在活动中引导培养幼儿的测量意识、特别是应用工具进行测量的意识是实现精确认识事物的重要手段。

2. 针对不同阶段幼儿,引导正确使用测量工具

中班以前的幼儿主要通过感官和非专业测量工具直接来感知比较同类型物体量的差异,直至大班(5岁半)才能够逐步学习使用一些专业的测量工具,如刻度尺、温度计和天平等,开展初级、简单的测量活动。幼儿教师应在不同学段根据幼儿的身心发展规律巧妙地设计一些科学活动,融入测量环节,引导帮助幼儿掌握不同阶段基本工具的使用方法。

3. 培养幼儿运用适宜的方法记录测量结果的意识

测量活动中需要记录、比较测量结果。幼儿可以用图画、表格、照片等适宜的方式记录测量的结果,教师不必要求整齐划一的记录方式,应鼓励幼儿用多种方法做好记录。

对点案例

案例一　小小测量员（中班）

活动目标：

1. 养成动手动脑的好习惯，发展观察、比较、判断的能力。

2. 能恰当选择自然物做工具，运用正确的测量方法，测量比较物体的长短、高矮、远近等，得到关于测量的感性经验。

活动准备：

火柴棒、测量用的长短不一的小木棒、图书、绳子、尺子、足量的记录纸和铅笔。

活动过程：

师：我们经常会在大街上、工地上看到一些叔叔阿姨带着测量工具——卷尺、直尺、测绘仪等进行测量工作，如测量道路、房屋的长和宽，道路与绿地花池间的距离等。你的身高是多少？我们用的桌子、椅子又有多高？你比桌子高多少？桌子比椅子又高出多少？你们想知道吗？今天小朋友们就来学习做一个小小测量员，来测量桌面、书本边长或桌子、椅子和玩具橱子的高度。

师：我们用什么工具进行测量？

幼：我们现在有火柴棒、小木棒、绳子和尺子。

师：很好，这些材料都可以用来进行测量，如何应用现有的工具进行测量呢？

师：小朋友们，下面看老师怎样用小木棒测量黑板的边长。开始测量时，首先小木棒的一端要对齐物体的边角，测量一次用记号笔或粉笔在小木棒另一端的黑板处做好标记，第二次就以该标记处为起点与小木棒一端对齐，同样在另一端的黑板处再做标记，以此类推直到测完总长度，最后把测量的结果以几根木棒长度的形式记录下来。

幼儿分组学习测量方法，教师巡视观察个别指导。首先选用火柴棒来测量一本书的边长，并记录下来，可以让幼儿互相交流，因为各种书的外形尺寸不一样所以测量结果也不一样。再让每组幼儿选择长短不一的小木棒来测量桌子边长，记录结果。测量结果交流时，适当引导进行长度和高度比较的练习，如桌子的高度比椅子的高度高出 2 个小木棒的高度等。

安排幼儿自由选择自然物进行测量练习。

活动评析：

通过使用自然物进行实物测量，幼儿学习了正确测量的方法，为后期专业测量工具的应用奠定基础。这类活动的开展增强了幼儿动手操作的兴趣，提高了动手能力。

对点案例

案例二　温度计（大班）

活动目标：

1. 认识常见的温度计，了解其用途。

2. 初步掌握正确使用温度计测量、记录数据的简单技能。

3. 激发测量温度的兴趣，培养探索精神。

活动准备：

1. 每两个幼儿一支水温计，记录卡片，彩色铅笔。

2. 每组提供三杯不同温度的水（低于 40℃）。

3. 温度计模型,气温计、体温计若干。

活动过程:

一、导入活动,引起兴趣

师:小朋友们都看到桌上的器材,还记得在哪里见过它吗?

师:对,幼儿园大厅的大鱼缸里悬挂的玻璃棒,而且上面还有刻度,你们知道它是什么吗?用来做什么的吗?

师:对了,小朋友们了解的真多! 那是一支温度计,它是用来测量水的温度的一种工具。

师:请大家仔细观察水温计,说一说它的体形特征。(幼儿观察交流信息)

师:水温计的身体是一支两端封闭的玻璃管子,其中一端装满红色的液体,沿着内管形成一定高度的红色液柱,外壳上还刻有数字刻度。

小朋友们都看到了温度计的身体是玻璃做的,一不小心就非常容易被碰断,我们应该怎样正确地拿放温度计呢? (教师示范拿放温度计的方法,提醒幼儿使用过程中一定轻拿轻放)

二、出示温度计模型,识读记录温度

师:请小朋友们注意观察温度计里的红色的液柱和数字有什么用?

与红色液柱上端面平齐的刻度线所对应的示数就是此时的温度,我们可以用"℃"来记录,读作多少摄氏度。通过移动模型中的红柱子,指导幼儿记录温度,第一次由老师示范读数并记录,接下来由幼儿练习读数记录。

师:小朋友们,在你们的桌上有三杯不同温度的水,请你们把它的温度测量出来,并记录在小卡片上。

幼儿操作练习,教师观察、了解各小组的进展情况并个别提供指导。

活动结束后要求幼儿交流测量方法和结果。

师:如果小朋友生病了,我们怎么知道他是不是发烧了呢? 我们怎么知道今天的气温是多少呢?

师:是的。我们可以用温度计来测量小朋友的体温和空气的温度。我们把用来测量体温的温度计叫体温计;用来测量空气温度的温度计叫气温计。

师:小朋友们看一下桌上摆放的体温计和气温计,通过观察来认识一下体温计和气温计。

师:小朋友们想一想,在一天之中早晨、中午和晚上的气温是不是都是一样的呢? 现在就给大家布置一项重要的任务,每个小组交替着定时来观察测量一天的气温,并将温度数据记录下来,汇总后我们再来分析一天中气温的变化规律。

活动评析:

本活动通过让幼儿认识温度计、使用温度计,让幼儿了解温度计的特征结构和多样性,掌握其正确的使用方法,并应用于日常生活中。教师引导下的幼儿主动探究活动,有效地促进了幼儿观察、交流和动手操作能力的培养。

第四节 分 类

一、分类的概念

分类是根据事物的同和异把事物集合成类的过程,即把一组物体按照特定的标准加以区分,抽取同类事物的共同特征进行概括的过程。某种属性相同的事物共同组成的一个集群称为"类",如鲸、大象、马、狗等都可统称为哺乳动物,哺乳动物就代表了事物的一个类别。

学前儿童科学教育中的分类活动是指幼儿把具有一个或几个共同特征的物体聚集在一起的活动。分类活动是观察过程的延伸和应用,幼儿通过观察来发现事物的共同点是进行分类的基础和前提。在观察过程中幼儿对物体进行分析、抽象和概括进而形成概念完成分类。分类是幼儿学习科学的一种方法也是幼儿需要发展的一项重要技能。

自然界的分类是根据万事万物的自然属性和特征来进行的,有着严格的规律。幼儿在与自然物品的接触过程中自发地要对其进行分门别类的组合,幼儿可以更清楚地了解认识各种类别的物体特征,帮助幼儿把周围事物进行概括与抽象,有助于探求事物间的关联因素,使认识活动类化、简化,在此过程中幼儿的观察、比较、分析等能力也获得提高。

二、分类的类型

学前儿童科学教育中,常用的分类类型有挑选分类、二元分类和多元分类等方法。由于这些分类方法对幼儿的认知水平要求不同,在幼儿不同的年龄阶段、不同难度层次的活动中可以采取不同的分类方法。

(一)挑选分类

挑选分类是指在众多物体中将具有某一种或几种共同特征的物体挑选出来列为一类。例如,要求幼儿从操场上众多小朋友中挑选出"男孩""佩戴幼儿园徽章"等共同特征;又如,从展示的植物图片中挑选出蔬菜来。

(二)二元分类

二元分类是指从众多事物中选出具备某一种属性的物品而排除其他性质物品,即将众多物品按照某一标准分为"是"与"不是"两类。例如,将苹果、草莓、香蕉、黄瓜、西红柿、甜椒、橙子等放在一起,让幼儿进行分类:"苹果、草莓、香蕉都是水果,黄瓜、西红柿、甜椒都不是水果。"或是另一种表达形式:"苹果、草莓、香蕉都是水果,不是蔬菜。"

(三)多元分类

多元分类是指将物品按照一些共同标准分成两类或几类。例如,我们将常见动物分成家禽:鸡、鸭、鹅;牲畜:牛、马、驴、羊、猪;野生动物:老虎、狮子、狐狸、大象等。

日常生活学习中幼儿分类往往根据自己的看法和想法进行,而分类依据也在不断改变,只要各类别物体彼此不交叉和重复,该分类依据就可以成立。

三、分类活动的指导

在学前儿童科学教育活动中,可以进行分类操作的内容很多:常见动物中的家禽、牲畜、鸟类、昆虫、鱼类和野生动物等;植物中如区域性适宜栽种的常见树木、花卉、蔬菜、水果和粮食作物等;社会产品中如家用电器、交通工具、生活用品和学习用品等;再有自然界中广泛存在的幼儿乐于操作的土壤、沙砾、石子和水等。生活中还可以不断结合幼儿新的认知活动进行分类训练。在学前儿童开展分类活动时应着重从以下四个方面进行指导。

(一)在明确标准要求的情况下进行分类

刚开始参加分类活动的幼儿,往往将分类的操作与物体的感知活动相混淆。因此,教师在分类活动中的指导语要清楚、明确,让幼儿根据分类要求去做。在"植物根的分类"中,教师提供给幼儿很多植物根的小卡片,要求幼儿根据植物根的特征、用途,在众多根中找出须根、直根、块根,可以用"请你按照植物根的不同形态进行分类"这样的语言帮助幼儿明确分类标准。

在幼儿积累了一定知识基础并了解了分类方法后,教师可以鼓励幼儿自己来确定分类的标准,例如,对常用的水杯分类,杯子形态各异、材质也不尽相同,这时可以鼓励幼儿:"小朋友们,认真观察杯子后想一想,这些杯子可以怎么分类呢?"让幼儿自己在思考后逐渐确定分类标准。

(二)在观察、感知的基础上进行分类

充分感知物体是对物体进行比较并发现物体间相互关系,根据其共同特点或特性进行分类的必要前提。由于受年龄特点和知识经验限制,幼儿的分类活动大多属于低水平状态。幼儿往往会直接根据物体的颜色、形状、质地、气味、声音等自然属性来分类。这就要求幼儿在细致观察、认真感知的基础上,发现物体的特征属性,获取物体间的共性与差异,然后进行分类活动。分类是否正确,取决于感知活动的准确性。在"树叶的分类"活动中,教师与幼儿共同采集了多种多样的叶子,在收集过程中,幼儿对树叶已有了初步的感知。然后,指导幼儿进行观察:"请你们把采集的叶子放在桌子上,仔细地看一看、摸一摸、闻一闻,你采的是什么叶子? 这些叶子是什么样的?"通过老师间接的指导和开放性的提问,幼儿会主动地去观察叶子,摸摸正面、摸摸背面、摸摸边缘,还有的拿起叶子闻一闻。幼儿充分地与客体(叶子)相互作用,不同发展水平的幼儿都在不同程度上去感知、操作、理解并获得经验,从而达到正确分类的目的。

(三)在具体的操作活动中分类

幼儿的年龄特点决定了他们还不能在抽象的概念上进行分类,而必须依赖于具体的形象和操作。故而教师要提供充分的分类材料和用品,而材料应该具有趣味性,以激发幼儿的好奇心和探索欲望。另外,还要给予充足的时间允许幼儿多次操作,反复尝试分类。引导他们在操作探索的过程中积极思考、提出问题、找出答案。在"给服装分类"时,有的幼儿根据服装颜色分,有的幼儿根据适用的季节分,有的幼儿根据服装的适用环境分。然后,教师提出"根据服装制作材料分类"的要求。由于有了前面的操作和交流,幼儿较快地完成了新的分类任务,锻炼了分类的实践能力。

(四)分类和其他科学教育方法的有机结合

科学教育的各种方法是相互联系、相互补充的。我们在指导分类活动时,要善于运用观察、实验、测量和信息交流等其他方法,辅助幼儿分类活动的顺利开展。如"物品材料分类"中,提供给幼儿的有木制品、塑料制品、铁制品、玻璃制品、纸制品等材料,活动中引导幼儿认真观察物体外部特征,进行水中的沉浮试验,玩磁铁游戏验证铁质材料,用天平测量物体的轻重,然后请幼儿交流自己的探索和发现,最后进行分类。通过以上一系列活动,幼儿较好地完成了观察、分析、比较各环节,同时了解了各类物品的外部特征和沉浮特性,达到了动手动脑、积极活动的目的。通过这些活动,幼儿掌握了各类物品的多元特点,或进行构成材料的分类,或进行类别名称的分类;多种形式的活动也增加了幼儿活动的趣味性和积极性。

总之,在指导幼儿分类活动的过程中,教师要帮助幼儿主动积极地探索和反复尝试,重视他们发现的问题,多组织幼儿进行小组和个别的活动,允许幼儿有各自的活动水平,我们应运用启发性和鼓励性的原则,以间接指导的方法为主,不断提高幼儿的认知水平及观察、分析的能力。

对点案例

案例一　按形状分类(小班)

活动目标:

1. 认识圆形、方形、三角形,知道各形状的简单特征。
2. 能按物体的形状进行分类。

活动准备:

1. 动画课件。方形、圆形、三角形卡片各一张。
2. 三种形状的实物胸牌(与幼儿人数相同)。地板上标记三种形状。

活动过程:

一、认识圆形、方形、三角形,知道其简单特征

师:小朋友,形状王国里来了几位朋友,大家想认识它们吗?

课件：圆形、方形、三角形分别做自我介绍。

（1）"大家好，我是圆形，我的身体呀胖乎乎的，一个棱角也没有。你们瞧，我的眼睛、嘴巴也都是圆形的呢。"

（2）"嗨，我是方形，我的身体有四条边和四个角。非常高兴能和大家做朋友。"

（3）"小朋友好，我是三角形，我呀是由三条边、三个角构成，大家愿意和我做朋友吗？"

师：刚才三个形状朋友介绍了自己，现在，大家都认识它们了吗？能说出它们长什么样吗？（请幼儿分别讲述三种形状的特征。如讲述有困难，重复到前面该形状时再现自我介绍）

幼1：圆形，它的外部是圆滑的，没有棱角。

幼2：方形，它的外部是平直的，由四条直边围成，形成四个向外突出的角。

师：大家认识了圆形和方形，还有一个朋友在旁边不高兴了，它是谁呀？（三角形）你们能说出它长什么样吗？

那我们再来看看刚才它是怎么介绍自己的。（课件重现，单独介绍三角形）

哪位小朋友认识三角形了，能说出它长什么样的？

幼：三角形有三条直边围成，形成三个向外突出的角。

师：我们再一起来认识一下这三个朋友，好吗？（师生共同小结）

二、按物体的形状进行分类

1. 动画课件：物体分类。

播放课件："小朋友，我们的孩子到草地上去玩了，你们能帮我们把孩子找回家吗？"

师：哎呀，形状朋友想请我们帮忙了。我们先看看哪些宝宝在草地上玩？

幼：有皮球、帽子、字典、画本、积木、帆船、钟表。

师：它们是什么形状的？是谁的孩子呢？

教师根据幼儿回答将物体移到相应的房子边。若答对，物体走进房子，配音"你真了不起，帮我找到了孩子"。若答错，则物体会自动走回到草地上，配音"这不是我的孩子，再动动小脑筋吧"。

幼1：钟表是圆圆的，是圆形妈妈的孩子。

幼2：字典、画本是方形的，它们是方形妈妈的孩子。

幼3：帆船是方形的，是方形妈妈的孩子。（电脑提示错误）

师：哎呀，帆船宝宝进不了家门，它不是方形妈妈的孩子。那它是谁的孩子呢？

幼：帆船宝宝是三角形的，它是三角形妈妈的孩子。

……

师：小朋友们真棒，帮形状妈妈把孩子都送回了家。

2. 游戏：找朋友。

师：小朋友看看自己佩戴的胸牌，是什么形状的？你现在是什么宝宝呀？

看，那边地板上有三个对应形状的家，我们去找自己的家吧！（播放音乐，教师检查幼儿是否找对家）

我们和家里的朋友一起来跳舞吧。

活动评析：

教师充分利用小班幼儿对动画、卡通人物特别感兴趣的特点，引入动画课件进行图形介绍，这样比较容易吸引幼儿的注意力。在巩固已有图形认识的基础上，设计了两个游戏环节，既提升了幼儿进行物体分类的熟练程度，同时也发展了幼儿的合作精神和交流能力。

对点案例

案例二　暖暖的手套(小班)

活动目标:

1. 在探索戴手套的过程中体验自我服务的乐趣。

2. 了解冬天戴的手套有不同质地和样式,知道手套可以用来保暖。

3. 能根据手套的特征进行简单的归类。

活动准备:

1. 幼儿每人至少准备一副冬天戴的手套。

2. 教师事先准备几副不同质地的手套。

3. 幼儿围坐成半圆形,将手套放在前面的桌上,方便观察、观赏。

活动过程:

1. 观察比较手套。

师:桌上有很多手套,它们一样吗? 有什么不同?

(引导幼儿观察比较,并说出手套的不同特征,如颜色、大小、样式、质地、图案等)

　　找出并介绍自己的手套。

师:请你找出自己的手套。

(采取分组活动的形式,避免幼儿相互拥挤。鼓励幼儿细致地观察,并从众多手套中找出自己的一副手套)

师:请你和其他小朋友互相说说你们带来的是什么样的手套?

教师示范介绍,例如"我带来是××颜色的手套,它是用××材料做的"。

教师出示合指手套和五指手套:这两种手套有什么区别?

(帮助幼儿分析手套种类)

2. 探索如何戴手套。

师:请你们自己试着戴上手套,想一想怎样才不会把手套戴反呢?

(幼儿自由探索戴手套的方法)

师:你用什么方法戴手套的? 戴五指手套时,遇到了什么问题? 为什么戴不上呢? 戴合指手套时,怎么戴才不会反呢?

(引导幼儿介绍经验,并相互学习借鉴,如根据手套的手背花纹、手指方向等戴手套)

师:戴上手套,有什么感觉? 为什么要在冬天戴手套呢?

(在交流中帮助幼儿了解冬天戴手套是用于保暖)

3. 游戏:手套找朋友。

师:下面我们一起做"手套找朋友"的游戏。请大家仔细听——戴五指手套的手拉手;戴合指手套的手拉手;戴毛线手套的手拉手;戴毛皮手套的手拉手。

(通过教师指导,幼儿学习根据手套特征的不同进行简单的分类)

活动评析:

　　手套是小班幼儿生活中经常接触的物品。该活动以手套为探究对象,通过观察比较、幼儿介绍自己的手套以及让幼儿尝试戴手套这些环节,让幼儿充分感知手套的特征的异同,并在此基础上引导幼儿将手套进行分类。整个活动从内容的确定到方法的选择都符合小班幼儿的学习特点,有助于培养幼儿的观察能力、抽象和概括能力,激发幼儿探究周围物体的兴趣。

第五节　交 流 与 讨 论

一、交流与讨论的含义

信息交流与讨论是指幼儿通过各种途径所获得的有关周围环境的信息,以语言的或非语言的形式进行表达和交换意见获取科学知识的一种科学教育活动。幼儿间的交流与讨论,对形成幼儿的科学知识与经验有着重要的作用。知识是在幼儿探究之后,在讨论中形成的。在幼儿科学教育活动中,幼儿通过各种方法,获得了大量的有关客观世界的丰富的信息,初步形成了自己的认识和感受。他们需要以各种方式(手势、动作、语言和图像)向老师、同伴和家长表达、传递自己的认识感受,告知观察周围世界的过程和结果,并提出疑问,抒发愉悦、惊奇等情绪,和小伙伴们分享所得的成果,评价别人的科学探索的结果等。交流与讨论活动能够帮助幼儿理清思路,解决认知冲突,调整已有观念,促进科学概念的理解与建构。

幼儿通过信息交流与讨论,使感知周围世界的第一印象在脑中形成表象,又通过语言或其他方式表达出来,这样不仅使幼儿对事物的理解更清晰,也有助于幼儿语言的发展;交流讨论有利于幼儿梳理已获得的信息,使幼儿已有的知识加深、巩固和扩展,帮助幼儿明晰事物的特征和关系;交流与讨论促进了幼儿和幼儿之间的交往、教师与幼儿之间得到沟通,使教师能及时了解幼儿的学习情况,使教学及时得到反馈。

二、交流与讨论的分类

学前儿童年龄较小,虽处于语言能力迅速发展的阶段,面对丰富多彩的自然界和生活环境,却难以用全面、准确的语言进行表述与交流。因此,学前儿童在科学教育活动中信息的交流与讨论除了运用语言的形式之外,还要大量运用手势、动作、表情和图像(包括图表、图画和照片)等非语言形式。

(一) 语言形式

语言形式中包括描述和讨论。描述是指在教师指导下幼儿用语言向其他伙伴或成人陈述自己在科学探索活动中的发现和疑问等。讨论是指幼儿与幼儿、幼儿与成人之间通过口头语言表达和交换在科学探索活动中的发现、结论与感受。幼儿通过语言的描述和讨论可以向同伴、教师表述自己在各种科学活动中的发现、疑问和想法,以及开展科学探索活动的方式、过程和感受等。例如:在对一幅水果蔬菜生长环境图画的观察后,一个幼儿对另一个幼儿说:"我发现了西瓜、苹果和黄瓜三处生长的地方不对,你找到几处?"这是幼儿间活动中发现现象的交流。

(二) 非语言形式

非语言形式包括图像、手势、动作、表情等。由于幼儿在学前阶段还不能完全用文字记录、表达在各种科学活动中的发现和感受,所以图像、手势、动作、表情就成了幼儿交流讨论的重要形式。

1. 图像法

图像是幼儿对周围环境和对象观察后,应用图表、绘画和拍照等多种方式进行记录、表达自己发现、认识和感受的方法。适宜的内容有动植物特征及生长情况、四季特征、天气情况、参观旅行情况等。图像法是幼儿观察活动中的一个方面,也是一种表达方式。它可促使幼儿在交流过程中反省和评价自己得到的信息,进一步提高和培养幼儿对周围环境的观察兴趣、观察能力。

2. 手势、动作、表情法

当幼儿在科学探索过程中遇到难以用语言表达的事物和情绪体验结果时,常会用手势、动作、表情等肢体语言进行交流、表达的方法。例如,幼儿在品鉴酸、甜、咸三种无色液体时有不同的脸部表情,还有用手势来表达物品的大小、多少等。

三、交流与讨论活动的指导

(一)语言形式的指导

1. 给予幼儿充分的描述、讨论的机会,及时鼓励幼儿用语言表达所获信息

在幼儿观察物体后,允许幼儿进行交谈、讨论。教师应以与幼儿平等的身份参与交谈和讨论。在交流中,既可以教师提问,幼儿回答,也可以幼儿提问题,教师回答。有时教师可以扮演一名忠实的听众,以鼓励幼儿的交谈和讨论。

2. 指导幼儿学习用简单明确的语言表达、描述有关科学的发现

在科学活动"风的探索"中,幼儿在水盆中利用各种材料使纸船动起来,一幼儿经过观察,问另一幼儿:"这里有两只纸船,一只用吸管吹的跑得快,一只不动,为什么?"这是幼儿之间对发现现象的交流。在科学实验"沉与浮"中,幼儿描述发现的交流:"我看到了石子沉在水杯底下,泡沫、木制积木浮在水面上……"以及表达情感的交流:"我喜欢……"

3. 培养幼儿在理解词义的基础上正确地运用词

反映科学的词是很丰富的,只有当幼儿掌握了足够的词汇,才能运用确切的词语来表达对物体和现象的认识。所以,首先要在幼儿充分感知物体与现象的基础上,丰富相应的词汇,然后帮助幼儿在理解词义的基础上掌握运用词。

4. 培养幼儿的口语表达能力

幼儿正处于学习语言的阶段。面对诱人的大自然,往往不会用语言表达,只会用表情动作来示意。例如,幼儿观察银杏树后,往往只会用动作表达银杏树的又高又大,粗粗的树干,用动作描述树叶的飘落等,老师可以结合动作帮助幼儿逐步用连贯、完整、通顺的语言表达,提高观察的质量。

5. 培养幼儿正确的发音

不同的语音代表不同的词,如果语音不准就很难使人理解原意,这将直接影响语言交流在认识中的作用。在"有趣的磁铁"中,有的幼儿把磁铁发成了"ci ti"结果别人理解为"此地","硬币"发成"隐蔽",影响了交流。因此,要重视培养幼儿的正确发音。活动中教师要引导幼儿发难发的音,帮助幼儿及时纠正错误的发音,扫除交流中的障碍。

(二)图像法的指导

1. 要在幼儿获得大量感性经验的基础上进行

要使图像法具有较好的应用效果,必须要在幼儿获得大量感性经验的基础上进行。让幼儿在对周围环境进行观察后,用各种不同方式记录下他们的发现、认识、感受和体验,这样才能使幼儿的图像记录结果真实、丰富。活动"蚕与丝织品"中,先通过养蚕,观察,让幼儿了解蚕的一生,在幼儿获得了丰富的感性经验的基础上,再引导幼儿用记录的方式把蚕的一生记录下来,幼儿就很容易获得知识。

2. 图像法的形式可多样

可以做连续的观察记录,也可以做单独的、个别的观察记录,如连续性观察记录"种子发芽"。记录方式也可以多种多样。可以用绘画、粘贴、镶嵌、印章、泥塑、数字等方式记录他们自己的发现与认识。如有需要,教师可在幼儿的图像记录上用文字作简短的说明,以使记录更明白易懂,并具有保存、研究价值。

3. 为幼儿提供图像法应用的条件

教师要为幼儿提供图像记录的时间和材料,如提供一些纸张、画笔。在科学活动结束前留出一定的时间让幼儿记录等。

运用图像法记录、表达科学发现和认识,需要幼儿具备一定的绘画基础,一般适宜在中、大班开展。

对点案例

案例一　我喜欢的水果(中班)

活动目标:

1. 能够说出几种常见水果的名称及其主要特征。

2. 学会运用句型"我喜欢……,它的颜色……,形状……,味道……"。

3. 喜欢吃各种水果,知道多吃水果好处多。

活动准备:

多媒体图片(水果图片)、水果谜语、画纸、画笔。

活动过程:

一、导入主题

展示水果与谜语,引出水果的主要特征。

师:小朋友们,你们都喜欢吃水果吗? 喜欢吃哪些水果呢?

师:今天,老师带来了一些水果图片,想请小朋友来辨认一下都是哪些水果?

师:小朋友们,现在老师告诉你们,我喜欢一种水果,就在图片上,但我不告诉你们它的名字,我现在用猜谜的形式让你们猜一猜,看看哪位小朋友猜得又对又快,好不好?

师:竖起你们的小耳朵,听好了!"兄弟几个真和气,天天并肩坐一起,少时喜欢穿绿衣,老来都穿黄衣裳。"——香蕉

引导幼儿初步接触:我喜欢香蕉,它的形状是弯弯的,它的颜色是黄色的,吃起来甜甜的。

二、交流认知

师:现在你们都知道老师喜欢的水果是香蕉,那我也想知道小朋友们喜欢的水果会是什么,哪个小朋友可以告诉我?

引导幼儿学会运用句型"我喜欢……,它的颜色……,形状……,味道……",描述自己喜欢的水果。

师:哇,小朋友们讲得都很棒哦,来给自己鼓掌鼓励一下!

师:其实,除了你们喜欢的这些水果,老师还准备了几种大家不经常见的水果,你们想不想知道啊?

出示多媒体图片,帮助小朋友们认识并拼读这些水果的名称。(猕猴桃、荔枝、榴梿、火龙果)

师:小朋友们认识它们吗? 来,跟着老师先读两遍,再给大家介绍这些水果。

三、经验讨论

师:好了,图片看完了,你们了解了这几种水果的主要特征。老师知道你们非常喜欢吃水果,哪个小朋友能够告诉我为什么喜欢吃水果呢? 吃水果对小朋友有什么好处呢?

师:请小朋友们想一想,然后大声地告诉大家。(留出思考讨论时间)

对于幼儿的回答老师应及时给予肯定。

幼1:水果有营养,身体长得更健康。

幼2:水果味道可好了,甜甜的。

幼3:吃水果解渴,苹果可以补充水分。

师:你们说的都对,除了小朋友说的这些理由,还因为水果里面含有大量的维生素C和对健康有利的微量元素,它们可以增强我们身体的抵抗力,小朋友就会少生病,身体变得棒棒的,更健康了。小朋友们,你们知道了吗?

师:既然水果对我们这么重要,那小朋友是不是应该多吃点水果呢?

四、知识应用

师:现在还有一个任务需要大家完成,我这里有一些水果图画,你们看与实物图片上的有什么不同啊?(水果没有颜色)

师:现在需要大家开动脑筋,想一想我们见过的每一种水果的颜色都有哪些?你又喜欢哪种颜色?

师:我现在给你们做个示范。大家看,我喜欢红色的苹果,我就给它涂上红颜色,穿上红色的外套。

师:小朋友们你们喜欢什么颜色的水果,你就帮它们涂什么颜色。

师:好了,小朋友们都画好了,请把自己的水果交给你的好朋友欣赏一下吧!

活动评析:

游戏中通过交流思考、套用句型说明某种水果的特点特征,锻炼了幼儿的口语表达能力和同伴间交流沟通的能力。

对点案例

案例二　气象观察员(中班)

活动目标:

1. 培养观察天气变化的兴趣,尝试多种记录的方法。
2. 学画晴天、阴天、雨天、雪天、刮风、冰雹等天气状况画面。
3. 了解季节和气候变化对人类生活和动植物生活的影响,能主动适应外界环境变化,保护好身体。

活动准备:

1. 活动前准备天气预报的视频。
2. 记录纸、彩笔等。

活动过程:

1. 教师播放天气变化的视频,观看后请幼儿讲讲不同天气的特点,为接下来描绘天气变化做好准备。
2. 播放视频或展示不同天气状况的图画,便于幼儿认真观察并学习记录。
3. 幼儿自己学记气象日记,采用绘画、符号等形式表示出来。

幼儿相互学习,交流气象日记。

教师为幼儿提供不同的材料,便于幼儿用不同的方法做气象日记,教师注意提醒幼儿在科学区坚持做好气温测量、气象变化为主要内容的气象日记,每个月都与幼儿一起分析天气变化的规律,学会根据天气变化及时增减衣服。

活动评析:

本活动是一项以长期观察和测量为基础的综合性活动,重点是让幼儿学会基本的记录方式方法,并在此基础上培养、提升幼儿信息交流的能力。

第六节　种植与饲养

一、种植与饲养的含义

种植与饲养活动是一种独特的科学教育途径,是幼儿科学活动中不可缺少的内容。现代教育家陈鹤琴先生指出:"幼稚园需布置一个科学环境,尽可能地领导儿童栽培植物(花卉、菜蔬),布置园庭从事浇水、除草、收获种子等工作,并饲养动物……"

科学教育活动中的种植是指幼儿在室内自然角、室外种植饲养园地种植、管理花卉、蔬菜和农作物等的活动;饲养是指在自然角和园地中喂养、管理小动物的活动。

通过种植饲养活动,让幼儿在种植、采摘、喂养、照料等直接体验的过程中,学习观察动植物的生长过程,理解生命循环的特点和价值。种植饲养过程中,幼儿管理照料下的动植物生长过程具有明显的动态性和变化性,主客体间的互动性更强,探索与发现所带来的学习兴趣更浓。通过种植饲养活动,幼儿从中还能学习掌握简单的种植、饲养技能,培养幼儿热爱劳动的品质。总之,种植饲养活动不仅能培养幼儿对生活的乐趣,亲近自然的情感,珍爱生命的意识,还能初步养成做事的坚持性和责任感。

二、种植饲养活动的开展

(一)幼儿种植活动

在教师的指导和帮助下,让幼儿自己动手进行简单的种植活动,使他们能亲自看到植物从一颗种子到开花、结果的全过程,不仅能培养幼儿对植物的观察兴趣,还能学到许多有关植物的科学知识,掌握简单的种植技能,从而培养孩子热爱劳动的习惯。

幼儿园的种植活动可根据各地的气候等自然条件,考虑到各幼儿园场地、人员等方面的因素,因地制宜地进行设计,教师要有目的、有计划、有组织地带领幼儿开展种植活动。

幼儿园的种植活动要考虑到幼儿的特点,要让幼儿始终积极参与,最好能使幼儿在一学期内完成从种子发芽到开花结果的全过程,所以在种植的品种上应加以选择,一般可种植蔬菜、瓜果和花卉。

1. 种植活动的准备

因幼儿年龄较小,所以在种植活动开展前,教师必须做好充分的准备工作。当然也可以请幼儿园的花工配合,大班的孩子也可以参与。特别是种植活动与季节变化关系较大,教师必须掌握好季节,不失时机地进行。

(1) 规划园地。幼儿园应尽可能为幼儿准备一块种植园地,一般应该选择阳光充足、靠近活动室周围的空地。城市幼儿园一般空地较少,难以安排大面积的种植园地,所以幼儿园的种植园地不一定要集中在一起,可以充分利用边角地并把它设计成各种形状。如果园内实在没有种植的地方,也可以用砖砌成50厘米高的花坛或用旧木箱装上泥种植,也可以在室内用花盆种植。

(2) 准备工具。教师需为幼儿准备一些常用的劳动工具,如小铲、小耙、小筐、水桶、水勺、喷水壶等,这些工具必须适合幼儿的年龄特点,制作应小巧、轻便、安全。还应配备足够数量的尺子(卷尺和直尺)、放大镜、玻璃瓶、筷子、小竹竿、记录表格和白纸、笔(铅笔和彩色铅笔)等,用于幼儿观察与操作。

(3) 适宜种植的植物。适合幼儿种植的品种很多,选择时主要应考虑各地区的气候环境特点及各幼儿园的实际情况而定。一般以经常食用的蔬菜和一年生草本花卉为主。蔬菜宜选择生长周期短,管理方便,幼儿熟悉的品种;花卉应选择无毒、无刺、无刺激性气味、花朵艳丽或有芳香的种类。开展种植活动还得考虑各年龄班级幼儿的特点,如小班孩子年龄小,各方面能力较低,需要在教师的帮助下才能进行,应该选择种子较大,生长快的植物,而且种类不宜太多,两三种就可以了,如大豆、大蒜、向日葵等。中班孩子还不能完全独立管理所种植物,所以仍应选择容易栽培的品种种植,但种类可比小班丰富一点,如辣椒、茄子、芹菜、萝卜等。大班孩子已具备较强的活动能力,种植品种可全面一些,如叶菜类、瓜果类、根茎类,除蔬菜外还可种粮食作物或经济作物,如玉米、小麦、黄瓜、西红柿、花生等。

2. 种植活动管理

幼儿园开展种植活动,关键在教师。植物生长有其各自的规律,教师必须了解植物的特点,掌握植物生长的规律,并学会种植的基本方法,才能正确指导幼儿开展种植活动。

一般种植活动在春秋季节进行,主要是春季。春季于清明前后播种,秋季一般在9—10月进行。种植活动具有连续性,幼儿可参与的工作包括播种、移栽、拔草、浇水、松土、收获等。教师应制定日常管理制度,明确全体幼儿可以参加的活动、值日生每天轮流完成的任务和教师应完成的任务。

（二）幼儿饲养活动

在幼儿园的自然角和饲养园地饲养一些易于管理的小动物,让孩子们在老师的指导下,渐渐了解、熟悉这些小动物,学会管理小动物。喜爱小动物是幼儿共同的特点,在与小动物的接触中,培养了他们关爱动物的情感,还能激发幼儿的探索求知欲望,促进他们积极思维。对于他们提出许多问题,如动物是怎么长大的,怎样生小动物的,会不会生病等,教师可因势利导,让他们去探索、去观察,帮助他们找到答案,通过饲养活动的开展,增长了科学知识。饲养活动是一项既动脑又动手的活动,有利于培养孩子热爱劳动的优秀品质,在饲养活动中掌握基本的劳动技能。

1. 适宜饲养的动物

幼儿园因受到场地、人员、经济条件等多种因素的限制,所以选择饲养动物的种类时,应根据地方气候环境特点和各幼儿园的实际情况,并考虑到幼儿的兴趣以及教学的需要。一般选择本地区常见的动物种类,选择那些外形美观、动作灵巧、叫声悦耳、性情温顺而又易于管理的小动物。

自然角设置在活动室内,一般地方较小,而且大多数物品摆放在桌面上,所以最好饲养一些小型的、适合室内饲养的小动物,如蜗牛、蚂蚁、蝴蝶、金鱼、鲫鱼、泥鳅、黄鳝、河蚌、田螺、乌龟、蝌蚪、蚯蚓、小白鼠、豚鼠等。可根据季节选择几种饲养,一段时间后再换另一些种类。

幼儿园的饲养角大多建在室外,可选择一些适合室外饲养的种类,如兔子、鸡、鸭、鸽子、娇凤、画眉、刺猬、松鼠等。

2. 饲养活动管理

饲养照料小动物的活动是一项持续进行的长期活动,也是一项需要付出耐心、细心的工作。活动过程中幼儿是主体,主要工作应由中、大班幼儿承担,教师必须及时给予指导,教会他们一些照料和管理的基本技能,绝不能包办代替,而只让幼儿看一看,这样孩子会渐渐失去探索和观察的兴趣。

由于小班幼儿年龄小,操作能力较差,大部分饲养管理工作须由教师承担,所以小班饲养的动物应少些而且管理要方便,有些活动可由教师带领幼儿一起做,如给金鱼喂食等简单的操作。小班的饲养活动以观察成人和大、中班幼儿操作为主。中班幼儿可在自然角饲养种类较为丰富的小动物,但管理方法不能太复杂,教师带领幼儿进行活动,并在活动中教会他们一些简单的技能,再逐步过渡到让幼儿独立完成管理小动物的工作。大班幼儿在小班、中班的基础上,已积累了一定的经验,掌握了一些技能,所以管理工作主要让幼儿承担,除自然角饲养的小动物外,主要对饲养园地内的小动物进行管理,教师可安排幼儿轮流负责管理小动物的工作。在教师的帮助下,幼儿懂得按动物的生活习性喂养,喂食要定时定量,同时还要学会做好清洁工作。

三、种植和饲养活动的指导

1. 选择合适的内容

由于幼儿年龄较小，种植、饲养技能较差，因此在选择种植、饲养的内容时，要根据幼儿年龄特征和动植物特点进行选择。在选择植物种类时，应选择一些易生长、对土质肥料要求不高、生长周期较短的植物，如玉米、花生和辣椒。选择饲养的动物时，应选择一些性情温顺、对饲料要求不高、不易死亡，而且不会传染病菌的小动物，如金鱼、小蝌蚪和兔子。

2. 种植饲养过程应与幼儿认知活动相结合

在学前儿童科学教育过程中运用种植与饲养的方法，目的是在实践生活中让幼儿学习科学知识，提升幼儿探究问题、寻解答案的兴趣与能力。在种植饲养过程中，教师应引导幼儿适当参与，激发幼儿提出问题、研究问题，通过探索找到问题的答案。指导幼儿观察记录种植饲养对象的特征、习性和生长过程与活动后的交流讨论。指导幼儿学习操作技能，克服困难，坚持以幼儿为主的种植、饲养活动。

3. 培养幼儿爱护动植物，关爱生命，维护环境的情感和意识

在种植与饲养活动中，幼儿通过与种植饲养对象的亲密接触，观察到了它们的生长过程、生活习性，体验到了生命的存在，自然产生了关爱生命的情感。在照料管理过程中，幼儿与植物、小动物一起成长，深刻体会到了人与动植物和谐相处的快乐，与自然环境和谐共处的重要性，引导、激发幼儿保护植物、爱护动物、维护自然环境的意识。

💡 **对点案例**

案例一　种绿豆(中班)

活动目标：

观察种子的生长，尝试用图画记录种子生长前后的变化。

活动准备：

1. 提前在小盆里种植绿豆，待种子发芽后，把植物移放在生物角。

2. 种植所需的材料，如毛巾、敞口塑料碗、绿豆和水等。

活动过程：

1. 请幼儿到生物角帮教师拿取种着绿豆的小盆。

2. 将幼苗带土取出，与幼儿一起观察认识绿豆幼苗的叶子、茎和根。

3. 建议幼儿种植绿豆，向幼儿展示所需材料，并示范种植的步骤。

(1) 整地松土。教师带领幼儿完成对土地的翻耕，深度约 20 cm，无土坷、碎石等杂质。然后把细整平，达到上虚下实。

(2) 筛选种子。教师和幼儿一起进行筛选种子，剔除病斑粒、破碎粒和杂质。

(3) 播种。教师示范用竹签挖开小洞，每洞播种 2—4 粒，注意种植时行距保持 50 cm，株距一般保持 20 cm。盖土，浇水。出苗后选择一株健壮苗留下。

4. 请幼儿分组进行绿豆种植，并观察和记录它的生长情况，如幼苗的叶子的片数、植株的高度等。

5. 一星期后，请幼儿各自汇报绿豆的生长情况，并分享种植的乐趣。

活动评析：

通过示范指导幼儿开展绿豆的种植活动，让幼儿在动手操作中掌握种植的基本方法步骤，体会劳动的快乐。

案例二　饲养蜗牛(大班)

活动目标:

长期观察、饲养蜗牛,养成持之以恒、规范和认真的生活和学习习惯。

活动准备:

蜗牛的食物,值日生分工表,观察记录表。

活动过程:

1. 饲养分工。

幼儿自愿报名,承担饲养蜗牛的任务。把愿意饲养的幼儿分为喂食、打扫、记录三组,按照天数轮流值日。

2. 介绍观察记录表。

记录表内容有饲养日期、饲养人、投放食物、打扫卫生情况,要求幼儿用数字、符号和图画进行记录。

3. 饲养蜗牛。

值班人定期向蜗牛的窝里投放青菜等食物,定期打扫蜗牛的家,并做观察记录。

在长期的观察中,幼儿又陆续发现蜗牛依靠触角和眼睛分辨方向,释放分泌物来帮助爬行等现象。

活动评析:

长期的饲养活动,不仅培养了幼儿的长期观察能力,同时也培养了幼儿分工协作、持之以恒等品质,以及对小动物的爱心和责任心。

第七节　早期科学阅读

一、早期科学阅读的概念

早期科学阅读是指幼儿阅读富有科学知识的作品,包括科普读物、科学故事、科学诗歌、谜语等。早期科学阅读有利于丰富和拓展幼儿的科学经验,激发幼儿科学探究兴趣,帮助幼儿理解科学概念。

二、早期科学阅读的分类

早期科学阅读的作品内容与形式非常丰富,按照早期科学阅读材料的表现形式可以分为科学童话、科学故事、科学诗歌、科学谜语、科普画册及视频。

(一)科学童话

科学童话是用童话的艺术形式向幼儿传授科学知识,达到趣味性和科学性相统一的一种方法。科学童话一般较浅显,情节结构安排也较单纯、简明。科学童话在艺术表现上常用手法是拟人化手法,如《小熊请客》《小蝌蚪找妈妈》。

(二)科学故事

科学故事是科学知识与故事表现形式相结合的文学作品。它把在科学技术方面前人的发现、发明及发展,常见自然现象的科学原理,动植物生活习性及种类特征,生活生产中常见设备、工具的结构功能等知识融入有人物、有情节的故事。科学故事主要有科学生活故事、科学幻想故事、科学家故事等,如《爱迪生孵小鸡》《曹冲称象》。

(三)科学诗歌

科学诗歌是科学知识与诗歌形式相结合的文学作品。儿童科学诗歌种类繁多,有科学叙事诗、科学抒情诗、科学儿歌或科学歌谣等,如《春雨》《小小的船》。

(四)科学谜语

谜语通过隐喻和暗示,提供某些根据和线索供人猜测的一种隐语。科学教育中的谜语主要以具体的自然物体和某种客观现象为谜底,通过对该物体或现象特点的具体形象的描绘,影射谜底,对幼儿进行科学教育。如"麻屋子,红帐子,里面坐着白胖子",谜底为花生。"一个小姑娘,生在水中央,身穿粉红衫,坐在绿船上。"谜底为荷花。

(五)科普画册

科普画册是通过科学知识图片或图画并配以简要文字说明,用以进行科学教育的读物。科普画册因其图文并茂、色彩鲜艳、形象直观深受幼儿喜欢。

(六)科普视频

科普视频是以动态纪实的画面向幼儿展示科学现象和知识的一种形式。它比书本更生动更真实,为幼儿提供大量的科学信息。例如,它能在一定时间内展示植物的生长过程或昆虫的蜕变及捕食过程,这些现象在现实中需要我们进行长时间的观察或因稍纵即逝而观察不到。

三、早期科学阅读活动指导

早期科学阅读是学前儿童接受科学教育的方法之一,因此在教育过程中既要选择好阅读的材料,还要对幼儿的阅读方法和习惯加以指导。

1. 选择合适的早期科学阅读材料

选择早期科学阅读材料时,首先应结合幼儿园科学教育内容的需要,开展主题性的早期科学阅读,扩大幼儿的科学视野,培养幼儿的想象力,提高幼儿的学习兴趣;其次,选择早期科学阅读材料一定要符合幼儿的年龄特点,不同年龄阶段的幼儿所选择的阅读材料应有所差异,以便于幼儿从不同层次上把握对科学内容的理解。

选择早期科学阅读材料时还要注意其版式和印刷质量。一般情况下,适宜幼儿阅读的作品应有大画面绘图或图片,色彩丰富鲜艳、文字精练浅显、主题鲜明突出、印刷与纸张质量较好。

2. 幼儿自由阅读与师生共同阅读相结合

在幼儿早期科学阅读中应注重幼儿自由阅读与师生共同阅读相结合的方式。阅读前可以通过提问题的形式引发幼儿对阅读的兴趣,在幼儿熟悉和把握阅读材料的基础上,教师要鼓励幼儿对阅读内容进行总结、归纳,并结合阅读材料的难点、重点进行必要的指导,帮助幼儿将阅读材料的细节与内容相结合,从而比较深入地理解阅读材料的主要内容,不断完善其认知结构,体验其中所蕴含的情感。

💡 对点案例

案例一 青蛙的生长(中班)

活动目标:

1. 了解青蛙的外形特征和小蝌蚪变成青蛙的成长过程。

2. 知道青蛙是捉害虫的能手,是对人类有益的动物,激发保护青蛙的情感。

活动准备:

多媒体课件,水槽中饲养的小蝌蚪。

活动过程：

一、导入活动

"呱呱呱、呱呱呱"。连续播放青蛙的叫声让幼儿听辨，导入活动。

师：小朋友们，你们听是谁在和你们打招呼呀？（青蛙）

二、认识青蛙

师：小朋友你见到的青蛙是什么样子的？（大嘴巴，四条腿，绿皮肤，蹦跳前进的一种小动物）

师：小时候的青蛙，它的名字叫什么？（小蝌蚪）

观察水槽中小蝌蚪的生长状态。

师：小蝌蚪是怎样变成青蛙的呢？

幼儿开始讨论，结合自己的经验举手回答。

三、观看课件，幼儿总结出青蛙的生长过程

师：大家还记得动画片《小蝌蚪找妈妈》吗？我们再看一下老师准备的图片。

1. 播放多媒体课件一遍，提问："小蝌蚪经过哪些变化，最后才变成了青蛙呢？"（教师根据幼儿回答内容，张贴各成长阶段图片，教师不作评价）

2. 再次播放课件一遍，对照贴图提问："小蝌蚪是这样变成青蛙的吗？"（请个别幼儿参与评价，修改更正原有认识）

师：小朋友们总结得很好！原来呀，青蛙是经过了卵→小蝌蚪→长出后腿→长出前腿→褪去尾巴→小青蛙→大青蛙的生长过程。

3. 欣赏儿歌《小蝌蚪》，巩固知识。

小 蝌 蚪

小蝌蚪，细尾巴。

身子黑，脑袋大。

水里生，水里长。

长着长着就变啦！

多了四条腿，

少了细尾巴，

脱下黑衣裳，

换上绿裤褂。

咦！变成一只小青蛙。

四、拓展认知

青蛙生活在小河、水沟及水田中，以蛾、蚊、蝇类及农业害虫为主要食物。据统计，一只青蛙一年（活动期六至八个月）至少要吃掉15 000只害虫。每只青蛙吃掉这么多害虫，成千上万只青蛙吃掉的害虫就更多了。因此，人们把青蛙称为"害虫的天敌"，并把青蛙当作人类的好朋友。

相信小朋友们从今天起，一定能做到保护青蛙，爱护青蛙。

活动评析：

活动中幼儿在已有经验基础上归纳蝌蚪生长过程，观看课件重新更正补充知识结构，从而形成正确的稳固的知识，这一系列的活动促使幼儿完成了从一般认知到知识构建的过程。多种形式的科学阅读对幼儿积累科学经验，养成爱护动植物、保护自然、保护环境的意识都起到了潜移默化的促进作用。

对点案例

案例二　阅读绘本《海豚》(小班)

活动目标：

1. 通过阅读绘本，了解海豚的外形特征及主要生活习性。

2. 对阅读活动感兴趣，逐步养成良好的阅读习惯和能力。

活动准备：

PPT课件。教师用大图书，幼儿人手一本小图书，海豚喷泡枪一把，充气海豚玩具若干，阅读专用角(内有适合幼儿阅读时使用的桌子、椅子)，一段缓慢、优美的班得瑞音乐。

活动过程：

一、回顾经验，引出主题

1. 出示蓝色大海的PPT课件，引出主题。

情景导入：

(1)(播放有海浪声、海豚鸣叫声的音频，让幼儿凝神静听)这是什么地方？你们听过大海的声音吗？

(2)你们听到了什么声音？大海里住着哪些动物朋友？

2. 出示大图书，引出有关海豚的阅读主题。

问题导入：

(1)你为什么喜欢海豚？你了解海豚吗？

(2)当幼儿回答"了解"时，教师可采取"我来考考你们"的反馈方式，以了解幼儿的原有认知经验。教师可提出以下问题：海豚有鼻子吗？鼻子长在哪里？海豚喜欢吃什么？它是怎么吃东西的？它会咬碎食物吗？小海豚是吃什么长大的？海豚有什么了不起的本领？

二、自主阅读，培养习惯

1. 介绍绘本《海豚》的名称，提出阅读要求。

阅读提示：

(1)看书的时候应该怎么坐？翻书的时候应该怎么翻？

(2)有什么方法能让自己明白书里的意思？

2. 引导幼儿在阅读专用角自主阅读。

问题提示(面向个别幼儿)：

(1)你在书里看到了什么？

(2)这张图片是什么意思？告诉我们什么了？

3. 组织集体阅读，提升知识。

播放精选画面。

(1)(屏幕上出现第8—9页画面)提问：你能在小书里找到大屏幕上的这页吗？它在第几页呢？这张图片是什么意思？(有的海豚有长长的嘴巴，有的海豚有圆圆的大头)

(2)(屏幕上出现第4—5页的页码)提问：这是书的第几页？请你们在自己的小书上找到第4、第5页。画面上有什么？它告诉我们什么了呢？(每页书的下方有个小数字，那就是页码。这张图片告诉我们：海豚的头顶上有一个小小的圆孔，这就是海豚的鼻孔)

(3)(屏幕上出现第16—17页画面的局部——海豚的嘴里叼着一条小鱼)提问：你们能在自己的小书上找到这张图片吗？它在第几页呢？这张图片告诉我们什么了呢？(海豚喜欢吃海里的小鱼和乌贼，它不会用牙齿咀嚼食物，总是直接把整条鱼吞下去)

(4)(屏幕上出现第14—15页的画面——小海豚依偎在大海豚身边)提问:画面上有几条海豚? 它们是什么关系呢?(小海豚是喝妈妈的奶长大的,小海豚总是跟在妈妈身边,学游泳、学跳跃)

阅读总结:海豚有的有长长的嘴巴,有的有圆圆的大头;海豚的鼻孔长在头上;海豚喜欢吃鱼;小海豚是喝妈妈的奶长大的。

4. 完整配乐阅读。

幼儿围坐在大书旁,在音乐伴奏下,教师边翻阅大书,边朗读书上的文字,让幼儿感受画面、语言和音乐相融的美。

三、巩固知识,积极参与

1. 做"海豚吐泡泡"的游戏,回忆刚学的知识。

游戏规则:谁能又快又好地回答关于海豚的问题,海豚就会向谁吐泡泡。

提出问题:海豚有鼻子吗? 海豚的鼻子长在哪里? 海豚喜欢吃什么? 海豚会啊呜、啊呜地咬碎食物吗? 它是怎么吃东西的? 小海豚是吃什么长大的? 海豚有什么本领?

2. 寻找躲藏的海豚,和它做好朋友。

如活动场所允许,教师在活动前(或在活动中请其他教师帮忙)将几条充气的海豚藏在各个角落,有的露出头,有的露出尾鳍,有的露出背鳍,让幼儿去寻找躲藏起来的海豚,和它做好朋友,以增强活动的游戏性,帮助幼儿进一步了解海豚的外形特征。

活动评析:

活动中充分体现了以教师主导、幼儿自主阅读探知的教学思想,并在欣赏和游戏体验中再次巩固认知,充分体现了阅读活动的知识性和趣味性,培养了幼儿的阅读兴趣和良好的阅读习惯。

案例展示

蜘蛛结网(大班)

设计意图:

《纲要》中强调课程内容的选择应从幼儿生活中提取,从幼儿感兴趣的家庭、园所、社区文化中发现。本次活动就来自幼儿的日常生活。在平时的教学活动中,我们经常发挥幼儿的想象力,如我们可以给小鱼穿什么花纹的衣裳呢? 小乌龟身上还可以设计怎样的图案呢? 有一天,我带小朋友去卫生间,发现墙角上有一只小蜘蛛,孩子们吓得大喊大叫,我看到孩子如此害怕蜘蛛,便思考怎样才能让孩子们用科学的态度来看待蜘蛛,于是就有了这次科学活动,旨在让幼儿对蜘蛛有正确的认识的同时,让每个幼儿都能参与探索科学的活动并体验到快乐。

活动目标:

1. 认识蜘蛛,知道蜘蛛是节肢动物,会吐丝结网。

2. 能用科学的态度对待蜘蛛,不再害怕、厌恶蜘蛛。

3. 在游戏中培养丰富的想象力、创造力。

活动准备:

材料准备:课件、各种蜘蛛的幻灯片、蜘蛛结网的动画;彩条、橡皮筋、彩笔、胶带等;在室内贴上收集的各种蜘蛛图片。

活动过程:

1. 以谜语的形式导入。

师:今天老师带来了一则谜语,请小朋友猜一猜:小小诸葛亮,独坐军中帐,摆起八卦阵,单

抓飞来将。(蜘蛛)

师:今天我们教室墙壁上有什么?(请幼儿自由观察图片)

师:今天老师收集了各种各样的蜘蛛图片,请小朋友看。(教师展示各种各样的有关蜘蛛的幻灯图片)

师幼观看图片后讨论:

(1)你喜欢蜘蛛吗?

(2)蜘蛛是我们的朋友吗?

2.幼儿分组讨论。

喜欢蜘蛛的幼儿在一组,不喜欢蜘蛛的幼儿在一组。

让幼儿分组讨论:说一说你喜欢蜘蛛的什么?讨厌它的什么?(鼓励幼儿积极主动地回答问题)

师:两组小朋友说得都有道理,那么蜘蛛到底是不是我们的朋友呢?我们今后要怎样对待它呢?

师:大家有的愿意把蜘蛛当朋友,有的还是很讨厌它。下面老师让大家看一段关于蜘蛛的一个小课件。(观看后让幼儿讨论)

(1)大家了解蜘蛛的本领了吗?它结网有什么作用呢?它能吃蚊子,那么它对我们有好处吗?

(2)观看这个课件后,你对蜘蛛的看法改变了吗?

可以让幼儿重新选择到哪组。

师:(小结)蜘蛛有结网的本领,虽然它体内有毒,但那是为了捕捉猎物,并且捕食的昆虫大多是害虫,所以蜘蛛对我们是有益的。

3.幼儿进行有关蜘蛛的辩论。

教师请幼儿分成正反方辩论:蜘蛛究竟是不是昆虫?为什么?

(1)幼儿分组讨论。

(2)幼儿发言,并说出自己的理由。

师:(小结)螳螂、蟋蟀等昆虫的身体分为头、胸、腹三部分,还有三对足,这是昆虫的特征。但是,蜘蛛却只分为头、腹两部分,而且有四对足,所以蜘蛛不是昆虫。

教师表扬发言积极的小朋友。请幼儿运用准备的材料自由组合扮成蜘蛛,表演蜘蛛结网。

(1)把有颜色的胶带贴在地板上,用线条构建一个想象中的网。

(2)用橡皮筋围成蜘蛛网。

活动结束。

教师自评:

本次教学活动让孩子在轻松愉悦的氛围中基本掌握了小蜘蛛的特征及生活习性,应该说取得了良好的效果。不足之处是还需在以后的教学中进一步促进幼儿主观能动性的发挥。

专家评析:

本次活动的设计思路非常好,能从身边的小事入手,激发幼儿对常见事物的探索兴趣。教师引导幼儿通过观察、小组讨论、探索、辩论等方式,培养了幼儿的合作意识,使幼儿运用多种方式表现、交流、分享探索的过程和结果。

在活动中,教师提供了丰富的材料,使幼儿能运用多种感官、多种方式参与活动,表现出极大的活动积极性和主动性,活动氛围较好。教师在告诉幼儿不要害怕、讨厌蜘蛛的同时,也应与幼儿探讨蜘蛛的危害,让幼儿对蜘蛛有正确的认识。

(选自:教育部教育管理中心.全国幼儿科学教育活动课例评析.重庆:西南师范大学出版社,2011.)

【实践活动】

1. 让孩子见到大自然的美景——彩虹，这是一件非常美妙的事情。带领幼儿来到自然环境中，利用喷射出的水雾雾珠对阳光的色散作用形成彩虹的道理进行探索实验。请根据以上设想设计一节实验活动课，注意教师的引导作用和实验方法的总结。

2. 伴随现代生活质量的不断提高，各种电子产品日趋普及，传统测量工具与电子测量工具在生活中交叉替代现象时常出现。为方便今后教学工作顺利开展，我们有必要就一般常见测量工具进行调研：了解幼儿在家庭中的常见测量工具，一般条件下常用测量工具的种类和使用方法。

3. 在学前教育阶段，教师可以分阶段帮助幼儿根据不同的标准开展分类活动练习。请结合以下常用分类标准设计分类活动案例。

(1) 根据物体的外部特征进行分类，如颜色、形状。

(2) 根据物体量的差异进行分类，如长短、大小、粗细、厚薄、宽窄、轻重。

(3) 根据物体的功能、用途进行分类，如将物体分为玩具、家具、餐具、粮食、蔬菜、水果、学习用品、交通工具。

(4) 根据物体的构成材料进行分类，如将物品分为木制的、塑料的、金属(铁)的。

(5) 根据物体之间的联系进行分类，如把兔子和萝卜分为一类，把鱼和水分为一类。

(6) 根据物体的物理属性进行分类，如把常态下分别以固体、液体、气体存在的物质各自归为一类、有弹性的物体分为一类。

4. 设计一次室外活动课如"寻找春天"，指导幼儿用自己的方式记录春天的信息，如植物的变化、常见昆虫的变化和气温的变化等信息，然后安排幼儿进行信息的交流，归纳展示春天的特征信息。

5. 种植与饲养作为人类生存发展基本技能，能够培养幼儿劳动习惯与态度，传授幼儿基本劳动技能与方法，是学前教育的一项重要内容。我们就现实条件下在幼儿园因地制宜开展种植和饲养活动情况开展社会调研，包括种植园、饲养角的设置情况，种植农作物、饲养小动物种类和实操效果，提出个人意见与建议。

6. 开展社会调研，深入幼儿园了解幼儿目前使用的科学阅读读物的形式和种类，走进书店和市场调查现在可供幼儿使用的优秀科学读物的种类，并从读物内容的科学性、普及性和装帧质量、价格等方面进行论述分析，提出个人观点与建议。

【拓展实训】

一、选择题(单选、多选)

1. 在科学教育中，观察是学前儿童认识世界、增长知识、发展能力的主要方法之一。下列选项中不是常用观察类型的是(   )。

A. 简单观察　　　　B. 分期观察　　　　C. 比较观察　　　　D. 长期跟踪观察

2. 实验的方法是在人为控制条件下利用一些材料、仪器或设备通过简单演示或操作，对周围常见科学现象加以验证的方法。下列选项对实验方法认识正确是(   )。

A. 幼儿科学教育中实验的操作和演示过程是简便易行的，是带有游戏性质的

B. 实验能帮助幼儿理解简单的科学现象和知识，培养幼儿的科学兴趣和求知欲望

C. 在实验过程中，能充分调动幼儿学习科学的积极性、主动性

D. 实验能培养幼儿动手操作能力，并且让幼儿体验到科学探究的本质

3. 幼儿园教学中应坚持"以游戏为基本活动"的原则，通过游戏来促进幼儿的学习与发展。科学游戏内容丰富，形式多样，教师在指导集体性游戏时应(   )。

A. 营造游戏氛围　　　B. 明确游戏规则　　　C. 组织游戏活动　　　D. 参与游戏过程

E. 评价游戏活动

4. 幼儿园饲养角适宜喂养的动物有（　　）。

　　A. 鸡　　　　　　　　B. 鸽子　　　　　　　　C. 狗　　　　　　　　D. 兔子

5. 种植活动具有连续性，幼儿可参与的工作包括（　　）、移栽、（　　）、浇水、松土、（　　）等。

　　A. 播种　　　　　　　B. 拔草　　　　　　　　C. 喷药　　　　　　　D. 收获

6. 学前儿童科学教育活动中在大班阶段可采用的适宜专业测量工具有（　　）。

　　A. 天平　　　　　　　B. 温度计　　　　　　　C. 游标卡尺　　　　　D. 钟表

7. 幼儿科学探究和发现过程中，教师要鼓励和培养幼儿记录的意识和能力，幼儿可以用（　　）等多种适宜的方式，记录活动的主要过程和关键步骤。

　　A. 图画　　　　　　　B. 表格　　　　　　　　C. 照片　　　　　　　D. 符号

8. 早期科学阅读的作品内容与形式非常丰富，日常教学中可以选取不同表现形式的阅读材料开展活动，如（　　）。

　　A. 科学童话　　　　　B. 科学故事　　　　　　C. 科学诗歌　　　　　D. 科学画册

二、简答题

1. 什么是观察？如何进行观察活动的指导？

2. 什么是实验？如何进行实验活动的指导？

3. 什么是观察测量？如何进行测量活动的指导？

4. 早期科学阅读的类型有哪些？如何对早期科学阅读进行内容选择和活动指导？

5. 在户外游戏时，小明在草地上发现了几只瓢虫。他开心极了，旁边的小朋友也一起围了过去。他们一起数瓢虫背上有多少个点，还把瓢虫放在手心让它慢慢地爬。

　　在上述案例中如果你是老师，你会怎样指导幼儿开展观察活动呢？根据以下提示设计一节活动。

　　（1）兴趣是幼儿探索求知的巨大动力。活动中注意保护、激发幼儿的科学探索兴趣。

　　（2）引导幼儿有序开展观察活动，注意正确观察方法的指导。

第四章

学前儿童科学教育活动的设计与指导

【本章重点】

- 了解学前儿童科学活动设计与指导的原则。
- 理解各种学前儿童科学教育活动类型的特点和作用。
- 掌握各种学前儿童科学教育活动类型的设计与指导方法。

【技能提升】

　　能充分利用和发挥各种学前儿童科学教育活动类型的优势，使各种科学活动有机结合，并尝试设计指导科学教育活动。

【学前引路】

　　学前儿童科学教育活动就是教师充分利用周围环境，指导幼儿通过自身的感官去认识周围世界、获得信息、发现问题、寻找解决问题的方法和答案、获取生活经验的过程。教师的工作是设计与指导，即把活动目标、内容、环境、时间、材料、方法、步骤、评价等要素进行精心分析和安排，并付诸实施，以达到科学教育的目标。学前科学教育活动的形式又是多种多样的。在设计每次科学教育活动前应将前面几章内容融会贯通，这是一件既辛苦又富有创造性的工作。本章我们将学习各种类型的学前科学活动设计与指导的有关知识。

第一节　学前儿童科学教育活动设计与指导的原则

　　根据学前儿童学习科学的心理规律，结合学前儿童科学教育活动本身的特点，在设计与指导学前儿童科学教育活动时应该把握以下四项原则。

一、趣味性原则

　　《3—6岁儿童学习与发展指南》(以下简称《指南》)指出，幼儿科学学习的核心是激发探究兴趣，体验探究过程，发展初步的探究能力。成人要善于发现和保护幼儿的好奇心，充分利用自然和实际生活机会，引导幼儿通过观察、比较、操作、实验等方法，学习发现问题、分析问题和解决问题；帮助幼儿不断积累经验，并运用于新的学习活动，形成受益终身的学习态度和能力。因此，幼儿教师在设计和指导科学活动时要注意把握趣味性原则。

　　趣味性原则是指幼儿科学教育活动的设计与指导时，应该充分考虑幼儿的兴趣和需要，创设活泼、生动的活动环境，让幼儿生动活泼地、富有创造性地学习，获得知识和经验。幼儿的认知具有直观性和经验性的特点，同时还受到情绪的影响。因此，他们对于有趣的事物总是充满了好奇，并有强烈探究的欲望。科学教育活动的趣味性原则，不仅能够调动幼儿的学习兴趣，还能提高幼儿的好奇心和自信心,稳定幼儿的注意力,从而保证科学学习的顺利进行。

贯彻趣味性原则应该注意以下三个问题。

第一,活动内容要有趣味性。科学教育的内容涉及面广,包罗万象,其中很多都是幼儿感兴趣、喜欢的,如物体的颜色、小动物生活习性、各种植物的生长变化、有科技含量的玩具、千姿百态的建筑外观等,都是幼儿容易感兴趣的内容。但是,也有一些内容是幼儿不感兴趣,对他们来说却又是关键经验的内容,这就需要教师挖掘内容本身的趣味性来进行精心设计、创设情景,激发幼儿的好奇心和探究兴趣,耐心指导幼儿学习。如,我们可以提高材料的趣味性以激发幼儿的兴趣。

第二,创设多样的活动形式,调动幼儿学习的兴趣和积极性。丰富的活动形式有利于激发、调动幼儿学习的动机和兴趣,保持幼儿稳定的注意力,同时有利于教育活动目标的实现。比如,教师可充分运用观察、实验、游戏、交流与讨论等形式,调动幼儿的多种感官参与活动,激发幼儿的活动兴趣,让幼儿在闻一闻、尝一尝、摸一摸、听一听、看一看等感知活动区认识事物。

💡 对点案例

有趣的管道(大班)

设计意图:

孩子们对卫生间、洗手间里各种各样的管子很好奇,我以此为契机,设计了本次活动,意在引导幼儿探索哪些材料可以通过直管道、哪些可以通过弯管道,通过操作和观察活动,激发幼儿对科学活动的兴趣,帮助他们感知身边一些科学现象的基本原理,发展他们的动手能力和观察能力。

活动目标:

(1) 探索发现物体能否通过管道与管道的粗细、质地、形状和物体本身有关系。

(2) 能准确表达自己的发现并记录观察结果,体验探索的乐趣。

活动准备:

(1) 知识经验准备:请幼儿和家长一起观察、搜集生活中哪些东西是需要管子的,有什么用处;带幼儿玩组合滑梯中的直道、弯筒滑梯。

(2) 材料准备:记录表若干份,笔,各种质地、粗细、形状的管子(洗衣机的排水管、水管道用的 PVC 管、带弯头的不锈钢水管等),每组一筐实验材料(豆子、石子、木头、铅笔、橡皮、毛线、玻璃球、棋子等)。

活动过程:

1. 谈话引出课题,了解生活中管子的多样性。

问题:生活中你见过什么东西上使用了管子? 干什么用的?(不同质地、不同用途)

2. 猜想记录物体能否通过粗细、形状不同的管道。

(1) 分别出示粗细不同的直的软管、硬管引导幼儿观察,说说这个管子是什么样的,猜猜哪些物体可以通过。

(2) 引导幼儿认识准备好的各种材料,猜想并记录:你觉得哪些材料能通过直管道? 把自己的想法记录在表格上(引导幼儿用自己的方式记录)。

(3) 幼儿猜想结果并记录。

(4) 请每组幼儿交流自己的记录结果。

(5) 讨论:为什么有的小朋友说毛线、木头、铅笔、橡皮不能通过细的软管呢? 这些物品到底能不能通过这些管子呢? 我们一起想个办法验证一下。

3. 实验物体能否通过粗细、形状不同的管道,验证猜测结果。

(1) 教师提出操作要求:每种管子和筐子里的每个物品都要实验,并把结果记录在表格上。

（2）幼儿进行实验操作。

（3）教师指导个别幼儿，鼓励幼儿用自己的方法进行记录。

（4）请个别幼儿交流实验结果，教师提问：豆子、玻璃球、石子为什么能通过各种管子？木头、铅笔、橡皮、棋子为什么能通过硬的直管，不能通过细的直软管呢？毛线为什么不容易通过弯管呢？

（5）出示毛线，提问：谁能让毛线快速地通过各种管子？幼儿讨论并实验帮助毛线过管道的方法。（将毛线系在石子上、用书扇风、用嘴吹等）

总结：物体能否通过管道是和管子的软硬、粗细、形状及物体本身的软硬、大小有关系的。越硬、越小、越容易滚动的物体越容易通过管子；越软、越大、越不易滚动的物体越不易通过管子。

活动延伸：

师：很多东西不易通过软的、细的、弯的管道，导致管道容易发生堵塞，所以在生活中我们要注意什么？

专家评析：

本次活动，教师选取生活中应用广泛的管子展开教学，采用开放式的教育方法，让不同水平的幼儿都获得了成功的体验，使幼儿的主体性得到了较好的发挥。

（1）喜闻乐见的内容选择。《纲要》指出："幼儿的科学教育重在激发幼儿的认知兴趣和探究欲望，活动内容的选择既要贴近幼儿的生活，又要有利于拓展幼儿的经验和视野。"本次活动内容源于生活中的管子，源于幼儿探究的兴趣。知识内容的切入点深入浅出，恰到好处，是孩子们非常熟悉而且兴趣浓厚的。

（2）适于幼儿的教学方法。"猜一猜"的方式，让幼儿形成了各种生动的假设；记录表的使用，让幼儿学会了记录和验证；由恰当材料构成的实验操作，让幼儿思维活跃。整个活动以幼儿喜欢的方式，环环相扣、步步深入、由易到难，有效达成了活动目标。

（3）以幼儿为主体的教学理念。在组织教学的过程中，教师始终以幼儿为主体，很少有灌输性的语言，让幼儿成为整个活动的主人。

建议教师追随幼儿的兴趣，引导幼儿围绕"管子"问题持续探究下去。比如：继续开展"管子迷宫""让水流出来""弯弯的管子"等多种活动，让幼儿的探究真正成为自主有效的探究。

（选自：董旭花.幼儿园优秀科学活动设计88例[M].北京：中国轻工业出版社，2013.）

第三，注意科学活动中游戏的使用。游戏活动是幼儿的基本活动，也是其学习的有效途径。《幼儿园工作规程》中指出："幼儿园应当将游戏作为对幼儿进行全面发展教育的重要形式，幼儿园应当因地制宜创设游戏条件，提供丰富、适宜、多功能的游戏材料，保证充足的游戏时间，开展多种游戏。""幼儿园应当根据幼儿的年龄特点指导游戏，鼓励和支持幼儿根据自身兴趣、需要和经验水平，自主选择游戏内容、游戏材料和伙伴，使幼儿在游戏中获得积极的情绪体验。"

因此，教师应充分考虑幼儿的兴趣和需要，创设游戏化的情景，通过"猜一猜""玩一玩""变一变"等游戏活动调动幼儿学习的兴趣，让他们在玩中学习，在玩中发展。

对点案例

案例一 游戏：风吹鲤鱼幡（中班）

游戏目的：

让幼儿在"玩扇子"的过程中获得经验：扇扇子可以使空气流动、空气流动便形成风。

游戏准备：

用纸板剪成 6 条鲤鱼,分别悬挂在 6 根旗杆上,把旗杆竖立在草地上,在离旗杆 1 米处,画出 6 条横线,幼儿排成 6 队,每队一把扇子。

游戏玩法：

老师发令,6 个幼儿迅速站到横线处,用扇子扇鲤鱼幡,看谁把鲤鱼幡扇得最高。6 人一组,看谁第一,哪一队得第一的人多,这个队就为优胜队。

游戏说明：

1. 教师在组织游戏前先要试扇一下,如果鲤鱼幡太重,幼儿扇不起来,可调近距离。

2. 扇的时间可控制在 30 秒到 1 分钟。

对点案例

案例二　游戏：踩影子(中班、大班)

游戏目的：

知道影子随人的移动而移动,不同方向会导致影子有长有短。

游戏准备：

有阳光照射、比较平整的室外场地。

游戏玩法：

3 人一组,其中 2 人相互踩影子,1 人当裁判,要尽量多地踩到对方的影子,又要尽量避免对方踩到自己的影子,以先踩到对方影子 5 次来判断输赢,输了的来当裁判,其他 2 人按照同样的规则继续玩游戏。

(选自：彭越,王栋材.幼儿园科学教育活动设计与指导[M].长沙：湖南大学出版社,2013.略有改动。)

二、生活化原则

生活化原则是指幼儿教师在设计、指导、实施幼儿科学教育时,要与幼儿的日常生活、幼儿的感性经验紧密联系起来,让幼儿在生活中学科学,用科学。

现实生活是幼儿学习科学的源泉。可以说,幼儿的生活中处处是科学。幼儿每天接触的各种事物都与科学有关,如四季的更替、动植物的生长变化,家庭或者幼儿园使用的各种日用品、科技产品、幼儿的各种玩具,声、光、电、磁、力等物理现象,食物及其营养价值,幼儿的各种身体变化,幼儿每天接触的各种事物与数、形、量的关系,等等。总之,现实生活既为幼儿学习科学提供了广泛的资源,也为幼儿学习科学创造了更多的机会。同时,幼儿科学内容的广泛性决定了科学教育不可能仅靠教师专门设计和组织的专业教学活动完成,也不可能仅通过"口耳相传"的教学方式进行,幼儿还应在生活中学科学和用科学。

贯彻生活化原则应该注意以下两点。

第一,活动内容生活化。《纲要》强调,"要珍视游戏和生活的独特价值,创设丰富的教育环境,合理安排一日生活,最大限度地支持和满足幼儿通过直接感知、实际操作和亲身体验获取经验的需要,严禁'拔苗助长'式的超前教育和强化训练"。因此,教师要有敏锐的观察力,善于从日常生活中捕捉科学教育的契机。我们给幼儿的学习内容,应该紧密联系他们的生活实际。可以选择幼儿身边看得到、摸得着、感兴趣的事物,开展一系列贴近儿生活的科学探究活动,如"玩沙子""可爱不倒翁存钱罐""奇妙的万花筒""厉害的磁铁""左和右""认识人民币""神奇的宾馆大门"等。

值得注意的是,随着现代科技的发展,教师更要从生活或媒体中选择收集幼儿熟悉的科技成果入手,引导幼儿感受科学技术对生活的影响,培养他们对科学的兴趣和对科学家的崇敬之情。过去很多看来远离幼儿的事物,其实已经成为他们经验的一部分。不少幼儿对于早已灭绝的恐龙兴趣盎然,并能如数家珍地谈论恐龙的种类、习性、形态。因此,对于"生活化"的理解不能过于狭隘,可以结合幼儿的特点收集有关的信息,加以挖掘,使之成为幼儿科学教育的有机组成。

第二,活动形式生活化。幼儿园一日生活中蕴含着丰富的科学教育资源,教师可以采用生活化的活动形式引导幼儿进行学习和体验。在自然角观察生活中熟悉的动植物生长过程及其与周围环境的关系,幼儿操作活动中选择生活中常用的材料进行科学探索;用进餐过程中蕴涵的有关食物的数、量、形、色、营养、集合等知识进行数学认知和科学探索教育;洗手中可以进行"水"的探索系列活动等。同时,还可以引导幼儿将学到的科学知识和方法加以运用,如学习了"磁铁能穿过水或其他厚的东西起作用"以后,可以利用磁铁将水里的玩具"捞"起来,利用磁性刷子打扫玻璃窗等。这样,幼儿体验了运用知识解决生活中的问题,既丰富了科学经验,也培养了幼儿的科学精神与态度。

三、动手操作原则

学前儿童认知事物的行动性和形象性的特点,使得他们的心理发展必须建立在他们自身与环境相互作用、相互接触的过程中。学前儿童只有在获得丰富的感性经验的基础上,才能理解事物,才能对周围世界形成较为概括的认识。

动手操作原则是指教师在设计和指导科学教育活动时,要为幼儿提供合适的探究材料、教具和机会,创设一个富有启发性、能活跃孩子思维的环境,使幼儿能够积极动手操作和体验、直接感知并与环境发生交互作用,从而获得科学知识和经验,得到发展的一种原则。

贯彻活动性原则应该注意以下三个问题。

第一,重视幼儿在学习中的主体地位。幼儿是学习的主体,幼儿亲自参与的程度不同,所得到的收获就不同。因此,教师应该鼓励幼儿亲自参与动手操作,让他们成为活动的主体,不要轻易干涉和代替。

第二,创设学习的环境和机会。在设计与指导科学活动时,教师应创造富有童趣、符合幼儿年龄特征的物质环境和心理氛围,精心设计有效的问题情景,提供丰富的操作材料和充足的操作时间,激发和鼓励幼儿积极参与各种活动,引导幼儿通过动手、动脑、动口来探索和思考问题,获取知识与经验,并从中培养分析问题和解决问题的能力。

💡 对点案例

裁　缝

儿童在进行表演游戏时,为了更逼真地表演,想要自己做服装,教师支持了儿童的想法。教师提供一块布料,问:想缝什么样的衣服? 儿童认为布小了点,就决定做裤子。儿童合作把布剪成裤子形状,并留出了裤腰和裤腿,做好后试穿。这时新的问题产生了:裤子穿着不舒服,要么洞小太紧,要么洞大露出内裤。教师启发儿童:"如何做一条合适的裤子?"儿童提出用尺子量。教师问:"你们想用哪一种尺子?"儿童提出用卷尺、塑料尺等,并分别尝试。在操作中,儿童发现这些尺子不能较准确地量出裤子前后的宽度,决定自制尺子(如在纸条上做记号当尺子量裤脚,用小棍棒量裤长等)。

在这个过程中,儿童发现了尺子的刻度、单位、量的累计、标准测量工具和非标准测量工具等有关测量的基本问题,并通过教师的引导发展了测量概念。儿童做好裤子穿上后,又产生了新的问题:裤腰太松,怎么办? 通过查看自己的裤子,有的儿童提出需要用松紧带,但是,他们不知道松紧带怎么缝。在教师的帮助下,儿童去请教裁缝阿姨。阿姨又教给他们一种做裤子的方法,即利用裤子的纸模型在布上描画,然后裁剪缝制。儿童又进行新的尝试,并对缝制过程中产生的基本概念、基本关系有了更好地理解和掌握,制作效果越来越好。

评析：

可以看出，在整个活动过程中，儿童是主体，教师起组织者、指导者、帮助者和促进者的作用。教师利用情境、协作、交流等学习环境要素充分发挥儿童的主动性、积极性和创造性，使儿童在一系列的探索过程中，即产生问题—提出假设—实验—假设—验证假设，将已有的知识和概念不断加以重组和修正，最终有效地实现了对当前所学知识的意义建构的目的。

（选自：高芹.幼儿科学教育［M］.海口：南海出版公司，2009.）

第三，重视在操作中幼儿之间的个体差异。幼儿的发展存在个体差异，为了最大限度地激发孩子操作的积极性，最终使全体幼儿都能在自己已有水平基础上获得发展，教师在活动安排上，要体现层次性，以满足不同孩子的需要。比如，教师在为幼儿提供操作活动时，可以设计不同层次、不同难度的活动，让幼儿选择适合自己能力和水平的活动；教师在对集体提出统一要求的基础上，还应该根据在活动中观察到的不同幼儿的操作能力水平状况，灵活地调整活动要求。对于能力强的幼儿，在完成教师统一要求的基础上要求对探究活动进行拓展延伸，可以根据他们的能力水平提出更多的问题和更高的要求，引导他们继续探索；对于能力弱的孩子，教师要根据具体情况给予不同的指导，耐心启发、诱导，帮助他们克服困难找出失败的原因，鼓励他们在探索和操作中发现问题、解决问题，以增强他们继续探索的信心；要支持和引导幼儿自发的个别或小组的探究活动，让幼儿在自主选择的活动中探索、发现和学习。

四、全面发展原则

全面发展原则是指：一方面，随着科学技术的不断发展和社会的不断进步，教师在设计与指导科学活动时，其教学目的、教学内容、教学方法、教学手段、教学资源等应不断发展、完善，促进幼儿的探究能力在原有科学经验或科学认知水平基础上发展提高；另一方面，科学教育活动要遵循幼儿身心发展的规律，不仅要有利于幼儿科学思维的发展和良好的科学情感、科学态度、科学价值观的养成，还要将科学教育活动与其他领域的教育活动以及幼儿实际生活之间进行联系和渗透，使幼儿既能用科学的，又能用艺术和人文的眼光看待世界，形成系统的、整体的思维方式，促进幼儿全面发展。

贯彻全面发展原则应该注意以下三个问题。

第一，要具有时代性。现代社会科学技术的发展和人们生活关系日益密切，科学素养已经成为每个社会成员必须具备的素质。因此，幼儿科学教育活动的内容选择、方法和手段的运用都应该体现时代性的特点。在内容方面，要紧密围绕科技的发展，着重介绍密切联系现代生活的、前沿性的、有发展前途的内容；在科学教育的方法方面，教师应为幼儿的学习采用先进的现代化教学手段，创设良好的学习情境，引导幼儿通过观察、记录、实验、交流与讨论等多种方式进行探究，获得发展。

第二，要具有全面发展性。幼儿科学教育活动的设计不能停留在幼儿自发的活动和自由兴趣上，而应该加以有效引导，逐渐使他们的经验系统化、兴趣持久化、思维条理化、行为有意化。科学教育的最终目的就是培养幼儿掌握基本的科学知识和经验，获取科学方法，具有科学情感与态度，这三方面目标并重，它们是科学素养不可分割的有机组成。因此，幼儿科学教育活动的设计和指导不能偏废任何一个方面，而要促进幼儿的全面发展。在"水的净化"科学活动中，活动目标除了引导幼儿认识水的特性，学习用沙、棉花、滤纸等工具过滤水的技能，了解水滤清的一般过程以外，还可以拓展延伸到勇于探索、安全用水、节约用水等情感与态度面的培养。

第三，要具有整合性。一方面，科学教育的各部分内容要有机整合在一起，如"四季的变化"中，可将季节变化与动物、植物及人类的活动等各方面的内容有机结合；另一方面，还要挖掘内容将科学教育与健康、语言、社会、艺术等领域的内容有机结合起来，如活动"认识春天"，可以通过语言活动简述春天的特点，鼓励幼儿画出春天里的动物、花草以及人的活动场面，唱唱关于春天的儿歌等。另外，正规性、非正规性、偶发性等科学教育类型要相互补充，幼儿园的科学教育与家庭、社区的科学教育要相互配合,个别、小组及集体活动等多种形式要相互协调,使得科学教育的活动过程丰富多彩、灵活多样,有利于促进幼儿的全面发展。

第二节　正规性学前儿童科学教育活动的设计与指导

学前儿童科学教育活动按组织的方式一般可分为正规性科学教育活动、非正规性科学教育活动和偶发性科学教育活动。按活动的具体方法可以分为观察认识活动、实验操作活动、科学制作活动、讨论探究活动、科学游戏活动和种植饲养活动。

一、正规性学前儿童科学教育活动的概述

正规性学前儿童科学教育活动是教师根据幼儿科学教育的任务和目标,有目的、有计划地选择和设计科学教育活动的内容、方法,创设适宜的物质环境和心理环境,提供充足的材料,在教师的指导下有步骤地开展探索、认知和操作的活动形式。

正规性学前儿童科学活动是面向全体幼儿的教育活动,要求全体幼儿都必须参加。正规性学前儿童科学活动可采取全班集体活动的形式,也可采取小组活动和个别活动的形式,或者是几种方式轮流进行的形式。

正规性学前儿童科学教育活动具有以下三个特点。

第一,目的和任务明确,有计划有步骤地实施整个活动过程。例如,在开展"有趣的沙子"活动时,就要围绕"让幼儿尝试运用多种工具装运沙子,体验干沙流动的特点,在装沙、玩沙过程中,感知多少、大小,体验科学探究的乐趣"等目标进行活动设计与指导,让幼儿在操作、观察、比较、体验、游戏中探究和认知,从中学习关于沙子的科学知识和经验,获得探究方法。

第二,由教师选择统一、固定的学习内容。每一次正规性学前儿童科学教育活动,都应由教师事先选择和确定好幼儿科学教育的内容,并根据内容的具体特点,结合幼儿的实际情况,确定相应的活动目标、方法和步骤等。

第三,需要教师提供材料和创设环境。幼儿科学教育的特点就是要让幼儿在操作过程中学习探索。所以,教师需要提供充足的操作材料和操作时间,创设适宜的环境,便于幼儿观察和发现。

二、正规性学前儿童科学活动的设计与指导

(一)活动课题的选定

学前儿童科学教育的内容范围较广泛,但不是所有的内容都适合进行正规性科学教育活动,因此,设定活动课题时应该考虑以下三个方面。

1. 选择贴近幼儿生活,并有助于幼儿形成初步经验的内容

幼儿认知活动的具体形象性和直观性,使得他们的学习具有直接经验性特点。在选择课题时要尽量考虑贴近幼儿的实际生活的内容,这样既能调动幼儿学习的主动性和积极性,又能培养幼儿良好的生活习惯和态度,加强了日常生活知识的学习,有利于幼儿理解和感知内容,如物体的运动、动植物的生长变化、简单的物理现象、常见的自然现象、简单的数学认知现象等。有一些化学现象,尽管其色彩或者其他变化可以被幼儿感知,也能引起他们的好奇,但其内部变化过程和原理是幼儿无法感知和理解的,因而不主张将其选择为科学教育的内容。

正规性学前儿童科学活动一般要求所有幼儿参加,因此要选择幼儿感兴趣的、最基本的、最具代表性的内容作为活动课题。虽然学前儿童科学教育不是以传授系统知识为目的,但是掌握一些生活必需的知识,帮助幼儿将已有的知识经验系统化也是很有必要的,因为知识系统化有利于幼儿思维方式逐渐改善和思维水平不断提高。例如,幼儿卫生、健康、安全等方面生命活动中必需的知

识；自然科学现象和社会环境中常见的事物的名称、特性、规律；幼儿能理解的事物之间的区别和联系，等等。

2. 选择有助于幼儿学习和掌握基本研究方法的内容

《纲要》指出："要尽量创造条件让幼儿实际参加探究活动，使他们感受科学探究的过程和方法，体验发现的乐趣"，"通过引导幼儿积极参加小组讨论、探索等方式，培养幼儿合作学习的意识和能力，学习用多种方式表现、交流、分享探索的过程和结果"。方法既是一种经验也是一种能力，如观察、比较、测量、统计、小实验等。如果选择适当的内容让幼儿去"研究"，并让他们尝试运用某种方法分析解决问题，那么这个活动对于幼儿而言就是有价值的。在"让硬币浮起来"的活动中，教师采用了统计法，引导幼儿通过动手操作实验，观察积木块、泡沫盘、塑料瓶盖、瓷盘、树叶、薄纸板、纸船等材料中，哪些材料能让硬币浮在水面。使得幼儿明白了能让硬币浮起来的材料首先自己必须能浮在水面上，有些物体本身形状改变后，沉浮的能力也会改变，而且还初步掌握了统计的方法。这个活动的内容贴近生活，整个实验探究过程循序渐进、挑战不断、惊喜不断。

3. 选择有助于展开集体学习活动的内容

有的内容虽然很重要或者很有趣，但不便于幼儿园组织集体教育活动，因此不宜将其确定为正规性科学活动的课题。相反，有些内容需要幼儿集中探索、共同讨论、相互启发、合作完成，有些内容必须通过教师的引导、启发和总结才能让幼儿获得某个具体结论，这样的内容就比较适宜选定成正规性科学教育活动的课题。

（二）活动目标的确立

正规性学前儿童科学教育活动的目标，必须依据幼儿科学教育的总目标，以《指南》为指导，针对阶段性目标和本班幼儿的具体情况，结合活动课题内容的特点来确立。在确立活动目标时，应注意以下四点。

1. 目标要符合幼儿的发展水平

活动目标是为特定的幼儿群而确立的，教师在确立正规性科学教育活动的目标时，首先应该考虑到参与活动的幼儿的年龄特点、身心发展特点和接受能力，确立符合活动主体的可预期的目标。

2. 根据活动内容，确立有针对性的目标

幼儿科学教育的总目标包括科学知识、方法技能及科学态度三大方面和若干具体内容。教师在设计活动的目标时，应该在全面贯彻总目标的前提下，根据不同的活动内容，设计有针对性的目标，不必也不可能把总目标的所有内容全部纳入其中。

例如，在试验操作类的活动中，侧重点是培养幼儿操作的技能、语言表达能力、人际交往能力，以及在此基础上培养对科学探究的兴趣，享受科学探索带来的乐趣；观察小动物的活动，更适合培养幼儿观察事物特征的能力、对自然界的积极状态与情感，以及爱护小动物的行为等；观察自然现象，如天气变化、简单的理化现象等活动，则更适合培养幼儿观察现象和事物变化的能力，以及对科学现象的好奇心和探究欲望等。

3. 目标的表述尽量体现行为目标和表现性目标

目标按照其性质划分，可以分为行为目标和表现性目标。行为目标是一种用可以具体观察或者测量幼儿行为来表示的对教育效果的预期，如"说出""区分""指出"等；表现性目标是一种非特定的、较广泛的目标，它描述的是学习者（幼儿）身心的一般变化，如"知道水的用途和重要性，能节约用水""通过操作，体验探索的乐趣"等。

一般而言，有关基础知识和基本技能方面的目标，采用行为目标比较有效，这样有利于教师指导及评估幼儿的学习效果。然而，在幼儿科学教育的活动中，有些目标或要求的实现是隐性的，如有的仅仅是一种体验，而不能表现为一种外在的行为；有的是一种长期、缓慢、累积性的变化，很难在一次活动中就能表现出来。因此，表现性目标比较适合表述难以用具体行为来表述的那些情感与态度类的目标。

4. 目标的确立要具有灵活性

正规性的幼儿科学教育活动虽然相对稳定,但在实施过程中,也可能与幼儿的学习需要、认识水平不符合,这就要求教师预先设计的目标要具有一定的灵活性,能随着活动的展开调整目标,以适应每个幼儿的个别差异和活动过程中可能出现的变化,满足不同能力水平的幼儿的发展,具有较大的包容性和灵活性。目标是科学活动的行动指南,但不能成为对活动的束缚。

💡 **对点案例**

案 例 一

小班科学教育活动"认识风"的活动目标为:
1. 初步学习用剪、折等技能制作简单风车。
2. 在玩风车的过程中感知"风"的存在。

目标分析:

在活动实施过程中,由于小班幼儿的空间直觉尚未发展好,还不具备制作风车的技能,有可能教师只忙于帮助幼儿完成制作,而主要目标"通过玩风车感知风的存在"并没有达到。如果开始就将目标定位在"让幼儿通过用教师事先已经制作好的成品风车到户外寻找风并感受风的存在"就比较合适了。因此,在设计活动前,教师要对幼儿原有的水平进行摸底,而不能泛泛地根据各年龄段科学目标来确定此次具体活动的目标。由于各班幼儿的实际水平有差异,每个幼儿的发展差别更大,所以教师一定要了解幼儿的实际情况,否则就会出现目标定得过高或过低的现象。

💡 **对点案例**

案 例 二

在以"认识兔子"为内容的主题活动中,两位老师各自制定了活动的具体目标。
第一位老师制定的目标是:
1. 增加幼儿对兔子的认识。
2. 培养幼儿对兔子的感情。
第二位老师制定的目标是:
1. 能描述出兔子的外形特征,说出兔子喜欢吃的食物。
2. 能做到每天轮流喂兔子,触摸兔子时,能做到轻摸,不使兔子受惊吓。

目标分析:

第一位老师制定的目标过于笼统,而且是教师的主观愿望,没有从幼儿的角度出发;第二位老师以幼儿在活动中应达到的具体行为来表达,使活动目标更具体,更具有可操作性,是我们所提倡的。因此,目标的表述应明确,宜从幼儿的角度,采用幼儿行为目标的表达方式,即以幼儿应达到的具体行为来表达。

(选自:李玮,庄彩霞.学前科学教育[M].天津:南开大学出版社,2012.)

(三)活动材料的选设

活动材料就是教师开展教育活动所需要的教具,是幼儿开展教育活动所需要的操作材料,是科学活动必不可少的内容。教师应在开展科学活动之前准备好安全的、充足的、能激发幼儿探索兴趣的材料。在选设活动材料时,应注意以下四点。

1. 根据活动目标选设材料

在活动开展之前,教师要以活动目标为依据,有针对性地选择、设计、准备与活动内容相关的操作材料,并充分挖掘材料在活动中的作用。一个目标可以通过若干材料的共同作用来实现,一种材料也能为多项目标服务。仔细研究在本次活动中要投放哪些材料才能够帮助幼儿更好地达到探究目标。如观察活动就要准备有典型性和代表性的观察对象,使幼儿能够通过操作明显地看到事物之间的关系。如"神奇的空气"的活动中,为幼儿准备充气玩具、气球、塑料袋,让幼儿通过摸一摸、闻一闻、看一看、捉空气、放气,观察、感知空气的特征;准备透明的且盛有水的大玻璃缸,是为了便于帮助幼儿观察将粉笔、海绵、泥土、橡皮泥等材料放入水中会有气泡产生,说明空气是到处都有的;准备蜡烛、打火机、玻璃杯是为了让幼儿通过实验知道空气可以助燃。总之,只有围绕目标提供材料,才能保证材料在活动中发挥作用。

2. 活动材料的兴趣性

有趣的材料能够激发幼儿参与活动的欲望和兴趣,过于复杂和过于简单的材料,都不利于幼儿活动兴趣和发展水平的提高。教师可从材料的颜色、形状、质地、结构、形变等方面考虑进行选设,以便调动幼儿参与活动的积极性和主动性,促使幼儿在操作材料的过程中获得丰富的认识、发现,甚至创造。

💡 **对点案例**

案 例 一

在科学活动"神秘箱"中,教师用废纸箱自制了一个简单的"神秘箱",箱口上有个仅能容一只小手伸入的触觉口,两边挖数个小洞为嗅觉口,左右分别有一个是视觉口、听觉口的纸箱。在其中放入幼儿生活中常见的、颜色鲜明、气味较强、触感较明显的物品,如苹果、铃鼓、毛巾、玩具车、刷子等,引导幼儿尝试运用不同的感官去探索、发现、猜测"神秘箱"内的物品,讨论使用不同感官猜测物品的感受,与材料产生共鸣,体验成功的乐趣。

💡 **对点案例**

案 例 二

在"玩水"活动中,教师和幼儿一起准备了各种材料,如小瓶、杯子、玻璃弹珠、积木等。活动开始,幼儿就将各种材料放入水中玩了起来,有些幼儿乐此不疲地用杯子或瓶子装水、倒水;有的幼儿发现玻璃弹珠不好玩,它一到水里就掉下去了;有的幼儿用劲按着水里的积木,不想让它在水面上,可是总不成功……材料的丰富性进一步激发了幼儿的探索动机和兴趣。

(选自:高芹.幼儿科学教育[M].海口:南海出版公司,2009.)

3. 教师要提供充足的材料

充足的材料是幼儿科学活动开展的保证。数量充足的材料可以减少幼儿等待、闲逛、扫兴和破坏性行为,使每个幼儿都有探究的条件和可能,提高幼儿学习科学的积极性和效率。每件材料的数目不一定和班里的幼儿人数相等,但应根据活动的具体性质来确定好材料数量与幼儿人数的比例关系。材料的选设既要从活动的需要出发,也要考虑到客观条件的限制。

4. 活动材料的安全性

安全教育贯穿幼儿园工作的始终。教师为幼儿选设的材料必须是无毒、无味、无传染疾病可能性、无伤害隐患的安全性能高的材料。以保证活动顺利进行。

（四）活动过程的设计

活动过程的设计要把活动目标、活动内容、活动方法、活动环境、活动组织形式、活动步骤、活动评价等方面有机结合起来。活动的设计要注意以下三个环节。

1. 导入环节的设计

良好的开始是成功的一半，活动导入的成功与否往往会影响整个活动的过程。活动导入设计得好，就能调动孩子操作的积极性和主动性，更能调动孩子学习的兴趣性。因此，在设计活动导入时，需要教师多动脑筋，想办法。下面介绍五种常见的导入方法。

（1）作品导入。充满童趣的文艺作品往往能引起幼儿强烈的反应。教师可根据活动内容，选编一些与活动内容联系紧密的儿歌、谜语、故事。例如，在"认识手"的活动时，可以用儿歌"我有一双小小手，十个手指头，吃饭穿衣扣纽扣，我的好朋友"导入；通过谜语"有个好朋友，天天跟我走；有时走在前，有时走在后；我和他说话，就是不开口"引出探究课题"影子"；在"认识眼睛"的活动中，可以通过谜语"上边毛，下边毛，中间一个黑葡萄"导入活动；在"认识蝌蚪"活动时，我们可以用《小蝌蚪找妈妈》故事导入活动。

（2）教具导入。用图片、多媒体、动画片、标本、实验仪器等教具导入课题，能激发幼儿的学习兴趣。如在"乌鸦喝水"的活动中，可先播放《乌鸦喝水》的动画片，然后教师提出问题"是不是只要瓶子里有水，小乌鸦投下石块就能够喝到水呢？"来导入课题；在进行"沉与浮"活动时，给幼儿准备好装满水的水盆、木制玩具、塑料玩具、海绵、乒乓球、石子、玻璃球等不同质地的玩具，让幼儿直接操作这些玩具导入活动；在"翻跟斗的小胶囊"活动中，为幼儿准备好各种操作材料，如胶囊、小钢珠、绿豆、螺丝钉等，让幼儿直接操作材料导入活动。在认识磁铁时，教师可以演示"同极相斥，异极相吸"的现象，引起孩子的兴趣，导入活动。

（3）情景导入。教师通过创设一定的情景，激发幼儿的参与热情，让幼儿投入到探究活动中。如在探究"如何省力"的活动中，教师扛着拖把累得夸张地弓着腰走进教室，引起学生哄堂大笑，从而导入如何省力的课题；在"认识左右"的数学认知活动中，可以布置一个"小小图书角"情景，让幼儿在通过排队、找座位、借书等活动导入课题，继而学习前后、左右、上下等方位概念。

（4）语言导入。教师在了解幼儿原有的知识水平基础上提供新旧知识的连接点，调动幼儿运用已有的知识和经验去进行新的探索。在数学认知活动"认识人民币"中，教师可跟幼儿聊一聊春游准备的话题，"春游需要准备哪些东西？买东西需要什么？"等话题，从而引入活动课题"认识人民币"。

可以利用直接指令或提问，开门见山开始活动。例如，在认识昆虫时，教师一开始就问："小朋友见过哪些昆虫？"有时候也可以直接利用指令。例如，在分类活动"认识蔬菜与水果"时，提出要求："看谁先把桌子上的蔬菜和水果分出来。"

（5）问题导入。教师结合教学内容设计一些既符合幼儿认知水平，又生动有趣、富有启发性的问题，以造成悬念，激发幼儿的探究欲望。如"天气越来越冷了，你知道动物是怎样过冬的吗？"就能引发幼儿强烈的好奇心和探究欲望。

2. 活动实施部分的设计

实施部分是科学教育活动的核心，是实现活动目标的关键。具体要求如下。

（1）根据活动的主题、内容及目标进行总体构思。

① 对本次活动的场所、环境布置、活动材料、教学设施、教学时间等项目进行构想和落实。

② 活动大体分几个步骤？每个步骤要完成哪些内容？采用什么方式方法？

③ 处理好前后步骤间的过渡和衔接。

④ 紧扣目标把握好活动的重点、关键点和难点，找到突破难点的方法。

⑤ 分配好每个步骤的大体时间。

（2）设计好实施过程中的语言表述。教师的语言要围绕活动目标,把幼儿的注意力始终集中在活动的目标上;要具有启发性和逻辑性,能抓住事物的本质与现象特征,揭露事物的矛盾,并能激发幼儿在解决矛盾的过程中进行积极的思维活动;选择幼儿易于理解的词汇进行恰当的描述,不仅要便于幼儿接受和理解,而且还可以激发幼儿探索的兴趣和积极性。新教师在设计准备时,可将设计好的陈述语、提问语(可附正确的答语)、演示、操作过程的说明,对幼儿的要求(可附幼儿应有的反应)、小结语、简明的转换语等都清楚地写下来。

实施部分是引导幼儿主动学习、积极探索实现行动目标的过程,教师应灵活、熟练地实现从每一个环节向下一个环节的过渡。在活动中教师要注意观察幼儿的活动情况,了解幼儿的兴趣,进行随机教育。

（3）加强问题的设置。巧妙的问题设置既可以帮助幼儿克服盲目性、无序性和顾此失彼、虎头蛇尾等消极现象,让幼儿有机会解除一个又一个的悬念,感受到探究活动有乐趣,使活动一步步深入进行,同时对于启发幼儿的思维能力、想象能力也会起到很大的促进作用。

教师应注意在教学过程中要更多地使用开放性问题。在设置问题时注意以下五个方面。

① 所设置的问题既要抓住事物的本质特征,又要注意其细节变化。提问的语言要具体、明确、生动,要让幼儿能听懂,深入浅出,便于幼儿回答。

② 所设置的问题要能引起幼儿的关注,帮助幼儿提出问题、发现问题,从中获取科学知识和科学经验,同时为下一个环节做好铺垫。

③ 所设置的问题要从幼儿回答的多种可能性来做准备。在设置问题时,对幼儿有可能出现的几种回答,教师都要分别做好相应的解答准备,甚至还可以设计一些辅助问题来帮助幼儿思考、解疑,尽可能做到万无一失,而不至于措手不及。

④ 所设置的问题要有层次性。对于较难的问题,要由浅入深、层层递进进行设置;不同深度的问题由不同水平的幼儿回答,要针对性地对发展水平慢的及中等水平的幼儿设置问题。使每一个幼儿的思维能力在原来的基础上得到发展。

⑤ 所设置的问题要注重情感性。学前儿童情感、态度和价值观的培养是学前儿童科学教育的重要目标。教师要根据活动内容从情感的角度设置问题,打动幼儿的心灵、激发情感,充分发挥问题在培养情感方面的积极作用,使问题设置发挥更大的价值。

💡 对点案例

叶子的秘密（大班）

设计意图:

我班幼儿对什么都有很大的好奇心,喜欢去观察各种事物。在户外活动的时候,幼儿经常捡起地上的叶子仔细观察,然后和周围的小朋友一起讨论叶子的形状像什么。这个举动使我想,孩子既然对叶子产生了兴趣,我就满足他们的求知欲,让他们了解有关叶子的更多知识。我班的幼儿对手工也非常感兴趣,所以我将手工也融入其中。本次活动的主要目的是让幼儿在初步了解树叶内部结构的情况下,能够简单地进行对比,初步了解一些关于"光合作用"的知识,激发幼儿爱护树木的情感。

活动目标:

1. 通过观察、比较,了解树叶的外形结构。

2. 了解树叶的功能,培养喜爱植物的情感。

3. 正确使用工具材料,发展动手操作能力。

材料准备:

1. 白板课件:一棵大树、一片树叶、一片树叶的内部结构图、很多不同特点的树叶。

2. PPT 课件：动画形式的"光合作用"过程；《小树叶》的音乐；剪刀、铅笔、彩色卡纸。

经验准备：

幼儿已对树叶的外形有感知经验。

活动过程：

1. 观看树叶的照片,谈话引出课题。

师：小朋友们,你们喜欢小树叶吗?

师：其实树叶身上有好多秘密呢,你们想知道吗?

分析：教师在中班幼儿活动导入时,应当在活动所涉及的内容方面适当提问。本活动中教师最后制造的一个疑问,使幼儿对接下来的活动充满期待,充分调动了幼儿的积极性。

2. 课件呈现,让孩子们了解小树叶的秘密。

(1) 出示课件,让孩子知道小树叶带来了很多"朋友",教师一一介绍这些形状特殊的树叶。

让孩子们观察这些树叶在外形上有哪些相同之处,哪些不同之处。

孩子们观察完毕之后,可以让孩子们相互讨论,然后举手说出自己的看法。

分析：本环节通过课件介绍叶子,让幼儿结合自己的体验和感受,相互交流,相互学习。

(2) 观察完外形后,简单认识一些树叶的内部结构。

教师打开课件中的树叶内部结构图,教孩子们认识树叶简单的结构。

认识后,可以让孩子们自己重复几遍,达到巩固的目的。

分析：在介绍完外部结构后,简单介绍一下叶子的内部结构,可以激发幼儿探索叶子更多秘密的欲望,增强幼儿的学习兴趣。

(3) 让幼儿简单了解树叶对人类的好处。

使用动画课件简单呈现"光合作用"的过程,让孩子们观看课件。

观看完课件之后可以向幼儿提问,比如,树叶吸收什么? 它吸收的东西对我们身体有益还是有害呢? 树叶释放什么呢? 它放出来的东西对我们有益还是有害呢?

最后教师总结树叶对人类的贡献。

分析：本环节运用动画形式,增加了活动的趣味性,激发幼儿兴趣,使幼儿能够简单了解一些"光合作用"的知识,并且知道树叶对人类的好处,达到了本节活动的目的。

3. 边听有关树叶的音乐,边做手工树叶。

播放《小树叶》音乐,让孩子们用对折剪彩纸的方式,剪出自己喜欢的树叶形状。

4. 总结分享。

将幼儿做好的树叶贴在黑板上,让幼儿自由发言,说一说自己觉得哪个树叶好看。

教师自评：

中班的幼儿好奇心比较强,他们喜欢长时间观察一些他们感兴趣的事物。

本次活动中孩子们的兴趣很高,在活动的开始我用"春暖花开,万物复苏,小树叶也醒了"的课件导入,给小朋友们带来了一些新鲜的感觉,吸引着他们继续往下学习。课件的使用贯穿活动始终,孩子们可以认真观察,轻松了解树叶的知识。活动最后还安排了幼儿动手操作的环节,锻炼了他们的动手能力。整节活动能在轻松的氛围中让幼儿学到知识,符合幼儿的年龄特点,深受幼儿喜爱。

专家评析：

本次活动能针对幼儿的年龄特点和《纲要》精神制定相应的目标,在活动过程中教师对幼儿进行了深入细致的指导,通过活动让幼儿了解了叶子的内部构造,丰富了幼儿对于微观世界的认知。教师运用电子白板的互动功能,让幼儿进行交互式的活动,以动画方式,让幼儿了解知识,较难理解的事物变得相对容易了,起到了很好的教学效果。活动环节紧紧相扣,教师思路清晰。总体来看,是一堂比较成功的科学活动课。

(选自:教育部教育管理中心.全国幼儿科学教育活动课例评析[M].重庆:西南师范大学出版社,2011.)

3. 活动结束部分的设计

由于正规性科学教育活动是受时间限制的,一般小班不超过 20 分钟,中、大班不超过 30—35 分钟,但是幼儿的探索欲望是无止境的,所以活动的结束应该是开放式的科学教育活动。无论是采用哪种形式,教师都应该鼓励幼儿在集体活动结束后,继续在科学角、科学活动室、家里、社区或大自然等地方进行探索活动。活动结束部分时间需要 2—3 分钟。主要有以下三种方式来结束。

(1)总结型结束。由教师或师生一起回忆、归纳、评价、总结本次活动,使幼儿对本次探究活动有一个较完整而深刻的印象。

(2)练习型结束。教师根据活动内容帮助幼儿采用绘画、手工、唱歌、跳舞、展示作品等方式,来巩固幼儿在本次活动中所获得的科学知识和科学经验,以及所掌握的技能和方法。

(3)拓展型结束。活动源于生活又回归生活是学前儿童科学活动的特点。活动结束时,教师可提出建议和要求,让幼儿将本次活动的主要知识与实际生活联系起来,继续探索和观察,使活动得以拓展延伸,知识得以迁移。

(五) 正规性科学教育活动的指导要点

1. 活动前的准备

准备工作是实施活动的保证,是在教师完成活动设计以后,向具体实施过渡的重要环节。教师应该为幼儿进行科学探索活动提供充分的支持条件,包括知识准备、情感准备和环境准备等。

(1)知识的准备。在学前儿童科学教育活动中,教师必须具备广泛的自然科学知识,才有可能自如地、深入浅出地指导幼儿的科学探索活动。这不仅需要教师平常的知识积累,还要求教师在开展某一具体活动之前"做好功课",查阅相关资料、学习相关的科学知识,这样才能更好地驾驭活动过程、满足幼儿的需求。例如,在给孩子讲授"昆虫"时,教师必须明确昆虫的基本特征,以及哪些小动物属于昆虫。如果具体到"蝴蝶""蜻蜓"等昆虫,还要知道它们从哪儿来的,也就是其成长过程等。在给幼儿讲述"各种各样的声音"时,教师就需要了解声音是怎样产生的,声音是怎样传播的,哪些声音是噪声,哪些声音是乐音。在做关于"春天"的主题活动时,教师可以事先安排家长带领幼儿到附近的公园走一走,观察一下花草树木的变化,感受一下春天的气息等。

(2)情感态度的准备。情感态度的准备是指教师对科学的兴趣,对大自然的热爱,对学生的关爱等。科学活动的开展要求教师以饱满的情绪来与孩子交流互动,让孩子在教师积极情感的带动下进行探究学习。如果教师对某一课题内容充满兴趣爱好并富有情感,一定会在活动过程中感染幼儿,从而提高幼儿的情绪,增添活动的气氛,对幼儿的探究情感和态度产生积极影响,从而提高教学效果。教师在组织开展科学活动时,一定要把培养幼儿科学的情感目标放在第一位。例如,教师讲授"各种各样的花",情感目标就是培养孩子爱护花,积极养花的情感;教师讲授"家畜",就应该培养幼儿热爱小动物的情感;教师教授"小灯泡是怎样亮的",就要培养孩子的安全用电、节约用电的常识等。

(3)环境的准备。环境的准备是指幼儿进行科学探索活动的心理环境和物质环境的准备。一方面教师要针对活动的主体,根据活动的内容和目标,通过语言、场景布置、多媒体的使用、情景设置等,为幼儿创设一个宽松愉悦的心理环境,形成安全的探究氛围,使幼儿感受到轻松、有趣,能自信、大胆地进行探索操作活动;另一方面,可由教师、家长或师生共同完成,为活动准备丰富的材料、设备和活动场所,保证幼儿有足够的材料进行感知、观察、操作、体验、交流和讨论,使幼儿在较适宜的空间场所展开活动,避免幼儿间的拥挤以产生碰撞、冲突而影响活动,同时避免消极等待。

对点案例

在大班科学活动"水和油"的教案中，可以这样写活动准备。

1. 经验准备：幼儿已初步认识了几种洗涤用品。

2. 材料准备：烧杯、搅拌棒每人一套；油、水、洗衣粉、洗洁精、蔬果净、洗手液、肥皂水、雪碧、盐各四份；每人一块有油渍的毛巾；连线标记卡。

3. 课件：《小鸡和小鸭洗澡》；电脑等多媒体设备。

2. 活动过程的指导

正规性科学教育活动是在教师指导下开展的活动。教师要随时根据幼儿的认知水平、自我控制能力、操作能力、交流能力等方面的表现情况，适时、必要、谨慎、有效地进行指导，让幼儿的探究实践得到不断提高和完善，使活动达到预期的目的，取得最佳的效果。在指导活动的过程中，教师应该做到以下五点。

（1）目标明确。学前儿童科学教育活动的目的不仅仅是要让幼儿获得科学知识和掌握科学方法，科学情感和态度的培养更是整个科学教育目标体系的核心。因此，教师在指导幼儿的探究活动时，在操作方法及操作技能上不必要求过高，但要能满足于幼儿自发探究的水平。教师在指导科学活动时要设法满足幼儿的求知欲，包容接纳幼儿的想法，帮助他们加深对周围世界的理解，注重培养幼儿思维能力、解决问题的能力、合作与交流能力，培养科学精神与态度，培养幼儿的科学素养。

（2）观察、分析幼儿的行为。教师要鼓励幼儿运用多种器官、多种方法、多种角度感知事物多方面的特征，全面认识事物。在活动过程中，教师应该注意观察、分析幼儿的行为，根据幼儿在活动中的表现因势利导，启发教育。对存在个别差异的幼儿进行个别教育，根据活动过程中幼儿不同的表现，调整指导方法。

（3）适当参与幼儿的活动。活动实施过程中，教师要适时与幼儿沟通、探讨，尊重幼儿的思维，增加师生之间在思想与智慧、情感与意识的交汇，成为幼儿的好朋友，成为幼儿科学探究的指导者、合作者、材料提供者，培养幼儿良好的学科情感。

（4）尊重幼儿在活动中的主体地位。在活动中，教师要允许幼儿根据其生活经验、意愿、步骤和方法进行探究学习；允许幼儿为探索需要而移动位置；鼓励幼儿结伴合作探索，大胆与同伴交流自己的发现、想法；允许幼儿提出不同的问题或者要求教师提供更多的材料等。

（5）合理运用评价手段。在学前儿童科学教育活动中，教师的评价也是一种重要的指导手段。可以是一句表扬或鼓励的语言，也可以是一个动作或眼神。教师应及时对幼儿在探究活动中的表现进行恰当的评价。对在活动中表现积极的幼儿应给予表扬肯定，让他们体验到探究的快乐和成功的喜悦；对在活动中不能主动参与活动或受到挫折的幼儿，教师要鼓励，并给予适当的帮助，启发引导，以保持幼儿的探究兴趣和积极性。

三、正规性学前儿童科学活动案例及评析

对点案例

彩虹的秘密（大班）

设计意图：

让孩子见到久违的美景——彩虹，是我的心愿。我希望孩子不但能欣赏到图片上彩虹的美丽，还能知道彩虹的形成过程。我希望通过该活动能够培养孩子们的观察能力、语言组织能力和

动手能力,并且能够利用孩子们的好奇心、好胜心来完成课后的延伸。

活动目标:

1. 知识目标:了解彩虹的形成过程。

2. 能力目标:学会学习与思考,并能用自己的语言来表达。

3. 情感目标:充分发挥想象,感受大自然的美;通过自己的亲身经历来体会学习的快乐。

活动准备:

户外场地、水管、可调节性喷枪、喷壶、有关彩虹的图片。

活动过程:

1. 彩虹是怎样形成的。

(1) 猜谜语(质疑激趣)。

"宝贝们,在上课之前,我们来猜个谜语好吗? 请听好了哦!"为了提高孩子们的兴趣及注意力,我故意降低了声音:"天上有座桥,太阳公公把它造,不用水泥和木料,不能走来只能瞧。哪位小朋友知道这是什么?"孩子们互相看看,摇头,我提示:"它是在自然界中出现的,在天上出现的,很漂亮,是由7种颜色组成的,那是——""彩虹。"几乎所有的小朋友异口同声地答道。

(2) 引导幼儿讨论彩虹。

师:那你们见过彩虹吗?

幼:我见过!

师:你能说说你在哪儿见过彩虹吗?

幼:书上、电视里、图片上、天上……

师:它是什么形状?

幼:弯弯的,像香蕉,像彩带,像小桥……

师:什么颜色的啊?

幼:五彩的。

幼:不对,是7种颜色的!

师:那好,下面我们一起来欣赏一下漂亮的彩虹,好吗?(把事先准备的图片一张一张地贴在黑板上)

随后,我把话锋一转:这么漂亮的彩虹谁知道是怎么形成的? 大家讨论讨论。

孩子们对此展开了激烈的讨论。

分析:让孩子学会自己去找问题,并学习怎样去解决问题,为下面活动的进行做铺垫。

(3) 孩子们讨论后由教师总结。

随后,请小朋友分别说说自己讨论的结果,我随机引导,适机点评。最后,我总结:"彩虹是雨后才有的,彩虹有七种颜色,分别是红、橙、黄、绿、青、蓝、紫。"

我继续启发道:"那小朋友们,谁知道彩虹是怎么形成的啊?"幼儿急切地说:"老师快点儿告诉我们啊!""小朋友想一想,彩虹在什么样的天气才会出现呢? 就像刚刚有的小朋友回答的一样,是在雨过天晴的时候。他们说得很对啊! 小朋友们,太阳照在许多小水滴上而形成了彩虹。一说到彩虹,人们常把它跟雨后联系在一起,很多人认为只有雨后才能出现彩虹。其实啊,小朋友们,这样说可不是百分之百的对哦!""为什么?""小朋友们,相不相信,今天没有下雨,但袁老师也能给你们变出彩虹来!""啊?"孩子们用怀疑的目光看着我。"那我们一起去找彩虹,好吗?""好!"

2. "寻找"彩虹。

我们带着课前准备好的用具来到操场上。我先和孩子们一起玩水,边玩边让孩子想:

"怎样才能变出彩虹来呢?"调节喷枪式水龙头喷出的"小喷泉",让孩子们观察其中的变化。在调节的时候,突然有个孩子喊道:"看到了,看到了,我看到了。""是吗? 那你来帮老师找到彩虹,好吗?"我把水龙头交给了那个说话的孩子。"来吧! 丫丫,你把彩虹找出来吧!"丫丫接过喷枪,向前喷着,过了一会儿,什么也没有出现。其他的小朋友都急得喊了起来:"没有啊!""怎么回事儿呢?"丫丫一脸的扫兴,满脸的委屈:"我刚刚明明看到了啊,是我不会变吧? 老师——"

我把喷头接了过来,背对着太阳喷了出去。"哇!""我看到了!""好美啊!""我们没有看到啊!""你们到老师这边来!"我和我对面的孩子说着。跑到我这边的孩子们笑了起来,并说道:"老师,我知道了! 我知道为什么丫丫没有变出彩虹来了!"我听到一个声音喊道。我马上关了水管喷头,问道:"为什么啊?"小朋友们都安静了下来。"丫丫是向着太阳喷的啊! 我看到了,袁老师是向着另一个方向喷的。""丫丫喷水的方向和老师的不一样。"我高兴地跑了过去,给了她一个热情的拥抱。

接下来,孩子们一个个兴高采烈地试着自己把彩虹变出来。

分析:这一活动的目的是引导孩子们去户外活动,激发他们对户外活动的兴趣。有了兴趣,孩子们才能更好地去探索,亲身体会学习的快乐。

3. 总结:彩虹的秘密在哪里。

应孩子们的要求,我们就在操场边的台阶上坐了下来。孩子们不顾湿漉漉的上衣,开始揭示"彩虹的秘密"了。

首先,孩子们各抒己见。"彩虹不是雨天才有的。""只要有阳光,有水,就能变出彩虹来。""对,有水就可以。""不对,有水,没有阳光也不行啊!"在孩子们的争辩声中,我看看时间,只好打断了孩子们的谈论:"那好,小朋友们,你们总结了好多,现在已经到了下课的时间了,下面由袁老师帮助小朋友把你们说的都总结在一起,再说一遍,好吗? 如果老师有说得不全的地方,请小朋友告诉老师一声哦! ——雨后天空有时会出现彩虹,这固然是事实,但是如果在明媚的阳光下,有——"(我故意拉长了声音让孩子加入总结中来)"水——"孩子们也拉着长音附和着我。"对,有水,就连喷泉或瀑布的周围也会出现彩虹;夏天,街上奔跑的洒水车后面,有时也会出现一段彩虹;用喷雾器在空中喷雾也可形成彩虹……显然,那种说彩虹只有在雨后才会出现的说法对不对啊?""不对,今天没有下雨,刚才我们也变出彩虹来了!"

师:小朋友,今天回家给你的爸爸妈妈讲一讲彩虹的秘密吧,告诉他们,不一定要下雨才有可能出现彩虹哦!

分析:教师的目的是引导孩子们自己去总结,并让他们回家后和爸爸妈妈说彩虹的秘密来巩固学到的知识。

4. 课后延伸:学唱彩虹的儿歌,学画彩虹。

> 雨过天晴见彩虹,
> 就像小桥挂空中,
> 赤橙黄绿青蓝紫,
> 七种色彩真漂亮。
> 太阳在东它在西,
> 太阳在西它在东。
> 我问彩虹怎么来?
> 彩虹说:
> "我是地上小水滴,
> 太阳公公把我照,
> 我便飞到天上来。"

教师自评：

一次出游，我见到了久违的美景——彩虹。由于我居住的城市——辽宁鞍山是一座工业城市，污染比较严重，很少见到彩虹。想到这儿，我心里感到遗憾，为我们的孩子们遗憾，遗憾他们只能在电视上、图片上看到美丽的彩虹。我想，如果我能设计一堂课，一堂有关彩虹的课，让孩子们能够真的见到彩虹，一定会收到不错的效果。

这节课中，我让幼儿们看到了美丽的彩虹，并利用孩子们的好奇心和好玩的天性做适时的引导，使孩子们不仅学到了知识，而且学会了自我思考，并尝试着用自己的语言来表达。在活动中，孩子们用自己的亲身经历来体会学习的快乐，同时也为他们的绘画提供了好的素材。

专家评析：

该活动目标制定得很全面，设计者能够利用孩子们对不了解的、不常见的事物的好奇心来引导孩子，使孩子们能够在非常活跃的气氛中学习。另外，活动过程层层深入，能够很好地调动孩子们的积极性，引导幼儿主动探究与学习，使他们更好地掌握了相关的知识。具体包括以下几点：

1. 以孩子们的好奇心为切入点，激发了孩子们的求知欲，调动了孩子们的积极性。

2. 本次活动中，教师始终处于引导的地位，让孩子们在玩中学、学中玩。同时，让孩子们亲自操作是孩子们获得知识的关键，也是本次活动的亮点。

3. 活动地点的转移更增加了孩子们探索的欲望，也丰富了活动的内容。

4. 该活动层层设疑、层层释疑。让孩子把学到的知识告诉爸爸妈妈，不但巩固了教学成果，也将活动由园内延伸到园外，实现了家园共享。

（选自：教育部教育管理中心. 全国幼儿科学教育活动课例评析[M]. 重庆：西南师范大学出版社，2011.）

第三节 非正规性学前儿童科学教育活动的设计与指导

一、非正规性学前儿童科学教育活动的概述

(一)非正规性学前儿童科学教育活动的含义

非正规性学前儿童科学教育活动，是指幼儿在自然角、园地、科学发现室及班级科学区（角）等场所中开展的科学探索活动。在活动过程中，幼儿按照自己的兴趣和意愿选择活动内容，自主决定活动时间，并从自己的发展水平出发来采用不同的方法进行探究活动。

在非正规性学前儿童科学教育活动中，教师主要是为幼儿创设环境、提供材料，并在活动过程中给予必要的指导。非正规性科学教育活动同样要求教师进行精心设计，只是设计的重点与角度不同而已。在非正规性科学教育活动中，幼儿选择的自由度大大提高，有利于尊重和发展幼儿的个性。

(二)非正规性学前儿童科学教育活动的特点

和正规性学前儿童科学教育活动相比，非正规性学前儿童科学教育活动具有很大的不同，主要表现在以下四个方面。

1. 内容选择自主化

在非正规性学前儿童科学教育活动中，教师、家长和幼儿共同为幼儿提供多样化的材料，供幼儿自己选择使用。每个幼儿都可以根据自己的兴趣和爱好自由地选择、操作材料，自主地在操作中探索、发现、寻找、交流和分享。其独立性、主动性、互助性得到充分锻炼，好奇心、自信心和自尊心得到

充分的满足。

2. 学习形式灵活化

非正规性科学教育活动没有固定的组织形式，教师没有统一指挥和过多的干预。幼儿完全按照自己的兴趣和意愿决定参加小组或个人的探索活动，自主决定活动的内容和方式，它是一种宽松的共同学习或个人学习的活动。同时，它为幼儿提供了与同伴交往的机会，增进了与同伴的交往、合作和互动，培养了幼儿的合作意识和交往技能，促进幼儿社会性的发展。

3. 学习氛围轻松化

在非正规性科学教育活动中，教师不必制定明确的活动目标、计划，提出具体的学习要求。活动更强调个性化的学习方式。教师的任务只是将学习的目标和内容以活动材料的方式呈现给幼儿，让幼儿按照自己的想法选择材料，用适合自己的方式和节奏来调度环境、摆弄材料，大胆尝试、积极思考，使幼儿在无压力的情况下，感受学习的乐趣，获取学习经验。

4. 指导作用隐形化

在非正规性学前儿童科学教育活动中，幼儿拥有较大的自主权和自由度。教师鼓励幼儿完全按照自己的意愿，充分发挥他们的主动性、积极性和创造性，自主地选择内容和方法进行探索，自己决定活动的开始和结束。教师一般不直接指导、干涉幼儿的操作。只是在幼儿不遵守活动区的规则、妨碍了他人活动、可能发生危险、幼儿主动邀请等情况下，教师才会出面指导或干涉。但这并不等于说教师可以袖手旁观、不管不问。非正规性科学教育活动仍是由教师发起、设计和组织的，只是教师是隐形地教，幼儿是主动地学。在这里，教师的指导隐藏在材料的设计和环境的创设布置之中，并在观察幼儿活动的兴趣、认知水平、个性心理和规则意识等方面表现的基础上给予一定的帮助，进行适度的提问和指导。教师的角色是材料的提供者、活动的观察者和隐形的指导者。

二、非正规性学前儿童科学教育活动的设计与指导

（一）非正规性学前儿童科学教育活动的设计

1. 活动目标的设计

非正规性学前儿童科学教育活动的特点是幼儿可以根据自己的兴趣和需要，从自己的水平出发，用自己的方式进行选择与探索。教师只为幼儿提供、准备各种科学活动所需的材料和设备，创造时机和场所，营造适宜的科学探索氛围。非正规性学前儿童科学教育活动没有全班统一的活动目标。非正规性科学教育活动的目标强调个体发展，目标隐含在环境的创设及材料的提供当中，就是要让每个幼儿在与环境、材料及同伴的互动合作中获得个人的发展。教师要根据幼儿的实际情况和个体差异设计具体的活动目标，为不同层次水平的幼儿提供相应的材料，帮助他们在各自的区域内探究学习。同时，教师要善于观察、了解幼儿的差异，要根据幼儿的差异提出不同的要求，并作适当的个别指导。如在沉浮实验中，教师为能力弱的幼儿提供的是积木、泡沫、乒乓球、废钥匙、玻璃球、小石块等物品，幼儿通过操作观察就能了解简单的沉浮现象；而对于能力强的幼儿，教师可增加有盖的矿泉水瓶、盐、鸡蛋等材料，让幼儿尝试如何让矿泉水瓶子沉入水底、浮在水面或立在水中，观察鸡蛋在清水和不同浓度盐水中的沉浮情况，更深入地探索沉浮的可变性。

2. 活动材料的设计

能够激发幼儿探究欲望、引起学生浓厚兴趣的事物都可作为非正规性科学教育活动的内容。教师要根据非正规性学前儿童科学活动的特点，结合场地大小、前次活动的结果、材料的种类、活动的目标及幼儿的发展水平等因素进行材料设计。除考虑材料的安全性外，还要考虑以下三点。

（1）材料的数量和种类。在非正规性学前儿童科学活动中，教师必须为幼儿提供种类丰富和数量充足的材料，为幼儿根据自己的需要选择材料进行探究学习提供较多的机会，并有效避免幼儿无所事事、相互争执和破坏等现象发生。材料种类过多，容易造成幼儿见异思迁，精力不集中。投放数量合适的材料，还能使幼儿相互交流、互动、合作，维持幼儿较长久的活动情趣。

材料的种类有观察认知类(模型、挂图、画册等),科学玩具类(电动玩具、遥控玩具、自制玩具、声控玩具、磁性玩具、拼插玩具等),实验操作类(有关物理、化学、生物、数学认知等方面知识的材料),制作创造类(科技小制作、标本和制作工具等材料)。

(2)材料的兴趣性。幼儿是否能够主动投入探究活动中去,与投放材料的趣味性有很大的关系。投放有趣的材料容易引起幼儿注意,激发幼儿参与活动的主动性和积极性,使幼儿主动参与操作、尝试和探究。教师要围绕教育目标,为幼儿提供多层面的、多角度的、能激发幼儿操作欲望,并通过操作能充分呈现一定科学现象,反映科学知识和技能的具有探索性的材料。例如,在认识磁现象时,可以为幼儿准备小鱼和钓鱼竿等玩具,让幼儿玩钓鱼的游戏,知道磁铁能吸引铁质物;为幼儿提供"打捞沉船""拯救小动物""不会碰撞的小汽车"等系列活动材料,让幼儿通过对多种材料的操作来感知磁铁的特性;为幼儿提供不倒翁玩具和各种制作不倒翁的材料,让他们通过制作不倒翁,探究物体的稳定现象;为幼儿准备两枝浅色带茎的花,相同的透明瓶或杯,蓝墨水,让幼儿尝试让花变色,并要求幼儿每天观察茎和花朵的变化,通过观察花朵变色现象,让幼儿发现植物的茎能够输送水分。

(3)材料的层次性。有的活动内容,教师在设置材料时,要按材料的难易程度和幼儿的发展水平分为不同的层次,以满足不同幼儿的需要,使幼儿一看就明白其操作方式,很快能动手操作、反复尝试,有利于提高幼儿的自信心和积极性。如果投放的材料让幼儿无从下手,不知道如何摆弄,就容易使幼儿放弃、扫兴而归,挫伤了他们的活动热情,造成资源浪费,甚至失去教育良机。因此,对于教师应注意以下两点:第一,相同内容,不同年龄,材料层次不同;第二,相同年龄,不同内容,材料层次不同。

(二)非正规性幼儿科学教育活动的指导

在非正规性科学教育活动中,教师进行隐形指导时,应注意以下四个方面。

1. 营造轻松和谐的心理环境

轻松和谐的心理环境是指幼儿学习探究科学的良好气氛,是开展非正规性学前儿童科学教育活动的前提。在整个非正规性科学教育活动过程中,教师要以平等、关爱、尊重的态度对待每一个幼儿,使他们感到安全、愉悦、轻松、自由而无压抑感。教师应创造大量的时机开展各种活动,支持幼儿按照自己的兴趣参与探索活动;要鼓励幼儿大胆提出问题,肯定他们的发现和独特的想法,真诚地欣赏和赞许幼儿的进步;适时地参与幼儿一起进行科学探索活动,让幼儿感受到教师对他们的关心和爱护;尊重幼儿的个性差异,宽容和接纳幼儿的过时,不指责幼儿的错误行为,认真了解幼儿过失背后的原因,帮助幼儿获得科学经验,等等。在这种氛围中,体现了师生之间、幼儿之间的自由、民主、平等、和谐的关系,幼儿会无拘无束、专心致志地投入科学探索的活动中,其自信心、主动性、创造性会得以充分发展,激发幼儿更大的探索热情。

2. 以间接指导为主,减少对探索行为的干预

在非正规性学前儿童科学教育活动中,幼儿是在自由、开放的氛围中主动进行探索。这是幼儿按照自己的意愿和爱好,运用自己的方式、方法自由地选择活动内容和活动形式,自主地在操作过程中探索、发现、交流、互动等。教师的指导作用是隐形的、间接的,主要体现在为幼儿创造活动时机、创设活动环境、提供活动材料、通过观察幼儿在活动中的表现情况给予适时适度的帮助等方面。例如,为幼儿创设科学活动的环境,如科学发现室、园地、科学活动区(角)等;向幼儿提供丰富的科学探索材料;适时参与幼儿活动,进行适度的提问、梳理、调整和讨论;维持活动的正常秩序等。在活动中,教师应避免对幼儿进行直接指导,避免干预幼儿对材料的选择和探索方法的选择,而应让幼儿真正地按自己的兴趣和意愿、自己的水平和需要来选择活动内容、材料和活动方式。

3. 观察幼儿的活动情况,适时提供个别指导

在非正规性学前儿童科学教育活动中,教师应随时关注幼儿在活动中的表现。看看幼儿对活动环境是否感兴趣,材料是否适合不同水平的幼儿;细致观察幼儿的探索和操作过程,如幼儿是怎样摆弄材料的,需要什么帮助,操作过程中的专注程度,遇到困难时的态度等,要耐心观察、了解幼儿的需

求、能力水平和个性等。当幼儿遇到困难、探索活动陷于停滞或者幼儿主动提出问题时，教师应该适当地提出一些问题进行启发和引导，而不能替幼儿直接操作或把结论直接告诉幼儿。教师应该根据幼儿的个别差异，采取不同的态度进行指导。对于思维敏捷、观察能力强、动手能力强的幼儿，可进一步提出问题，启发他们拓展思维、继续探索；对于发展迟缓、观察能力和动手能力差、性格内向的幼儿，就要给予大胆的鼓励和适当的帮助，以增强他们的信心，保持他们对探究活动的热情。

4. 指导幼儿遵守活动的规则

学前儿童非正规性幼儿科学教育活动，强调幼儿自主探索和发现，教师的组织和指导主要以间接的方式进行，幼儿的自主权和自由度较大，而幼儿的自控力较差，认识水平不够。在材料的摆放和使用、活动的秩序、环境的维护等方面，制定相应的活动规则是很有必要的。教师要让每个幼儿了解活动规则，并在每次活动前提醒幼儿自觉遵守，同时纳入活动结束时评价的内容之一，保证非正规性科学教育活动的顺利进行，培养幼儿养成良好的行为习惯。

三、非正规性学前儿童科学教育活动案例及评析

对点案例

案例一　好玩的三棱镜

这天天气晴朗，小朋友们来到了科学发现室。在发现室里，佳佳、乐乐、可可等小朋友选择了三棱镜，可小朋友们摆弄了一会儿，没发现什么，感到没劲了，有的小朋友就把三棱镜放回了柜子上。见此情况，教师及时提出建议，让小朋友们把三棱镜拿到有阳光的地方去玩一玩，看能发现什么奥秘。于是，小朋友们拿着三棱镜来到门口靠在一起，蹲下来玩。很快，有的小朋友在同伴身上、脸上或地上看到了反光。小朋友们很是兴奋，这时，教师适时提问："仔细看看，怎么会有反光的？"带着困惑，小朋友们发现，"原来这里面有镜子""里面有三面镜子"！突然，佳佳叫起来了："可可，你身上有彩色光！"可这一瞬间的发现，别的小朋友都没有看到，于是佳佳叫可可停住，自己再次晃动着三棱镜，可是晃了好一会儿，还是没有出现"彩色光"。其他小朋友见状，不再看她，又各自玩起了三棱镜。很快，又有两个小朋友叫了起来："我看到了彩色光。""要慢慢地转才能看到！""彩色光像彩虹。"……活动结束时，小朋友们知道了太阳光有 7 种颜色，他们在自己的探索中发现了三棱镜的奥秘。

对点案例

案例二　有趣的漏子

楠楠、小秋分别拿了装有"小米""玉米"等两个瓶子相接的"漏子"，两人反复将瓶子倒置，看着里面的"小米""玉米"从这个瓶子漏到另一个瓶子。他们之间没有任何交流，只是各自玩着。此时，孩子只是发现"瓶里的东西"可以从一个瓶子流到另一个瓶子，在换瓶子后，虽然里面的材料发生了变化，其速度和原来的不一样，可是，孩子并没有察觉。教师明白这个游戏的真正目的，可是教师并不急于去告诉他们，而是在一旁观察他们是否会发现其中的奥秘。不一会儿，只见楠楠手里同时各拿着"玉米""小米"的瓶子，使劲摇晃起来，听着瓶子发出不同的声音，他很高兴。小秋见状也模仿起来。见此情景，教师及时引导幼儿可以两个瓶子一起玩，但不要摇晃，这样做，瓶子的接口容易松动。教师说："你给我一个瓶子，我们一起玩。我们都将瓶子的东西全倒到另一个瓶子里，之后又同时倒过来，让它们流向另一个瓶子，你就会有新的发现了。"楠楠听

后就玩了起来。很快,他就发现两个瓶子的东西流速不同。"老师,你瓶子里的小米已经全流到另一个瓶子里,可我的怎么还没有流完?"教师说:"是呀! 你的怎么会这样呢? 你和小秋一起玩玩看。""小秋,我们两个一起玩,比比谁瓶子里的东西流得快。"两个小朋友向同伴介绍自己今天的新发现:瓶子里的东西越细小流的速度就越快。

评析:

科学探索活动的目的是让幼儿发现现象及现象之间的关系,它重在过程,而不是结果。科学发现室的活动在于培养幼儿科学的探索欲望和精神。在这两个案例中,教师的等待给了幼儿自由探索、自我成长的机会。在案例一中,当发现幼儿并没有发现三棱镜的"奥秘"时,教师并没有急于告诉幼儿其中的知识,而是引导幼儿将三棱镜转移到有太阳光照射的地方,让幼儿通过自身的活动来探索三棱镜的"奥秘"。在案例二中,幼儿发现了瓶子里面投放不同的物品会发出不同的声音后,为了使探索活动得以延续,教师适时地介入、诱导,帮助幼儿进一步探索出瓶子里的物体不同,流动的速度也不同的现象。在以上案例中,教师成为幼儿探索发现的积极支持者和有效引导者。

💡 **对点案例**

案例三 种子发芽的奥秘

在进行"认识种子"正规性科学活动后,教师就和幼儿一道在园内或"自然角"内的泥土中种植种子、积木、玻璃等,通过操作、探索,幼儿就会发现"什么不会长,为什么不长"。在此基础上,教师引导幼儿观察发芽的种子,并提问以激发幼儿探索欲望:"这些小芽如果没有水会怎么样? 如果把这几棵小芽密封起来又会怎样? ……"带着这些问题,师生又投入新的兴趣盎然的实验中,最后终于让幼儿从中了解到植物的生长与水、空气的关系。

💡 **对点案例**

案例四 冰雪游戏

冬天来临以后,小朋友们对室外容器中的水结成冰的现象很感兴趣,并围绕这一现象进行了一系列的冰雪游戏。这时,教师就可以在非正规活动中,引导小朋友进行制作"小冰灯""雷公公发脾气了""雪娃娃不见了""水壶冒烟"等操作观察活动,在后来的正规性科学活动"小水滴旅行记"中,幼儿很自然地联想到了冰激凌、小雪人、水蒸气等,初步感知了水的三态变化。

评析:

案例三和案例四中,教师巧妙地将正规性科学教育活动与非正规性科学教育活动结合起来,不仅巩固、拓展了正规性科学活动内容,还激发了幼儿的操作、探索兴趣,更发展了幼儿的智力,增强了幼儿的科学素质。

(选自:高芹.幼儿科学教育[M].海口:南海出版公司,2009.)

第四节 偶发性学前儿童科学教育活动的指导

在梅雨季节,潮湿的天气,幼儿活动室的地板、墙壁经常会有"返潮"现象,有一天,两位早入园的小朋友发现了活动室的墙壁"流汗"了,好奇地聚在一起争论着,而教师却熟视无睹,这种现象在幼儿教育中并不少见。因此,重视偶发性的科学教育活动也是幼儿科学教育的一个重要内容。

一、偶发性幼儿科学教育活动的含义

偶发性科学教育活动是指在幼儿的周围世界中,突然发生的某一自然科学现象、自然物或有趣、新奇的科技产品和情景,激起了幼儿的好奇,使幼儿自发投入的一种科学探索活动。幼儿每天都会遇到各种各样的事物,看到各种各样的现象,这些事物和现象都有可能引发幼儿的偶发性科学探索活动。但是,由于幼儿的认知水平不够,科学经验不足,仅仅靠他们自发的探索,没有教师的支持、鼓励和引导,就容易无序、无果,最终放弃,这样会导致幼儿丧失探究热情,而教师也会失去教育的良机。

二、偶发性幼儿科学教育活动的特点

1. 教师无法事先准备

偶发性科学教育活动是由外界情景诱发并围绕着偶然发生的事情开展的一种科学活动,因此,它与幼儿的日常生活、周围物质世界紧密相连,周围环境中的各种事物和现象都可以成为幼儿观察、探索的对象,在不同的时间、不同的地点都可能发生,活动时间的长短由幼儿的兴趣和教师引导情况而定,所以教师无法事先进行计划、设计和指导。例如,在雨后,幼儿突然发现天空中出现了彩虹,他们会好奇地观察、讨论起来,教师应立即组织幼儿对彩虹现象进行观察,交流。再如,在冬天,幼儿在教室里活动,会对玻璃窗上的"汗水"产生好奇,就会自发地讨论;晴天,幼儿在户外活动时,发现自己的影子会随着自己动作的变化而变化,他们也会不由自主地观察和讨论……这些科学活动完全是因为生活中偶然发生的事件或者幼儿偶然发现的现象所引发的,教师事先无法估计和预料。

2. 活动的内容、时间、地点、形式不确定

偶发性科学教育活动在幼儿一日生活的不同时间、不同地点和场所都可能发生,且容易受外界因素的干扰。活动持续的时间长短,参与活动人数的多少,都由幼儿自己决定,按集体、小组、自由结构或个人形式进行,完全凭幼儿的意愿进行组合。教师事先既没有活动计划,也不为活动提供设备和材料。

3. 活动主体具有强烈的探究欲望

偶发性科学教育活动是由幼儿对外界情景中偶然发生的事件产生好奇而发生发展的,所以幼儿对活动有浓厚的兴趣、较强的内动力和探究欲望。在偶发性科学活动中,幼儿有强烈的探究动机,同时,其内容具有广泛性、丰富性和生动性,因此对培养幼儿对科学探究活动的主动性、积极性和创造性,培养幼儿热爱科学的情感有重要作用。

三、偶发性幼儿科学教育活动的指导

1. 观察学生的行为表现,及时发现幼儿的偶发性科学活动

偶发性科学活动是由幼儿对周围事物的好奇所引起的,随机性很强。幼儿的探究活动随着幼儿的兴趣、理解能力和研究水平自然展开,处于自生自灭的状态。这就需要教师密切关注幼儿平时的一切活动,观察、了解他们行为表现,及时发现幼儿的自发性科学活动,并进行及时的启发、引导。

2. 以积极的态度对待幼儿的偶发性科学活动

由于幼儿的科学知识较少,科学经验和探究能力不够,兴趣和注意力的不稳定,所以偶发性科学活动容易自生自灭。为了保护幼儿学科学的兴趣和好奇心,教师要以积极的态度支持幼儿的探究行为,鼓励他们仔细观察、大胆提出问题、分析问题、动手操作、交流互动、寻求答案;当发现探究活动面临停滞时,教师应适当介入,以自己的热情和对科学的态度感染他们,帮助他们解决困难,发现其中蕴含的科学道理,鼓励他们继续探索学习;当幼儿有了进步或取得成功的发现时,教师要和他们一起分享,让幼儿体验偶发性科学活动带给他们的乐趣。总之,教师积极的态度、真诚的赞许和适时适度的

指导,会使幼儿更加仔细地观察并延续探索活动;反之,如果漠不关心,甚至制止、干涉和指责,则将严重挫伤幼儿主动探索的积极性,对幼儿以后的探索学习产生不良影响。

四、偶发性幼儿科学教育活动案例及评析

对点案例

案例一　蚯蚓的家

一次,教师带领小朋友为油菜浇水时,有个小朋友发现一条蚯蚓在泥土上爬,问:"老师,泥土是蚯蚓的家吗?"教师当时就请小朋友自己操作,挖掘几处泥土,让小朋友看看泥土是不是蚯蚓的家,小朋友在多处泥土中挖掘,发现了许多蚯蚓,都不约而同地说:"蚯蚓的家在土里。"小朋友们兴奋不已,探索兴趣更加强烈。

对点案例

案例二　蜗牛的生活习性

下午自由活动时,几个小朋友围在一起抓蜗牛,教师发现后便及时引导他们观察蜗牛如何爬行,并提供材料,让他们观察蜗牛在木板和玻璃上爬行有什么不同,并把蜗牛分别放在两个干燥和潮湿的玻璃瓶中,并让他们观察、了解蜗牛的生活习惯,使偶发性活动得到了延续探索。

评析:

案例一和案例二反映了在偶发性幼儿科学教育活动的指导中,教师的赞许和参与会使幼儿更仔细地观察和延续探索活动;反之,如果不关心,甚至制止、干涉,则将严重损伤幼儿主动探索的积极性。

案例展示

不倒的秘密(大班)

设计意图:

一天早晨,一名幼儿带来了一个不倒娃娃:孩子们立刻对这个倒不了的娃娃产生了浓厚的兴趣,他们围在娃娃的周围观察着、议论着:有的小朋友不相信娃娃会不倒,故意把娃娃推倒,结果娃娃又重新站了起来。孩子们百思不得其解,脸上写满了好奇和疑问,我及时抓住幼儿的好奇心,组织幼儿进行了这次科学探索活动。

活动目标:

1. 通过观察、比较、尝试、交流等多种活动,寻找不倒娃娃不倒的原因,激发进行科学探索的兴趣。

2. 通过操作活动,培养动手能力。

3. 体验不倒玩具带来的乐趣。

活动准备:

1. 各种不倒娃娃和不倒娃娃的外壳若干,沙子、棉花、木块、橡皮泥、圆形金属块、胶带、剪刀若干。

2. 底部是平的不倒娃娃外壳一个。

活动过程：

一、发现问题

师：今天老师请小朋友来玩不倒娃娃。

孩子们饶有兴趣地玩了起来，一会儿向不同的方向把不倒娃娃推倒，一会儿把不倒娃娃拿在手里摸来摸去，一会儿在手里掂来掂去……

师：谁能告诉老师你发现了什么？

小朋友们争先恐后地举手，有的说不倒娃娃头小脚大；有的说娃娃没有脚，娃娃下面是圆的；有的说不倒娃娃永远倒不了；还有的小朋友说感觉不倒娃娃有点重。

二、进行比较

（把肚子里没有东西的不倒娃娃的外壳发给幼儿）

师：小朋友再来玩一玩老师刚才发给你的不倒娃娃。（幼儿自由地玩）

师：你现在发现了什么？

有的小朋友发现两个娃娃长得一模一样；有的小朋友发现一个娃娃永远也推不倒，另一个娃娃却站都站不住；还有的小朋友发现一个娃娃很重，另一个娃娃很轻。

三、开动脑筋

师：两个娃娃看起来一样，为什么这不倒娃娃能不倒，而那不倒娃娃却站不住呢？

小朋友们再次讨论起来。有的小朋友说不倒娃娃不倒是因为肚子里有东西，有的小朋友说不倒娃娃不倒是因为它很重……我及时肯定了幼儿的一些想法。

四、动手尝试

师：给站不住的娃娃肚子里放什么东西才能让娃娃不倒呢？请用老师给你准备的东西试一试吧。

幼儿打开不倒娃娃外壳的底座，有的先把沙子放到娃娃的肚子里，结果发现娃娃倒了还是起不来；有的小朋友用木块放到娃娃的底部，也不行；有的小朋友先用橡皮泥团成一个圆球放到娃娃的底部，发现娃娃倒了站不起来，他又取了一大块橡皮泥团圆，压扁固定在娃娃底部，这次他发现娃娃不容易倒了。他高兴地让周围的小朋友看；有的小朋友试用了几种材料后发现，用比较重的金属材料能使娃娃不容易倒；更有的小朋友发现放在底部的东西必须在中间不动，娃娃才会倒了再站起来。

活动进行一段时间后，我鼓励幼儿互相交流、探讨，并进行再次尝试。

五、交流结果

师：现在请你们告诉老师，你是怎样让不倒娃娃不倒的？

小朋友争先恐后地向我讲述他们的实验过程。有的小朋友告诉我，他先用棉花和木块，发现这些东西太轻了，娃娃倒下去照样起不来。他又把沙子放在里面，沙子在娃娃肚子里动来动去，娃娃倒了还是站不起来。最后他把圆形金属块放在娃娃的底部，娃娃能站起来却是倾斜的。

师：谁发现了能帮他解决这个问题的方法？（让大家讨论）

六、看看构造

打开不倒娃娃的肚子，幼儿观察内部结构。

师：小朋友，不倒娃娃的肚子里到底有什么呢？

通过观察，幼儿发现不倒娃娃的底部有一块面积较大的圆形金属。

师：小朋友试一试圆形金属能不能从娃娃的肚子里拿出来？

幼儿试着去取圆形金属，发现圆形金属是固定在娃娃的底部的。

师：现在请小朋友仔细看一看，圆形金属放在娃娃底部的什么位置？

通过教师的引导,幼儿发现圆形金属块是固定在娃娃底部的正中间的。

七、发现秘密

师:现在小朋友们发现娃娃不倒的秘密了吗?

幼:在娃娃肚子的底部放重一点的东西并固定在中间,娃娃就会倒了再站起来。

师:如果娃娃的底部不是圆的,倒了还会站起来吗?(幼儿根据经验进行回答)

师:让我们一起来看一看到底谁的说法正确。

幼儿实验发现底部是平的娃娃,即使用比较重的金属固定在底部中间,倒了之后也不会站起来。

幼儿再次总结:底部是圆的娃娃,在它肚子的底部中间固定上重一点的东西,娃娃才会倒了再站起来。

八、延伸活动

(1)让幼儿修一修坏了的不倒娃娃。

(2)把不同形象的不倒玩具放在科学角,让幼儿继续探索。

(3)在手工区为幼儿准备蛋壳、橡皮泥、胶水、彩笔、彩纸供幼儿自制不倒翁。

教师自评:

《纲要》要求教师要"善于发现幼儿感兴趣的事物、游戏和偶发事件中所隐含的教育价值,把握时机,积极引导。"科学探索活动"不倒的奥秘"即源于此。活动中幼儿表现出极大的兴趣和探究欲望,并大胆尝试、乐于交流。

本次活动,在大量操作材料的辅助下,在教师语言的引导下,幼儿通过发现问题、进行比较、开动脑筋、动手尝试、交流结果、看看构造、发现秘密7个环节不断探索、验证,发现了不倒娃娃不倒的秘密。在整个教育活动中,教师把时间交给幼儿,让他们在动手操作、动手尝试中提高发现问题、解决问题的能力,真正体现了幼儿在教育活动中的主体地位。

专家评析:

本活动设计来源于生活,体现了教师敏锐的观察力和善于挖掘科学活动题材的能力,活动过程能够充分调动幼儿的主动性、积极性,培养了幼儿的动手操作能力。在"动手尝试"环节中,幼儿在第一次操作后的讨论,把整个活动推向了高潮,提高了幼儿学习的积极性,拓宽了幼儿的思路,使幼儿感受到了尝试的乐趣、发现的喜悦。教师通过对新《纲要》的深入学习,领悟到了它的精髓,并付诸大胆的教学实践,取得了令人满意的结果。

(选自:教育部教育管理中心.全国幼儿科学教育活动课例评析[M].重庆:西南师范大学出版社,2011.)

【实践活动】

1.通过见习、查阅资料等方式收集学前儿童科学教育活动案例,并以小组为单位进行讨论学习。

2.以"好吃的柑橘"为主题,设计一个大班集体活动方案。

【拓展实训】

一、选择题

1.在进行学前儿童科学教育活动设计与指导时应遵循(　　　)。

A.趣味性原则　　　　　　　　　B.生活化原则

C.动手操作原则　　　　　　　　D.全面发展原则

E.隐形性原则　　　　　　　　　F.标准性原则

2. 正规性学前儿童科学活动的设计主要包括（　　）。

    A. 活动课题的选定   B. 活动目标的确立

    C. 活动材料的选设   D. 活动过程的设计

3. 非正规性学前儿童科学活动具有如下哪些特点？（　　）

    A. 内容选择自由化   B. 学习形式灵活化

    C. 学习氛围轻松化   D. 指导作用隐形化

4. 在进行偶发性学前儿童科学教育活动指导时，应做到（　　）。

    A. 观察、了解发现幼儿的偶发性科学活动

    B. 事先准备好活动材料

    C. 鼓励幼儿的探索行为

    D. 积极、适当引导

二、简答题

1. 什么是正规性科学教育活动？什么是非正规性科学教育活动？什么是偶发性科学教育活动？

2. 幼儿教师在进行正规性学前儿童科学活动的指导时应注意哪些问题？

第五章

学前儿童科学教育活动的资源

【本章重点】

- 了解学前儿童科学教育资源的含义及类别。
- 理解学前儿童科学教育环境创设的基本要求。
- 掌握班级科学角、幼儿园科学园地和科学发现室的创设和管理。

【技能提升】

- 能合理选择和利用各种学前儿童科学教育资源。
- 能结合实际情况开发本土的科学教育资源。
- 具有尝试创设和管理学前儿童科学教育环境的能力。

【学前引路】

本章的知识要点是学前儿童科学教育资源的含义和类别,学前科学教育环境创设的基本要求以及自然角、科学园地、科学发现室的创设和管理。

> **案 例**
>
> **大班科学活动:认识植物的"身体"**
>
> 李老师的准备工作:
>
> 1. 带领幼儿去附近的公园游玩,观察各种各样的植物。
>
> 2. 在幼儿园内的种植园地里采摘一些大蒜头、树叶、黄瓜、萝卜、花生、茄子、青椒等植物,准备一些苹果、梨、橘子等水果。准备的种类要囊括植物的根、茎、叶、果实、花各个部分。
>
> 3. 在活动室内的自然角里提前泡一些黄豆,让它发芽。
>
> 4. 制作课件《一株黄豆苗》。
>
> 李老师应用了哪些科学活动教育资源?为了更好地实现科学活动教育目标,李老师还应怎样选择、利用、开发各种教育资源?

第一节 学前儿童科学教育的资源概述

一、学前儿童科学教育资源的含义

"资源"是指一国或一定地区内拥有的物力、财力、人力等各种物质要素的总称,一般分为自然资源和社会资源两大类。前者如阳光、空气、水、土地、森林、草原、动物、矿藏等；后者包括人力资源、信息资源以及经过劳动创造的各种物质财富。教育资源是人类社会资源之一。教育资源包括自有教育活动和教育历史以来，在长期的文明进化和教育实践过程中所创造积累的教育知识、教育经验、教育技能、教育资产、教育费用、教育制度、教育品牌、教育人格、教育理念、教育设施以及教育领域内外人际关系的总和。教育活动包括人的要素和物的要素，其中，人的要素即教育者和教育对象，物的要素即物质技术条件。学前儿童科学教育资源中的物质技术条件指的是辅助科学教育活动开展的各种材料资源、帮助学前儿童工作的各种科学教育资源、可供科学教育利用的社会资源等。

在学前儿童科学教育活动中，不管是从教师的角度还是从幼儿的角度来看，科学教育资源的意义都非常重大。从教师的角度来看，在科学教育活动中采用合适的科学教育资源，可节省教师烦琐的说明，运用生动的教学方法，增进教学效果。例如，水的浮力是我们身边的科学，也是幼儿很感兴趣的课题。在幼儿认识浮力的活动中，如果教师仅仅用语言来描述哪些东西放在水里是浮的哪些是沉的，只会使幼儿越来越糊涂。我们可以在幼儿园科学角或科学发现室中布置一些做浮沉小实验的器具：盛水的塑料盆、钥匙、小木块、玻璃球、塑料玩具、海绵、橡皮泥、瓶盖、鹅卵石等，让幼儿自己用这些物品跟水做一个游戏，看看它们在水中哪些是浮在水面上哪些是沉在水底的。只有让幼儿真实地感受和理解浮沉现象，才能真正达成活动目标。

学前科学教育的主体是幼儿。从幼儿的角度看，学前儿童的思维方式直观形象，在科学教育活动中采用合适的科学教育资源，可以培养幼儿内在的学习动机和兴趣，发展幼儿不断学习的能力。例如，在认识小兔子、小鸡、小鸟等小动物的活动中，可以在幼儿活动室的一角设置自然角，有条件的就在室外设置饲养园地。幼儿在喂养和管理小动物的过程中，可以在教师的指导下观察它们长的什么样子，身体表面覆盖着什么，用手摸摸它们身上的羽毛或皮毛，观察它们喜欢吃什么食物。喜爱小动物是幼儿共同的特点，与小动物的亲密接触，引起了幼儿极大的兴趣和快乐，培养了他们爱护小动物的良好的情感，同时还能激发幼儿的求知欲望，促进他们积极思维，发展他们的动手能力。这些离开了科学教育资源都是不可能实现的。

二、学前儿童科学教育资源的类别

学前儿童科学教育资源的分类方法有许多种，本书将其分为幼儿园内资源、社区资源和家庭资源三大部分。

（一）幼儿园内的科学教育资源

1. 玩教具

有相关学者和专家指出，幼儿了解或学习一个事物的过程，都是从基本操作与观察开始的。所以玩教具的合理使用，为儿童动手动脑思考提供参照物，也为他们的主动学习提供了有利条件。好的玩教具既能用于幼儿园教学，又能让幼儿单独玩耍；既能配合老师开展教学活动，又符合孩子们爱玩的天性。值得一提的是，幼儿园所需所用的玩教具并不是所有的都可以在市场上买到，幼儿园可以根据自身实际情况，针对教育教学所需，自制玩教具。这样既可以节省支出成本，也可以弥补市场上玩具不足的缺憾，更重要的是在保障了孩子的游戏与学习条件的同时，也开发了他们动手动脑的能力。（见图 5-1、图 5-2）

2. 图书资料

适用于学前儿童科学教育的图书资料分为印刷版的和电子版的两种。

（1）印刷版图书资料。这是指以纸为介质，用各种印刷技术出版的，专为幼儿设计的，画有图画说明的儿童读物、参考资料、工具书等等，内容包括科学家的故事、当地的名胜古迹、科学新知识新发现、动植物知识、科学小实验等等。例如，"小小牛顿幼儿馆系列"，《十万个为什么幼儿版（全 4 册）》以及"科学宝宝图画书系列"等。

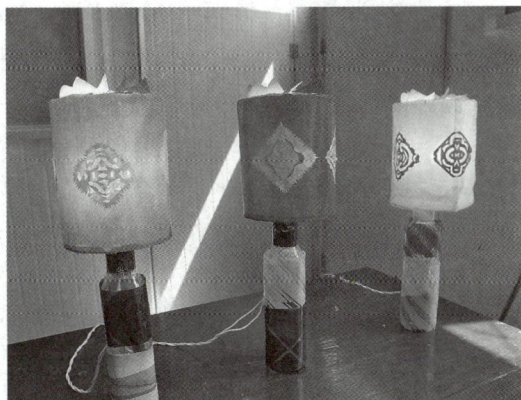

图 5-1　自制玩教具：走马灯

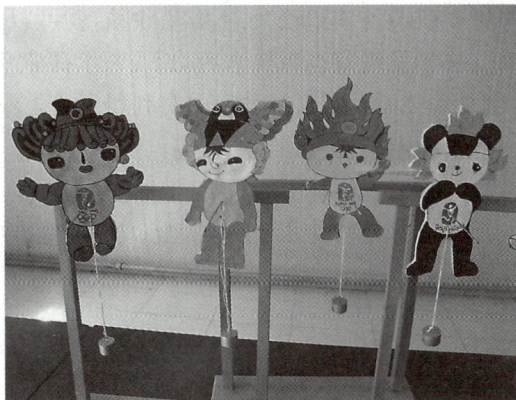

图 5-2　自制平衡玩具

（2）电子版音频视频资料。电子书、图片、科教片视频、PPT 课件等，这种资料借助多媒体技术，以声音、图像、视频传递信息，给幼儿一种直观感受，往往更受孩子们的喜爱。而且，现代社会互联网技术突飞猛进，为电子资料的获得和交流提供了前所未有的便利。

3. 科学活动专用场所

（1）自然角。自然角是指幼儿园活动室的一角或走廊向阳的地方，供栽培植物、饲养小动物，陈列幼儿收集的自然界里的非生物，如贝壳、鹅卵石、种子、干果等。自然角里栽培和陈列的植物宜选择常见的、易于生长的、好照管的植物，如文竹、秋海棠、萝卜、葱、蒜、白菜、芹菜、玉米、花生、黄豆等。饲养的动物宜选择无危害、便于喂养的、幼儿感兴趣和可以抚摸的形体较小的动物，如金鱼、小乌龟、蚕、蝌蚪、贝壳类、鸟类以及各种小昆虫等。自然角陈列的内容不能一成不变，要随着活动主题的变化和四季交替，有计划地进行更换。另外，要注意的是，自然角内的内容不是陈列品，教师必须引导幼儿充分利用它们。教师可以针对不同年龄班幼儿的特点，让他们参与布置参与管理。

（2）科技角。科技角是在活动室内开辟一个相对安静的区域，专供幼儿操作、实验，进行科学探索活动的场所。科技角内备有丰富的物质材料，如常用的平面镜、透镜、各种容器、电线、小灯泡、电池、天平等。幼儿可以选择各种材料进行操作和实验，让他们有更多的实践和体验的机会。科技角里还可以准备一些手工工具和制作材料，幼儿可以在教师的指导下进行科技小制作。在保证安全的情况下，也可以让幼儿按照自己的意愿自由制作。还可以把幼儿的制作成果放在科技角里展示和交流。

（3）幼儿园科学园地。幼儿园室内的自然角由于受到场地及其他原因限制，只能种植和饲养少数几种小型的植物和动物。园地是指幼儿园内房舍以外的比较大的场地。幼儿园科学园地包括种植园地、饲养园地，不宜种植于自然角中的植物和不宜饲养于自然角中的动物就放在园地中，有条件的还可以设置气象园地。

种植园地是幼儿园选择适合的场地设置一块或多块土地，供幼儿种植蔬菜、花卉、农作物等。饲养园地是在幼儿园室外一角设置小屋或小棚，供幼儿饲养一些小兔子、小鸡、小鸟等深受他们喜爱但体型稍大的动物。科学园地是以小见大，让幼儿身体力行的最佳场所。园地里的各种生物都自然地向孩子们展示了具体形象的生命内容，提供了直观生动的科学材料。幼儿通过长期观察、操作，可以感知植物和动物的基本特征与生长过程，见识自然的丰富与多元，感受生长的喜悦与收获的快乐，等等，这些经验都给了幼儿以亲近自然的吸引力。气象园地是在幼儿园里选一块周围空旷的小块空地，设置一些测量仪器，像温度表、湿度表、风向标、雨量器等，幼儿在老师的指导下，观察天气的变化，了解一年四季气候的变迁，并能掌握一些简单的观测和记录的方法，培养幼儿科学探索的技能。

（4）科学发现室。科技角的空间较小，只能摆放一些体积较小、比较容易收藏的材料或设备。有一些材料或设备体积较大、不容易收藏，就可以在幼儿园内开辟一个活动室专供幼儿进行选择性科学活动。科学发现室也叫科学活动室、科学探索室等。科学发现室是幼儿进行科学探索活动的广阔天地，也是幼儿园开展科学教育的有利场所，孩子们不仅能获取广泛的科学经验和科学方法，也激发了他们积极探索的精神和学习兴趣。

（二）社区资源

社区资源是指幼儿园所在地区或邻近地区中，可以用于科学教育活动的人力资源、自然资源和组织资源。

1. 人力资源

社区资源中的人力资源是指幼儿园以外的可以为学前儿童科学教育提供服务的各种人士，包括社会人士、社区内从事各种不同职业的人员等。具体有以下五种。

（1）当地的年长者。这些老爷爷和老奶奶们会向孩子们津津有味地述说当地的历史变迁，比如家庭生活、学校教育、社会习惯等的今昔比较。

（2）医务工作者。这些穿着白大褂的医生叔叔和阿姨可以给孩子们讲解诸如怎样更好地进行牙齿保健，怎样养成良好的卫生习惯等与孩子们健康成长切实相关的知识，既有专业性又不失趣味性。

（3）各行各业的技术人员。如动物园里的饲养员、果树栽培者、木工、糕点师、交通警察、环卫工人、汽车修理工等。他们可以就其所长，向孩子们介绍自己的知识和经验，充实科学教育活动中某些问题的研究内容。

（4）各学科科学家或专业人士。可以邀请到幼儿园来给孩子们做科普知识讲座，给孩子们带来一些感兴趣的科学小实验。

（5）新闻编辑、图书馆工作人员和出版界人士。他们将在增进知识、训练阅读能力以及形成正确的观念等方面给孩子们带来很大的帮助。

2. 自然资源

自然资源是指幼儿园以外的自然环境，包括公园、郊外的树林、绿地、果园、农场等。幼儿园可以组织孩子们春天去野外踏春，秋天去果园采摘果实。例如，某幼儿园在一次组织幼儿到近郊一处草莓园采摘草莓的活动，不仅收获了满载而归的草莓，同时开阔了孩子们的眼界，让他们学到在幼儿园、家庭里学不到的知识，感受到学习的快乐。

对点案例

某幼儿园大班结合正在进行的教学主题"植物王国"，组织幼儿参观植物园，让幼儿在植物园中观察认识一些生活中比较少见的稀有植物，开拓幼儿视野，增长知识。

在参观的同时，教师不断引导幼儿观察发现不同植物的根、茎、叶；鼓励幼儿用语言描述植物的颜色、形态，等等。例如，你看到了哪些植物？知道植物的名称吗？它们的外形有什么特征？你还有什么新的发现？……活动归来后，教师还可以指导幼儿用收集回来的树叶、草、种子等材料为素材，制作"叶画""种子画"等，将采集的植物的种子、根、茎、叶等制作成植物标本。

3. 组织资源

组织资源是指一些社会组织和机构，如图书馆、博物馆、科技馆、海底世界、动物园、儿童乐园等，还有社区里的超市、医院、工厂、养鸡场等，都能为幼儿园的科学教育提供丰富的素材，拓宽幼儿的知识面，提高幼儿园科学教育的质量。

对点案例

　　某幼儿园大班社会实践活动组织参观社区的宠物医院。活动之前,教师先行前往考察,医院设施、卫生、消毒都很完善。这次活动的目的是让孩子们了解宠物医院,宠物医生能给小动物们带来什么帮助,了解一些小动物的生理习性和防疫常识,教育孩子们怎样和宠物正确相处,亲身感受一下如何照顾小动物,如何与小动物建立良好的关系等。

　　在宠物医院的治疗区,孩子们看到生病的小狗和小猫在打吊瓶。在美容区,看到小狗小猫在洗澡做美容,打扮得漂漂亮亮的。在小动物们的日常用品店里什么都有,有小动物们的粮食、零食、玩具、衣服、鞋子……让孩子们大开眼界。孩子们认识到宠物是我们人类的朋友,给人类带来陪伴和爱,同样我们也要把满满的爱心回馈给它们。活动结束归来,还可以进一步在幼儿园开展区角活动"宠物医院",让孩子模仿参观中看到的真实情境。

　　社区资源能给孩子带来体验式的学习方式,学得快乐,学得扎实,给孩子幼小的心灵播种下爱的种子。

(三) 家庭资源

　　幼儿科学教育的家庭资源包括幼儿的家长和幼儿家里的物资资源。

　　首先,幼儿家长来自各行各业,有着丰富的背景、专长和兴趣,他们是幼儿园科学教育的有益资源。幼儿园可以邀请家长担任班级科普辅导员,也可以邀请家长参加各类科学教育亲子活动,例如让家长和孩子一起制作科学玩具、一起做科学小实验、一起参观科技馆等。其实,每个孩子都有这样一种心理,希望有人看着他,希望自己是亲人视线的焦点。父母鼓励的目光是他们不断进取的动力,也往往能激发他们的内在潜能! 每个孩子都希望在父母面前表现一把,让父母为他们骄傲!

对点案例

　　某幼儿园中大班的家长、孩子和老师一起来到某科技馆进行亲子活动。在参观的过程中,孩子们对每种科学现象都非常感兴趣,小朋友们迫不及待地投入了观察与探索之旅。当讲解员姐姐邀请部分孩子参与到科学实验中来的时候,每个孩子都争着要去亲身体验,参与的积极性非常高。丰富多彩的活动让孩子们流连忘返,让家长们深有感触。他们说"这次活动不仅让孩子们从小就感受到科学的魅力,在孩子幼小的心灵中播种下对科学产生兴趣的种子,也让我们家长大开眼界,受到了科学教育"。通过活动,老师们也尝到了家园同步开展科学教育的甜头。在这样的活动中幼儿往往更加放松自在,表现出更浓厚的兴趣,大大提高了学习效率和活动效果。

　　其次,幼儿家中物资资源,例如家里的家具、电器、图书资料、手工工具(剪刀、胶水、钳子、螺丝刀等)、各种材料(塑料袋、纸盒子、小药瓶、旧报纸等)、家里养的花花草草、小宠物等,都可以作为幼儿观察学习,进行科技小制作或科学小实验的材料。

对点案例

　　可以很容易在家里操作的亲子科学小实验:神奇墨水。

　　材料:毛笔1支、打火机1个、糖水1杯、白纸1张。

操作过程：

1. 用毛笔蘸糖水在纸上写字或画图。
2. 晾干后，会看到白纸上的字形、图案都消失了。
3. 用打火机的火苗在纸下稍微烤一烤，就会看到白纸上出现了浅褐色的字形和图案。

原理： 火烤之后，字形、图案会因糖分脱水，而呈现浅褐色。

拓展： 试试除了糖水，还有哪些液体可以做隐形墨水？

幼儿科学教育家庭资源具有开放性(渗透到日常生活之中)、丰富性、随机性(在日常生活中随时随地都可进行)的特点，我们应该充分挖掘、开发和利用家庭教育资源。

第二节 学前儿童科学教育环境创设的基本要求

学前儿童科学教育环境是指利用各种学前儿童科学教育资源，由教育者创设、规划或选择提供给幼儿的一种具有科学教育价值的环境，包括物质环境和心理环境。物质环境包括幼儿园内进行科学活动的场所(如自然角、科技角、种植园地、饲养园地、气象园地、科学活动室等)，室外的自然环境(如山川、海洋、河流、草原等；也包括自然现象如春夏秋冬四季变化，雨、雪、冰雹、彩虹等气象变化等)和社区组织机构的利用(如天文馆、气象台、博物馆、公园、动物园等)。心理环境主要指在幼儿园内创设浓厚的科学学习氛围，为学前儿童的科学活动营造良好的心理气氛，重视儿童及教师的科学素养、科学习惯的形成。

学前儿童科学教育环境的创设，应该遵守以下五点要求。

一、环境的创设要为实现科学教育目标而服务

教育目标指的是教育所要达成的预期结果。每一种教育都有其预期的教育目标，学前科学教育也是如此。教育目标既是教学的出发点，也是归宿。或者说，它是教学的灵魂，支配着教学的全过程，它规定着教与学的方向。因此，教育者在创设学前儿童科学教育环境时，应选择适当的教育资源来为实现科学教育的目标而服务。

对点案例

在指导幼儿园中班的科学活动"蜗牛的秘密"中，教师可以预先在自然角养一些小蜗牛(有条件的话可以带着幼儿一起去捉，夏天下过雨后阴凉的墙角或草丛里就有)、小螃蟹、小乌龟，准备放大镜、玻璃板、木板、米粒、树叶、菜叶、西红柿等物品。在活动过程中，幼儿可以用放大镜观察蜗牛的外形；用手触摸蜗牛的身体和壳；将蜗牛分别放在木板和玻璃板上爬行，观察蜗牛的身后会留下什么痕迹；从玻璃板的背面观察蜗牛的身体。甚至可以玩"赛跑比赛"的游戏，将小蜗牛、小乌龟、小螃蟹放到木板上，观察它们的爬行速度及身后是否有爬行的痕迹，让幼儿知道蜗牛在它经过的地方都会留下一条白色的痕迹，那是为了前进时减少摩擦而分泌的黏液。鼓励幼儿用米粒、树叶、菜叶、西红柿等喂蜗牛，观察它们爱吃什么。因为教师选择了这些丰富的教学资源，使得这次科学活动比较圆满地完成预期的活动目标。而且，活动课结束后，幼儿可以在之后的较长时间里继续在自然角饲养观察这些蜗牛，更有助于他们养成善于观察小动物的好习惯。

现在的孩子，尤其是在城市里的，生活越来越远离自然，他们熟悉一些现代化的东西，却分不清葱和蒜、韭菜和麦苗，自然知识贫乏。而认识自然、亲近自然，培养儿童与自然的和谐关系，这是学前儿

童科学教育的目标之一,所以,学前儿童科学教育环境应尽量选择真实的自然环境,幼儿园内的科学活动场所(如自然角、园地、科学发现室等)的创设也应处处体现自然的特点。以自然角为例,首先,创设自然角所使用的材料应该选用自然物。自然界赋予了我们众多的材料,泥、沙、石头、动物、花卉、蔬菜、水果、干果、种子等,只要做个有心人,材料可谓是唾手可得。其次,自然角的内容应随着四季的更替和自然界发生同步的变化,让小小的自然角成为大自然的缩影。最后,自然角的布置和管理最好不要由教师一手包办,应该让幼儿积极地参与进来。让幼儿真正成为自然角的主人,利用自然角对幼儿进行科学教育自然能获得更好的效果。

有时,多种教育环境和资源都能完成某一科学教育目标,但效果有所不同,此时应择优而选。一般来说,在能保证安全便利的前提下,室内人工环境不如室外自然环境,图片不如照片,照片不如模型,模型不如标本,标本不如实物。但也不能一概而论,如要了解跨海大桥的全貌,去参观一天,反而没有在幼儿园里观察模型、观看视频效果好。此外,进行科学教育往往需要优化组合多种教育环境和资源才能达到目的。例如,认识鸟,就可以参观鸟类动物园、利用幼儿园的自然角或饲养园地里饲养的鸟、看鸟的照片、标本、有关鸟类生活习性的视频材料等结合起来。活动结束后,可以建议孩子在家里养一些好看的鸟儿当作宠物,把家庭资源也充分地利用起来。

二、环境的创设要考虑学前儿童身心发展的特点

在创设学前科学教育环境时,教育资源的选择和利用要充分考虑学前儿童的身心发展特点,一切为了孩子,为了孩子的一切。

首先,教育环境要与幼儿的身体特点相适应。例如,环境中材料的摆放位置、挂图照片的悬挂位置要合适,不能过高,不能放得太靠里,要方便幼儿拿取和近距离观察;科学发现室里的桌椅高度要与幼儿身高成比例;幼儿在活动过程中要使用合适的工具,例如小铲子、小铁锹、小锄头、小篮子等。尤其要注意的是,随着幼儿年龄的增长,他们的身体条件和运动技能也在成长,所以小班、中班、大班的教育环境布置要区别对待,符合年龄特点。

其次,教育环境要与幼儿的心理特点相适应。例如,幼儿的注意是不稳定、不持久的。幼儿对于新颖的、鲜艳的、强烈的、活动的、多变的、具体形象的以及能够引起他们兴趣和需要的对象,才会集中注意力,但又很容易受更强烈的新异刺激物的影响而转移。心理学实验告诉我们,在较好的教育环境下,3岁幼儿的注意可连续集中3—5分钟,4岁幼儿可集中10分钟左右,5—6岁幼儿可以集中15分钟左右。所以,我们应将环境布置得醒目、整洁、美观,但为防止多余的刺激引起幼儿注意力分散,又不能过于华丽、繁杂、使人眼花缭乱。

心理环境是教育环境的一种,学前儿童科学教育的心理环境的创设更要以学前儿童的心理特点为依据。平等、接受、宽容的交流氛围是儿童大胆自由表达的基础。教师是营造这种互动氛围的主角。教师在儿童交流的过程中要不断地向儿童传递温暖、支持、教育的信息,运用语言和非语言引导儿童自由表达。例如,用轻柔的语气和语调和孩子交流;用鼓励的眼神注视孩子;对于孩子的观点给予积极的肯定,淡化他们在交流中的错误;允许发表不同的想法,肯定他们的求异思维等。如果教师在与幼儿交流中有亲密的身体接触,包括摸摸孩子的头、背,会更容易吸引和维持儿童的注意力。学前儿童由于其特定的生理和心理特点,习惯从周围人的评价中来认识自己的行为,有时老师的一句赞美往往可以令孩子高兴很长时间。

💡 **对点案例**

　　一天,李老师正在开展小班科学活动"鱼儿你好"。突然,童童大声喊道:"老师!娇娇捞小鱼了!"只见娇娇正从鱼缸里往外捞小鱼,而且已经有一条小鱼被放在了鱼缸外面。"娇娇,你在干

什么?!"李老师大声制止娇娇的行为,同时快步走到她的身边。娇娇怔怔地站在那里,眼睛惊恐地看着李老师,显然,她被老师吓着了。她的眼神使李老师意识到了自己的态度,她调整了情绪,蹲下身来,降低了声调问:"娇娇,你为什么要把小鱼捞出来呢?"娇娇怯生生地说:"小鱼游泳游累了,我想让它歇歇。"原来如此!多么可爱的孩子呀!"可是,小鱼离开了水会死的。"童童说。听了童童的话,娇娇又把目光投向李老师,仿佛在向李老师求证。"是的,"李老师说,"小鱼是生活在水里的动物,它离开了水就像我们人离开了空气一样,会死掉的。你看,小鱼离开了水多难受呀!"听到这儿,娇娇飞快地拿起那条被捞出来的小鱼,把它放进了水里。

像娇娇小朋友这样,由于知识经验欠缺所犯的错误,在孩子们成长过程中是很常见的。案例中的李老师及时调整了自己的情绪,蹲下身来倾听孩子的诉说,给了孩子正确的认知经验和自我纠正错误的机会,赞扬了孩子美好的用意,保护了孩子幼小的心灵。

三、环境的创设要符合学前儿童的审美需要

学前儿童的审美特点就是富有童心和童趣。墙饰图片的色彩要明亮、协调,动植物形象要夸张、可爱活泼、拟人化,让幼儿一进园就感到愉悦开心。在自然角,老师可以和孩子一起发挥想象,对水果和蔬菜进行艺术加工:白白的萝卜小猪、细细弯弯的茄子小蛇、红红的苹果娃娃、满脸皱纹的胡萝卜老爷爷……孩子们爱不释手。自然角、科技角和科学活动室的布置可以设置一些童话主题:小蝌蚪找妈妈、植物宝宝找妈妈、我们的家——地球、小水滴的旅行等。例如,科技角里小动物们正在召开联欢会呢,有翩翩起舞的蝴蝶,活蹦乱跳的青蛙,穿着旱冰鞋滑来滑去的小兔子,其实这些都是利用磁铁的磁性制作的。孩子们不知不觉进入了一个童话的世界,轻松愉快地主动参与到有趣的科学探索活动中去。

四、环境的创设要能保证学前儿童的安全与健康

学前儿童科学教育环境的创设和教育资源的选择必须保证幼儿的身心安全与健康。幼儿直接接触的玩具、物品、材料、工具都必须是安全可靠的,不能有尖利的棱角,以防划伤幼儿。幼儿是传染病的易感人群,且幼儿园属于人员密集场所,所以必须定期消毒。幼儿科学活动选择的材料工具一定要注意安全。例如,在幼儿科学活动"认识厨房工具"里,有危险的刀具等由教师演示或看照片就行,像比较安全的剥皮器、打蛋器、端碗夹、锅碗瓢盆等就可以在教师的指导下让幼儿接触操作了。科学角和科学发现室的实验仪器和药品也必须选择安全无毒的,电源插座要进行安全保护。自然角种植的植物不能选有毒有危险的。如夹竹桃,其叶、花及树皮均有毒,幼儿若误食会有生命危险;滴水观音茎内的白色汁液有毒,滴下的水也是有毒的,误碰或误食其汁液,就会引起咽部和口部的不适,胃里有灼痛感;郁金香、含羞草、夜来香、一品红、虞美人等植物也都不适宜在室内种植。在饲养园地,不宜饲养太大型的具有一定攻击力的动物。小型的动物可以饲养,但像小狗、小猫、小羊、小兔等有较锋利的牙齿的动物应该用笼子来饲养。还要定期检查动物是否患有传染病,如在禽流感大面积爆发时期,应暂时停止饲养禽类和鸟类。

此外,教育环境的安全还包括教师应注意创设安全的心理氛围,重点是让幼儿有安全感。教师对幼儿说话语气要温和,尊重孩子,不要一味地否决孩子的意见和建议。即使是幼儿犯了错,也不要大声责备;眼睛要与幼儿平视,不要给幼儿压力。环境布置可以征求孩子的意见,也可在教室里面张贴孩子的作品,让孩子对其熟悉而又有归属感。

五、环境的创设要符合幼儿园自身的条件,因地制宜,综合利用

随着社会的发展、科技的进步和人民生活水平的提高,幼儿园的资金相对充足,有些幼儿园不惜重金购买设备、高级教具、玩具、材料,以期打造一个高端、大气、上档次的豪华园。殊不知,在现实中我们却发现虽然幼儿园购置一些现成的玩教具和材料是需要的,但是,幼儿对自然物和自制玩教具更

加情有独钟。同时,学前儿童科学教育的主要内容就是引导幼儿认识周围生活中美好的人、事、物。因此,学前儿童科学教育环境的创设要根据幼儿园自身的物质和经济条件,合理配置和选择,因地制宜,综合利用,就地取材,多选择自然物和自然环境,多用自制科学玩教具,废物利用,一物多用,不浪费资源,不盲目攀比。

在幼儿科学活动中,比起购买现成的玩教具,自制玩教具有很多优点。如更加配合教学内容的需要,及时性、针对性强;更加适合幼儿的操作;降低成本,所用的材料还可以循环利用,更加节能环保等。自制玩教具不能总是由教师一手包办,而应该让幼儿参与构思、设计、收集材料、制作等过程。在这个过程中,幼儿获得了经验和乐趣,激发了创作的激情,培养了动手动脑解决问题的能力。同时,由于整个过程需要幼儿与同伴和老师的交流和合作,他们的社交能力也得到了锻炼。自制玩教具经常使用身边的废弃的或闲置的材料,这个变废为宝的过程,能使幼儿学会节俭,学会珍惜和利用资源,并体会到科学就在身边。

第三节 班级科学角的创设与管理

幼儿园班级科学角是在各个班级的活动室里开辟一角提供给幼儿进行非正规科学活动的场所,一般分为自然角和科技角。

一、自然角

自然角一般设置在活动室靠窗的一角或在走廊向阳处,供栽培植物、饲养小动物、陈列幼儿收集的自然界里的非生物。自然角是幼儿了解大自然、走进科学的重要窗口。幼儿在不断地观察动植物的成长过程中,了解动植物的成长,亲近大自然。自然角还可以培养幼儿热爱劳动的习惯。幼儿通过给植物浇水施肥、给小动物喂食换水,清理死角,让参与的孩子能直接感受到自己的劳动过程,体验劳动的光荣和乐趣。自然角还可以培养幼儿的责任感。幼儿分小组轮流照顾和管理自然角,有利于树立主人翁意识和责任感。

自然角中可以放置的内容很多,一般有以下三种。

1. 可供饲养的动物
安全无危害、便于喂养的、幼儿感兴趣和可以抚摸的形体较小的动物,如小兔子、小白鼠、荷兰猪、蚕、蜗牛、金鱼、鲫鱼、小乌龟、蝌蚪、小龙虾、贝壳类、鸟类以及各种小昆虫等。

2. 可供种植的植物
常见的、易于生长的、好照管、无毒无危险的、最好是有果实的植物,如:观赏类的文竹、玉树、秋海棠、吊兰、芦荟、菊花、金橘等;蔬菜类的萝卜、葱、蒜、豌豆苗、土豆、白菜、芹菜、菠菜、茄子、莴苣、洋葱、辣椒等;农作物类的棉花、玉米、花生、大豆、水稻、绿豆、红豆、地瓜等。

3. 可供陈列的物品
水果类,如苹果、梨、香蕉、橘子、石榴、火龙果、龙眼、榴梿、山竹、柿子、椰子等;干果类,如大枣、银杏、核桃、葡萄干、桂圆、花生、各种瓜子等;特产和工艺品,如根雕、贝雕、木鱼石等;动物和植物标本,如蝴蝶标本、红叶标本等;幼儿收集的物品,如鹅卵石、贝壳、珊瑚、树叶等;手工作品,如幼儿制作的种子画、叶画,用废旧物品粘贴的小工艺品等。

在丰富自然角的内容的同时,我们也应该注意防止数量泛滥,以免分散幼儿注意力。

在创设和管理自然角时,应该注意以下四点。

1. 空间立体化布置
为了使有限的空间得到最大限度的利用,自然角的布置可以采用空间立体化方式。例如,种子可以装在透明的塑料瓶子或塑料袋里悬挂起来,栽在五颜六色的塑料小花盆里的小植物也可以错落有致地悬挂在栏杆间。秋天里各种树叶和蝴蝶标本也同样是塑封以后串联悬挂,不仅使孩子抬头能见,而且随风飘荡给自然角增添了一种动态的美感。墙面与柜子可以相互利用,柜子上摆放了各种的种子,墙面上贴着与之匹配的植物图片,可以让幼儿做"寻找植物妈妈"的游戏。陈列植物的架子也是呈高低之行,可以按观赏类、蔬菜类、农作物类分类排列。大班的靠窗放置的开放型大橱柜的最上面是陈列品,中间是种子发芽的容器,而下面是各种种植的植物;中班的栏杆上挂的是吊兰,下面是种植在不同容器中的各种各样的蔬菜;小班是从上往下悬挂的吊兰和种子,架子上是各种植物,而地上是饲养小动物的鱼缸或笼子,便于幼儿能更好地观察和了解。

在自然角的布置中,巧妙地利用空间、墙面、柜子、架子、地面的交叉组合,使幼儿处在一种抬头可见低头可见的环境中,这种三维空间的合理使用随时都会让幼儿与之发生互动和作用。

2. 内容应随活动主题和季节变换有计划更换

自然角的内容不能一成不变,应随着活动主题和季节变换有计划地更换。例如,幼儿园科学活动主题经常有认识某种植物,就可以在进行该活动的前后一段时间在自然角有意识地多投放一些该植物。自然界的四季更替应该在小小的自然角里呈现出来,春天是万物复苏的季节,种子发芽,小蝌蚪在水里游来游去,蚕宝宝吃桑叶、吐丝结茧;秋天有金黄的银杏叶、火红的枫叶,有丰收的玉米、水稻、高粱、大豆等,还有各种飘香的水果:柿子、葡萄、梨、枣、石榴、苹果、香蕉、橘子等。此时,也是开展以"丰收的秋天"为主题的科学活动的最佳时机。

总之,自然角的环境变换要结合科学教育的计划、季节变化及幼儿的观察兴趣而及时更换,激发幼儿对自然的热爱,对周围世界的关注及学科学的热情。

3. 注意观察和指导幼儿在自然角的活动

自然角并不仅仅是活动室里的一道亮丽的风景线,更重要的是要发挥它的教育作用,教师要注意观察和指导幼儿在自然角的活动。例如,教师要根据幼儿的年龄特点培养幼儿的观察和记录。小班幼儿的持续、有序的观察能力很弱,观察随意性大,教师应先提出问题,引导幼儿逐步建立有意观察,如长什么样、什么颜色、闻闻有没有香味、摸起来什么感觉,等等。记录的时候可以全班做一份记录,采用教师帮忙拍照贴图和记录幼儿描述动植物的语言的集体记录方式。中班幼儿的思维开始具有具体形象性的特点了,他们好奇心强,有意注意的比例增多,也乐意尝试自己去探索去发现问题,但总的来说他们的观察能力、动作技能和表达能力还十分有限,教师在集体记录的同时可以适当放手,让孩子用绘画的方式争取每人做一份记录。但中班的孩子还是有一部分不知怎么画蝌蚪、洋葱等动植物,教师可以提供各种动植物的贴纸,让他们用粘贴、添画的方式来记录诸如洋葱的叶子、须根的生长情况,蝌蚪的尾巴是怎样一点一点地长出来,等等。大班的幼儿形象思维占优势,抽象思维开始萌芽,观察记录的能力、意识不断增强,也有了一定的探索对比能力。这个阶段教师可以有意识地引导他们将观察和记录从外部向内部、大致向细微转变。例如,可以选择植物的对比性种植实验,引导他们对植物生长的条件(适宜的水、土壤、温度、阳光等)产生兴趣,生发疑问,寻求答案。

💡 **对点案例**

案　例　一

某幼儿园大班孩子在观察黄豆发芽情况的活动中,教师准备了三组被观察对象。

第一组有四个透明塑料瓶,一个瓶子盛有水,一个瓶里盛有泥土,一个瓶里是湿的棉花,一个瓶里什么都没有,只有空气。把黄豆分别放进这四个瓶子,然后把它们放在窗台上光照条件相同的地方。

第二组有三个透明塑料瓶,都盛有泥土。一个暴露在阳光下,一个用黑纸包起来,一个包一半露一半。把黄豆分别放到三个瓶子里。

第三组只有一个塑料瓶，三颗黄豆串在小棒上，第一颗在水里，第二颗一半在水里一半在外，第三颗在水上。

记录表：（以第一组为例，可以用绘画的方式记录）

	第1天	第2天	第3天	第4天	第5天	第6天	第7天	第8天
水								
泥土								
湿棉花								
空气								

对点案例

案 例 二

某幼儿园的大班孩子在记录蝌蚪的生长过程时发现，蝌蚪在刚长出两条腿后很容易死亡，他们尝试了多种方法挽救，但都没有很大的效果。后来他们发现在放有小石头的鱼缸里的蝌蚪就死的很少。通过上网查资料等方法得知蝌蚪在水中时是用鳃呼吸的，长出腿后会逐渐改用肺和皮肤呼吸，因此要在养蝌蚪的鱼缸里放上一些石头或者木块，让它们能经常露出水面来呼吸。这就是一个典型的在观察记录过程中"发现问题—提出假设—实验验证—解决问题"的过程，符合一般科学研究的基本流程。幼儿在其中体验了科学探索的方法和过程，具有科学启蒙的价值。

4. 让幼儿参与布置和管理

幼儿可以在教师指导和带领下亲自收集材料布置自然角，喂养、管理自然角中的动植物，在假期还可以把一些动植物带回家照顾，培养幼儿的责任心。例如，某幼儿园很注意让幼儿参与自然角的管理。小班的孩子主要是观察和协助教师做一些简单的工作，如在教师示范的基础上，给植物浇水，给小动物增添食物等。中班的孩子会在教师的帮助下，用值日的方法，分工轮流照顾自然角的动植物，定期集体清扫自然角。大班的孩子能独立地做好自然角的管理工作，自己分工，建立值日交班制，头天值日的幼儿向第二天值日的幼儿交班时，会告知动植物的生长情况及需要注意的问题。集体清扫自然角时，会自己准备工具，结束时会收拾整理好工具，教师在幼儿劳动过程中只是起督导检查的作用。

幼儿在动手动脑过程中，获得了新的知识经验，得到了能力上的培养。而且，幼儿对自己亲手参与创建的自然角有一种特殊的钟爱和亲切感，这样会激发幼儿更充分地与自然角互动，提高自然角的利用率。

对点案例

某幼儿园中班李老师的教学笔记：在以往创设自然角的过程中，往往是我们做得多，而孩子们只是"看客"，他们只是偶尔给它们浇浇水，而且每次都得老师提醒，对自然角里的植物很多都叫不上名字。后来，我们让每个幼儿自己准备一盆植物，但要求必须是自己动手种的，花盆也要用废旧材料制作。这下孩子们有了兴趣。他们每个人都种了一盆植物，有葱、有仙人掌、有大蒜……每个人对自己的那盆植物都像捧着宝贝似的。以后无需老师提醒，他们会天天去看看自己种的"宝贝"以及别人的，比一比谁的植物长得好，谁的不好，并学着用笔记录。

二、科技角

科技角也叫科学角、科学桌,是在班级的活动室内,用一张桌子或者利用角落的一个区域,向幼儿提供科学操作材料,供幼儿自由进行实验操作和科学探索的区域空间。

科技角的功能与科学活动室相似,都是为幼儿提供宽松、自由、自主的空间,让幼儿根据自己的需要、兴趣和发展水平,按照自己的学习方式和进程,自主选择材料和活动内容,主动进行各种科学观察、科学实验、科学游戏以及科技小制作等活动。同时,幼儿之间可以自由结伴,相互学习,相互交流,分工合作,培养团体精神。

科技角主要围绕各种自然现象和物理现象,开展探索活动,活动类型主要有观察活动、实验活动、测量活动、操作活动等,准备的材料可参考本书第四节的有关内容,这里仅就科技角材料投放和布置、管理方面强调几点需要注意的地方。

(一)对材料的要求

第一,具有安全性、科学性和可操作性。要选择无毛刺、无缺损、无毒无害的材料供幼儿操作。要从科学性角度考虑,材料要体现周围物质世界中物体的形、色、声、味等。材料要具有可操作性。

第二,材料要种类丰富,数量充足,保证幼儿有丰富种类的材料去探索、去发现。提供数量充足的各种材料,可以给幼儿提供较多的选择机会,并有效地减少幼儿"无所事事"及相互争执等现象。为了充分发挥材料的作用,班与班之间可以交换使用,还可与科学发现室的活动联系在一起进行,如在科学发现室未完成的实验、制作,可带回科技角继续进行。

第三,注意层次性。教师要为幼儿分别提供难度高于、等于和低于本层次发展水平的操作材料,使每一个幼儿都能找到适合自己的材料,也使一些学有余力的幼儿通过操作活动在原有水平上有所发展。

第四,重经济实用性。可以购买一些仪器及成品,但也要多选用自然物或废旧物品,鼓励师生自己动手制作。

(二)投放内容的选择

由于科技角的面积较小,投放的内容不能像科学发现室那样面面俱到。为了更好地发挥科技角的教育功能,必须做到以下两个方面。

1. 配合本阶段科学活动内容提供相应的活动材料

幼儿园的教学计划里每一阶段都有相应的主题,由于科技角的空间有限,必须随着主题的变换及时更换科技角的内容。

例如,某幼儿园的科学活动教育计划内容如下:

第 一 学 期

时　间	九　月	十　月	十一月	十二月	一　月
主题	有趣的电	神奇的镜子	神奇的风	颜色变变变	有趣的溶解

第 二 学 期

时　间	二　月	三　月	四　月	五　月	六　月
主题	认识磁铁	玩转水世界	奇妙的声音	好玩的玩具	光和影子

2. 适合本班幼儿的年龄特点和发展水平提供相应的活动材料

针对小班幼儿年龄小、动手能力弱、创造性思维差等特点,小班的科技角应该更贴近幼儿生活,更具有游戏性,可以放置一些颜色鲜艳、造型独特可爱、训练感官的材料;中、大班幼儿的观察能力和动手能力都有了很大的发展,科技角的材料要突出可操作性、趣味性和游戏性,大班还可以多放一些科技制作材料,让幼儿进行科学探索,满足幼儿的好奇心和求知欲,让幼儿亲历"科学家研究科学"的过程。

对点案例

　　某幼儿园在进行"好玩的玩具"为主题的科学活动中,为小班提供的是各种各样的小动物造型和卡通人物造型的玩具:小鸭子、米老鼠唐老鸭、奥特曼、喜羊羊灰太狼等,还有玩具小汽车、小火车等,主要是给予幼儿感官上的刺激。为中班幼儿提供的是电动玩具、会发出声音的玩具,引导他们去发现玩具会动会出声的秘密。为大班提供的则是神奇的多米诺骨牌、好玩的陀螺等,锻炼他们的动手操作能力和探索能力。

(三)科技角的空间布置

　　科技角的实验操作有的需要水,有的需要电,有的需要黑暗或光照,所以,科技角设置的方位最好邻近水源、光源和电源,而且还要能保持相对安静,有助于幼儿专注、投入,动脑筋思考。

　　有足够空间的班级,可以用橱柜来摆放科技角的材料,小型操作材料如电线、小灯泡、干电池等可以按主题存放在筐子或者盒子里,贴上标签后再摆放到橱柜中。一般来讲,低矮的开放性橱柜方便于幼儿自己取放材料,有利于幼儿自主的探索活动,所以,科技角应多选用这一类橱柜。但是,伴随活动的开展,材料会不断增加,教师有必要选择一部分高一点的橱柜,有开放的,有封闭的。需要教师指导使用的材料,可以放置在高一点的封闭性橱柜中,或者根据计划,分阶段、有序调整材料的呈现。

　　班级科学区的墙壁,可以悬挂或粘贴部分操作材料,也可以张贴实验操作步骤和方法的示意图,还可以张贴幼儿的实验记录图表,有些弯管实验、传声筒实验材料可以直接固定在墙上。为方便幼儿查找资料,丰富知识经验,还可以将与探索主题相关的图书或画册挂在墙上幼儿随手能够到的地方。

(四)科技角管理注意事项

1. 及时进行日常的材料布置和整理

　　每次活动之后,都会有很多善后工作需要及时处理。主要包括:把被移动过的材料归位,修补被损坏的材料,及时补充消耗性材料等。

2. 及时进行材料的补充和更新

　　为保障幼儿对科技角的持续兴趣,科技角的材料应该随主题活动的开展、幼儿知识经验的丰富、兴趣的转移,不断地得到补充和更新。例如,这个月的主题是"有趣的磁铁",有关磁性的材料和玩教具很多,教师可以一周更换一批摆放的材料和物品,最后一周的时候可以集中展示幼儿制作的作品。

3. 让幼儿参与科技角材料搜集、区域环境布置活动

　　以往很多幼儿园的区域环境都是教师说了算,教师设计、搜集材料、布置,加班加点地忙乎,却忘记了这个环境的"主人",幼儿作为区域活动的主动者的地位被完全忽视了。其实,幼儿参与环境布置与材料搜集的过程本身就是学习和成长的过程。

4. 科技角应该是开放的

　　班级科技角是为幼儿创设的自主进行科学探究的环境,所以,科技角应该是开放的,允许幼儿在区域活动时间、自由活动时间进去活动,允许幼儿自由选取材料开展活动,允许幼儿以自己的方式进行探索。但是,科技角的开放并不等同于幼儿可以随心所欲想干什么就干什么,科技角应有其必要的活动规则。

5. 师生共同参与科技角规则的制定,共同维护科技角环境

　　活动规则不应该是教师对幼儿的要求,而应该是共同的探究活动本身对幼儿的要求。所以,教师应该通过对幼儿活动的观察,引领幼儿自主讨论活动规则,在实施过程中进行修订,使其成为大家共同遵守的规则,并且注意要在幼儿进入科技角之前就明确规定。

第四节 幼儿园科学园地和科学发现室的创设与管理

一、科学园地

幼儿园科学园地是为幼儿在室外创设的学科学的环境，包括种植园地、饲养园地，有条件的幼儿园还可以创设气象园地等。

（一）种植园地

种植园地是幼儿园选择适合的地点设置一块或多块阳光充足、土壤肥沃的土地，供幼儿种植蔬菜、花草、农作物等。场地宽敞的幼儿园，可以为每个年级设立一个种植园地，插上牌子，写着"大班种植园""中班种植园""小班种植园"，每个园里还可以为每个班级开辟一块"责任田"，甚至每一个幼儿都有属于自己种植和照顾的植物。条件有限的幼儿园则可以采取集体种植的方式。城市里的幼儿园通常空地较少，难以安排大面积的种植园地，这种情况下可以因地制宜，将植物分散种植在各个角落，充分利用边角地。如果园内实在没有种植的地方也不要放弃，可以用砖块砌成50厘米高的花坛或用旧木箱装上泥土种植，也可以用花盆种植。总之，种植是学前儿童学科学不可缺少的活动，种植活动为幼儿提供了自主接触自然、认识自然、探索自然的机会。幼儿在参与种植和管理、收获的过程中，既能锻炼动手能力、观察能力、与同伴的协作能力等，还能探索生命科学的奥秘，所得到的收获与其他活动、游戏等很不一样。因此，幼儿园应该克服困难，积极创造条件，为幼儿努力营造一种真实自然、生机勃勃、富有乐趣的环境。

1. 选择种植内容

适合幼儿园种植的植物种类很多，一般以常见的蔬菜、农作物和草木花卉为主，大前提是管理方便、无毒无害。可供选择的有：

（1）蔬菜类。有周期短的速生蔬菜：小油菜、青蒜、芽苗菜、芥菜、青江菜、莜麦菜、空心菜、芹菜、茼蒿等；节省空间的蔬菜：胡萝卜、萝卜、土豆、地瓜、芋头、莴苣、葱、姜、香菜等；收获期长的蔬菜：番茄、圣女果、辣椒、茄子、豇豆、韭菜、香菜等；易于栽培的蔬菜：菠菜、苦瓜、生菜、小白菜、番薯叶、人参草等。

（2）水果类。包括容易种植的草莓、葡萄等。

（3）农作物类。大豆、向日葵、油菜花、棉花、玉米、花生、绿豆、红豆、地瓜等。

（4）花卉类。太阳花、鸡冠花、牵牛花、一串红、三色堇、金盏菊、四季海棠、三角梅、茉莉、常春藤、米兰等。

有条件的幼儿园可在农业科技人员（最好家长里有这类人员）的指导下，进行一些容易成活、生长较快的植物的无土栽培试验，让孩子有机会接触现代生物科技，培养探索兴趣。

虽然可供选择的植物种类很多，但在具体选择的时候还应考虑以下三点。

第一，应考虑学前儿童种植活动的教育作用。学前儿童种植活动与成人的种树养花、农业生产有明显的区别，是为实现科学教育目标而服务的。因此，应较多地选择生产周期短，易于生长，有种有收的花卉、蔬菜和农作物，最好在一个学期内完成从种子发芽到开花结果的全过程，这样才有利于幼儿观察植物的生长过程，获取生命科学的经验。

第二，应考虑学前儿童的年龄特点。小班幼儿年龄小，动手能力、观察能力等都比较差，需要在教师的大量帮助和指导下才能进行种植活动，应该选择种子较大、生长快的植物，而且种类两三种就可以了，不宜过多。中班幼儿虽各方面能力有所发展，但还是不能完全独立管理和照顾所种的植物，仍应选择容易栽培的品种，但种类上可比小班丰富些。大班幼儿已具备较强的活动能力，种植品种就可以全面些。

第三，应考虑幼儿园所处的地理特点和气候特点。我国幅员广阔，南方地区的幼儿园和北方地区的幼儿园，内陆地区的幼儿园和沿海地区的幼儿园，都应该根据所处的地理特点和气候特点选择适合种植的植物。还可以结合幼儿园周边环境来选择，例如某幼儿园地处郊区，附近有蔬菜基地和农村实践基地等，他们就结合这些有利资源，种植了山芋、玉米等农作物，还种植了茄子、辣椒、石榴、柿子等蔬菜和水果。

2. 发挥种植园地的教育作用

种植是一种实践活动，在播种、管理、收获这一整个过程中教师都应尽可能地创造条件，让孩子切身体验。尤其是管理过程的工作比较烦琐，需要经常浇水、除草、施肥，其间往往经历较长时间的重复劳动，需要幼儿的坚持。这个阶段教师不能包办，或因为怕麻烦只让孩子干一两次就算了。教师应该采用各种办法引导孩子在枯燥的劳动过程中发现有意思的东西：各种植物在大家的期待中一天天长大，西红柿今天又长出了好几片叶子，黄瓜花里长出了黄瓜！管理的过程也是观察探索的过程，教师要鼓励幼儿用眼看，用笔记，用手触摸，用鼻子闻，还可以提供各种工具，例如给孩子放大镜让他们观察萝卜叶子上的小绒毛，用尺子测量植物的高度，甚至在植物遇到病虫害的时候引导孩子积极查阅资料，寻求家长帮助，得出解决问题的办法。教师也可以有意寻找植物长势差异明显的两块地作为对比，让幼儿寻找其中缘由。收获是种植活动中最能让孩子体验快乐和成功感的环节。应该让孩子观察成熟的果实，亲自动手采摘劳动的果实，可食用的果实一定要分给孩子们品尝。在收获的过程中，孩子们感受到了植物的多种特征，品尝到了多种味道，运用了多种感官，获得了很多信息，促进了语言、交往、认知等多方面能力的发展。

种植园地里种植的植物的根、茎、叶、花、果、壳、皮、籽等也可以成为幼儿园区角活动需要的材料。美工区，孩子们用花瓣、落叶、种子精心制作种子画、叶画；编织区，孩子们用麦秸、玉米皮等编成小筐、蝈蝈笼、草鞋，用狗尾草穗编织各种小动物；表演区，有树叶裙子，花生、红枣项链、手链，玉米皮做的印第安服装等；角色区里"菜市场"的"售货员"叫卖的就是从种植园里刚摘下的新鲜的黄瓜、茄子、豆角。种植园地成为区域活动的材料库，更有意义的是这些材料都是来源于孩子的辛勤劳动，不仅让孩子们有了成就感和自豪感，也使各区域的活动对幼儿更有吸引力。兴趣是孩子最好的老师，有了兴趣，活动的效果自然有了保证，种植园地与其他教育环境达到了双赢的目的。

(二)饲养园地

饲养园地一般设在幼儿园室外的一角，通常离活动室稍远一些，防止动物发出的气味或叫声影响幼儿正常的学习活动。要求地势稍高，空气流通，光源水源充足，排水方便，易于清扫。可以用栅栏围一块地，里面有草地、小屋、小棚供动物们活动、居住。为了适合学前儿童的审美要求，可以把栅栏、小屋小棚设计成各种可爱的、色彩鲜艳的造型，建造一个富有童趣的"动物园"。

1. 选择饲养内容

饲养园地里可以饲养在自然角里不宜饲养的体型较大的动物，教师应考虑各年龄幼儿的喜好、照顾小动物的能力，还应结合科学活动主题的需要来选择饲养内容。一般以可爱、温顺、不伤人、不易生病容易照顾为前提，以家禽、家畜和鸟类为主。经常饲养的有鸡、鸭、鹅、兔、刺猬、仓鼠、松鼠、鸽子、画眉、虎皮鹦鹉等，如果能挖一个鱼池，还可以养一些室内鱼缸里养不了的较大的鱼，像锦鲤鱼、草金鱼等都非常好看，有条件的幼儿园甚至还可以饲养孩子们日常生活中不太常见的山羊、小鹿、孔雀、雉鸡等动物。另外，教师在选择饲养的动物时，还可以结合周边的环境和气候特点，如可饲养一些当地特有的小动物，如贵州的小香猪等。

2. 发挥饲养园地的教育作用

饲养园地为幼儿提供了一个接触自然、了解动物、感受生命成长、增进责任意识的科学教育环境。在饲养园地里，幼儿观察、照顾、喂养动物，为动物清扫，在这个过程中，幼儿真切地感受到动物一天天的生长变化，感受到生命的蓬勃力量，感受到自己的行为与动物生长之间的关系，从而真正认识生命、尊重生命、珍惜生命。

（1）根据幼儿的年龄特点合理安排饲养活动。小班幼儿年龄小，操作能力差，饲养的动物应该是好照顾的，数量和种类都要少一些，喂养和观察活动都需要教师较多的指导和帮忙。中班幼儿饲养动物的种类可以丰富一些，教师要注意在活动中教给他们一些技能技巧，让他们逐渐从教师较多的指导和帮忙过渡到独立完成的阶段。大班幼儿动作已经比较协调，心智也比较成熟，已有了较强的责任心，而且在小中班的基础上积累和掌握了一定的经验和技能，可以承担饲养园地大部分的照顾和管理的工作。教师可安排他们轮流值日，让他们在教师的指导下学会按动物的生活习惯定时定量喂养动物，学会做清扫工作，在保证安全的前提下让他们学会照顾生病的小动物。总之，要创造条件让幼儿力所能及地参与饲养园地的各项工作，因为这是无法用其他教育途径获得的真实体验。

（2）重视饲养活动中的科学探索与发现。在饲养活动中，幼儿会发现一些有趣的现象，提出一些新奇的问题。例如，香蕉又香又甜，比胡萝卜好吃多了，给小白兔吃好不好？这时，教师不能责怪幼儿捣乱，而应该珍惜幼儿提出的每一个问题，鼓励幼儿多提问、多讨论，让幼儿带着问题去观察、思考、验证。不要根据经验或资料急于给出问题的答案，而应给幼儿提供充分的探究时间，把得出答案、揭示自然奥秘的机会留给幼儿。

（3）培养幼儿的记录和表达能力。教师可以指导幼儿用文字、图画、照片、视频的方式记录下喂养照顾小动物的过程以及小动物一天天的生长变化。小班幼儿可和教师一起记录，中、大班幼儿要逐步过渡到人手一本记录本，一发现动物有变化就记录。教师还应该鼓励幼儿用语言去表述去交流他们的感受。

（4）将种植和饲养活动有机地结合起来。幼儿园园地虽然分为种植园地和饲养园地，但是，在自然界，动物和植物是互相依存不可分割的。所以，可以让两个区域在空间上接近一些，尽量体现种植和饲养这两类活动之间的关系，突出动植物的互生关系。可能的话，可营造幼儿园微型生态系统，将饲养活动与种植活动整合起来。

（5）将种植和饲养活动与环保教育结合起来。在种植园地和饲养园地里，幼儿通过与动植物亲密接触，感悟人与自然环境的和谐相处，激起他们对身边环境的兴趣和探索欲望，潜移默化地树立保护环境的意识。幼儿园还可以利用种植园地和饲养园地这些现成的教育资源，开展一系列环保教育活动。例如，在"植树节"时带领幼儿每人种植一棵小树苗或一盆植物。在"爱鸟周"开展"给小鸟设计一个美丽的家"的主题活动。

（三）气象园地

气象与我们的每天的生活息息相关，也是幼儿科学教育的一个重要内容。有的幼儿园是在室内布置气象角，其目的是让幼儿通过记录，了解天气的变化，并学习简单的记录方法。气象角的墙上张贴着各种气象知识的图片，挂着测温度、湿度的气温计。教师引导孩子每天听气象预报，用各种漂亮的符号记录明天是晴天、阴天还是雨天，刮几级风，预告明天该穿什么衣服合适，或者当天记录当天的天气情况。

有条件的幼儿园可以在室外设置气象园地，选择一小块周围空旷的空地，安装风向标（可用 3 米左右的长竹竿，顶端系上一条绸布带）、雨量器（可用直径 20 厘米的圆筒）等测量仪器。教师指导幼儿晴天观察风向，雨天测量降雨量，并坚持记录。气象角和气象园地的布置要考虑幼儿的年龄特点，还可以结合幼儿科学活动的主题，例如"多姿多彩的天气""为什么会下雨""天气冷暖我知道""世界气象日"等。

二、科学发现室

科学发现室作为一个专门的活动室，与每个班级活动室里的科学角相比，在空间上大了许多倍，一些体积上比较大的材料设备也有了容身之地，因此可以放置的材料数量和种类都大为丰富。科学角因为空间的限制不得不分年龄和不同时期科学活动的主题来安排内容，而科学发现室提供的材料基本不按年龄来划分，而且几乎囊括了学前阶段所有的科学活动内容，这为幼儿提供了更大的选择空间，更适合幼儿在自己的水平上进行科学探索。科学发现室往往可以同时容纳较多的幼儿，他们因为共同的对科学的兴趣聚集在一起分工合作交流,便于形成一种浓厚的学科学爱科学的气氛。

(一)科学发现室的内容设置和材料投放

科学发现室的空间较大,因此可以考虑分几大区域来布置。学前儿童科学教育涵盖了"人体与健康、自然生态环境、自然科学现象、科学技术教育"四部分的内容,我们可以以此为理论依据来设计区域的内容。例如,某幼儿园的科学发现室分成四个区域:"生命科学区""环境科学区""自然科学区""科技制作区"。某幼儿园的科学发现室是按照"科学发现区""科学探索区""展示模型区""科技创新展示区"来划分。某幼儿园将科学发现室分为"奇妙的人体""美丽的大自然""你发现了什么""想一想,试一试"四个活动区。上面几个例子均可供大家借鉴。

科学发现室里常用的材料也可以依据学前儿童科学教育的内容分为四大类。

1. 人体与健康

人体模型、人体器官模型、图书视频资料,训练触觉、嗅觉、听觉的材料等。

2. 自然生态环境

(1)生物:各种生物标本、活的植物和动物、树叶、种子、贝壳、羽毛、动物骨骼等。(2)非生物:沙、石、土壤、水、空气,天文知识资料等。(3)环保教育材料。

3. 自然科学现象

(1)自然现象:气象知识材料。(2)物理现象:光学材料、磁性材料、声学材料、电学材料、力学材料等。(3)化学材料:塑料制品、纸制品、陶瓷制品、玻璃制品、洗衣粉、电池、盐、糖、牛奶、消毒剂等。

4. 科学技术教育

生活中常见的科技产品图片、模型,科学家的故事绘本或视频,科技玩具,科技小制作,科技小制作的工具、材料等。

以上所述的材料仅供大家参考,另外在具体材料的选择和投放还应考虑以下几个方面:(1)一定要安全无毒无害;(2)容易引起幼儿的兴趣,吸引他们去操作去探索;(3)操作方式简单易学;(4)种类和数量充足;(5)多选用幼儿常见的材料和自制的物品。

(二)科学发现室活动中教师的作用

科学发现室的活动主要以幼儿的探索和发现为主,它有别于集体教学活动,教师在其中只起引导和协助作用。所以,教师必须做到从台前走到台后,了解和尊重幼儿的意愿,成为幼儿活动的支持者和推动者,正确地发挥教师的作用。

1. 准备阶段

在幼儿科学活动之前,教师应做好准备工作,包括学习丰富充实自己的科学知识,培养自己对待科学的正确态度和方法,尤其是要充分掌握科学发现室里涉及的科学内容和某些行业的先进科学知识,对科学发现室里所有仪器的使用方法和注意事项了然于胸,能清楚明了地向幼儿说明和示范。

2. 活动阶段

在幼儿的科学活动过程中教师应该做一个耐心细致的观察者。例如,当发现孩子出错时,不急于纠正和指导,静观其发展,给孩子更多尝试和思考的机会,在孩子尝试了多种方法无果的情况下可以给予提示,帮助他发现问题所在,鼓励他再思考再尝试。当发现有的活动过程需要较长的时间,幼儿容易失去耐心,教师要善于用自己的积极的情感去感染幼儿,激发、调动幼儿的情感共鸣,潜移默化地培养幼儿对科学的正确态度。当发现活动材料分配不合理时,随时对材料进行调控。

3. 结束阶段

教师除了应做好环境的善后工作,还应对本次活动幼儿的表现和出现的问题及时总结,及时改正,使以后的活动能够更顺利地开展。

(三)科学发现室的管理

科学发现室有"两多":一是设备材料多,二是活动人数多。幼儿每次活动后,都会出现材料移位、损坏、消耗等现象,所以最好安排专人负责日常管理工作。

科学发现室的管理工作主要包括以下两个方面。

1. 对物的管理

打扫环境卫生,将移动过的材料复位,修补被损坏的材料,及时补充消耗性材料。定期对科学发现室的仪器设备、电源电线等进行检修和维护,避免发生任何意外。照料有生命的动物和植物。每天记录科学活动室的使用情况。一成不变的材料容易使幼儿失去兴趣,因此还应该定期更新、变换科学发现室中的材料,以使幼儿保持一定的新鲜感。

2. 对人的管理

制定活动规则,并在活动之前告知幼儿,必要时在活动之中提醒个别幼儿遵守活动规则,但要注意态度温和。

💡 对点案例

以下是某幼儿园科学发现室墙上张贴的管理制度:

温 馨 提 示

1. 请大家自觉保持环境卫生。

2. 请爱护实验用品,未经允许不要将物品带出发现室。

3. 活动时一定要注意安全,以免发生意外。

4. 请老师教孩子正确的操作方法。

5. 请大家按照活动安排表入室活动,并做好活动记录。

6. 活动结束后,请及时做好整理工作。离开时,请关好门窗、电灯等。

7. 谢谢合作,祝孩子们活动愉快!

案例展示

案例一 鸟是人类的好朋友(大班)

设计意图:

在本科学活动案例中展示如何根据学前儿童科学教育环境创设的基本要求选择适合的教育资源,创设适合的教育环境,以及在活动进行过程中如何利用这些资源。

活动目标:

1. 认识鸟类的外形特征及其对人类的益处。

2. 有目的地进行观察、比较,并用语言积极表达。

3. 感受鸟类和人类的密切关系,激发爱鸟的情感。

活动准备:

1. 教师带领幼儿参观动物园的鸟的乐园,观察各种各样城市生活中不常见到的鸟类:啄木鸟、猫头鹰、鸵鸟、企鹅、孔雀、杜鹃以及一些珍稀的鸟类,引导幼儿观察鸟的特征,听鸟的叫声,录制鸟鸣声。

2. 教师挑选一个风和日丽的白天带领幼儿去社区公园的广场上看成群的鸽子觅食、飞翔、起落,引导幼儿观察鸽子的神态、动作,觅食、飞翔的姿势,学鸽子的叫声和动作,给鸽子照相、拍视频,作为教学资料。

3. 在饲养园地饲养鸽子、画眉、虎皮鹦鹉、喜鹊、麻雀等鸟类,让幼儿在教师的指导下给它们喂食喂水,清扫鸟笼,观察鸟的外形特征,给鸟儿照相,拍鸟儿的视频,做鸟儿的成长记录。

4. 提前让幼儿在家里养一只自己喜欢的小鸟,可以在活动开展的期间带到幼儿园来,放在活动室内的自然角里。

5. 让家长帮助幼儿收集鸟的资料,包括各种鸟的特征以及特有的鸣叫声,还有鸟儿的生活环境,有什么生活习性。

6. 教师收集有关鸟儿的生活环境和生活习性的视频资料,制作PPT课件。

7. 在自然角和活动室的墙上布置鸟的图片展。

8. 准备鸟的标本。

9. 制作鸟的头饰。

活动过程:

一、活动导入

1. 活动室墙上有鸟的图片,音响里放着自然界里各种鸟的叫声,多媒体银幕上展现各种鸟的视频,引导幼儿进入鸟的世界。

2. 简单交流,让幼儿说说自己都认识什么鸟? 它们都叫什么名字?

二、观察鸟的外形

1. 分组自由观察鸟的标本和自然角里的小鸟,分组说说鸟的外形特征。

2. 集中交流:从鸟的外形找共同的地方与不同的地方。(引导从嘴巴、羽毛、翅膀等部位寻找)

三、鸟儿的生活环境和习性

1. 让幼儿说说鸟喜欢的生活环境和生活习性。(事先让幼儿和家长收集过这方面的资料)

2. 通过视频资料介绍几种鸟的生活环境和习性。

四、感受鸟和人的密切关系,理解鸟类是人类的好朋友

1. 引导幼儿交流:你们喜欢小鸟吗? 为什么?

2. 根据幼儿的交流介绍几种鸟。(看视频:森林医生——啄木鸟,捕鼠能手——猫头鹰,灭害功臣——乌鸦,田野卫士——喜鹊,认路送信——鸽子,学舌高手——鹦鹉)

小结:鸟是我们人类的好帮手,有着漂亮的羽毛和动听的叫声,还能给我们带来快乐,鸟是我们人类的好朋友。

3. 让幼儿说说自己怎么样爱鸟,护鸟,激发幼儿爱鸟的情感。

五、让幼儿选择自己喜欢的鸟儿的头饰戴在头上,自编自演迷你童话剧

活动内容较多,可分几次进行,形成一个系列。

案例展示

案例二　在科学发现室的一角布置一个主题为"神奇的水世界"的科学活动区

设计意图:

在该案例中展示如何将各种材料进行有效整合。

活动总目标:

学习探索事物的简单方法,提高动手动脑能力,能仔细观察,乐于尝试,愿意与同伴合作实验,积极参与交流活动,体验发现的乐趣和游戏的快乐。

活动名称：水宝宝，你是什么样的？

活动目标：

幼儿通过亲自动手操作，让幼儿了解水是无色透明的，是会流动的，具有溶解性的特性。

活动材料和使用说明：

1. 两个小鱼缸，一缸装满清水，内有一条小鱼游来游去；一缸装满大米，内有塑料小鱼。让幼儿观察到水是无色透明的。

2. 两个玻璃杯，一杯清水，一杯酸奶。

让幼儿看一看，尝一尝，水是无色无味的，酸奶是白色酸甜的。

3. 一个装满水的塑料水槽，旁边放一些塑料小篮子、有洞的塑料杯子、有洞的塑料袋，没有洞的塑料袋和杯子等物体。

让幼儿挑选几样来盛水，得出结论：水是流动的。

4. 玻璃杯若干，分别盛有清水，小勺若干，旁边的调料盒里分别放着白砂糖、冰糖、盐、果珍、沙子、石子、红豆等。让幼儿探索水的溶解性。

活动名称：水宝宝真团结

活动目标：

在实验过程中细心观察，发现水面形状的变化，了解水的表面存在着一股收缩的力——表面张力。

活动材料和使用说明：

1. 装满水的水槽，玻璃杯若干，回形针若干盒，抹布（用来擦水的）。

让幼儿在玻璃杯里倒满水，再仔细地将回形针一个一个慢慢地放进盛满水的杯子里。观察在水没有流下来前，水面是鼓鼓的、向上的弧形，摇摇晃晃的。

2. 一元硬币若干，滴管若干。

拿滴管吸水，向硬币上滴水，一边滴一边数数，记录下一元硬币上可以装多少水，在水没有流下来前，观察水面也是鼓鼓的，呈弧形向上凸出的，摇摇晃晃的，还能把里面的字放大。

3. 圆形、方形、三角形、五角形的吹泡泡器，肥皂水。

让幼儿一边玩吹泡泡，一边观察用不同形状的吹泡泡器吹出的泡泡都是球形的。

4. 张贴画：《团结的水宝宝》。在水的表面上，水宝宝们手拉着手，都在向里收缩。解释水的表面张力的原理。

活动名称：水宝宝会爬高

活动目标：

观察感知毛细现象，同时发现生活中的类似现象，并探索其中的原因。

活动材料和使用说明：

1. 止咳糖浆的小细管若干，红、黄、蓝、绿四瓶颜料水。

让幼儿将小细管插入四瓶颜料水中，观察水顺着小细管向上爬的毛细现象。

2. 裁成长条的皱纹纸和蜡纸，颜料水，放大镜。

将长条皱纹纸的一端浸在颜料水里，水顺着纸向高处爬，用放大镜观察皱纹纸里有很细小的空隙，水顺着这些空隙向上爬。蜡纸不吸水，用放大镜观察蜡纸里没有空隙。

3. 用白色皱纹纸做的白花若干，红、黄、蓝、绿四瓶颜料水。

让幼儿将白花插入颜料水中，观察白花慢慢变彩花的过程。

4. 用绿皱纹纸做成一棵大树，将树根浸在颜料水里。观察水沿着"树"上升的变化。

5. 自动浇水器。一盆水放得略高，一块毛巾一端放在水里，一端垂在盆外。垂在盆外的一端下方放一盆花。不一会儿，水就顺着毛巾滴到花盆里了。

【实践活动】

尝试设计一个主题为"神奇的电"的科学区域活动。

【拓展实训】

一、选择题

1. 下列可在各个班级的活动室里设置的是(　　　)。

　　A. 科学发现室　　　　　B. 科技角　　　　　　　C. 自然角　　　　　　　　D. 饲养园地

2. 以下不符合学前儿童科学教育环境创设的要求的是(　　　)。

　　A. 必须保证幼儿的身心安全与健康

　　B. 要充分考虑学前儿童的身心发展特点

　　C. 要为实现科学教育目标而服务

　　D. 应尽量选用高级材料,打造一个豪华上档次的教育环境,这样才能吸引学前儿童的注意力

二、简答题

1. 除了本章提到的学前儿童科学教育资源,你还能开发哪些资源?

2. 谈谈在科学教育实践中如何创设良好的心理环境。

3. 观摩一个幼儿园科学活动,分析其中使用的教育资源,分析其不足之处并尝试提出解决的方案。

4. 用简短的话写出本单元的学习心得及以后学习的计划。

第六章

非幼儿园场所的学前儿童科学教育

【本章重点】

- 了解家庭在学前儿童科学教育中的意义，并掌握其特点及方法。
- 理解社会在学前儿童科学教育中的意义，并掌握其特点及方法。
- 掌握大自然在学前儿童科学教育中的意义，并掌握其特点及方法。

【技能提升】

能尝试利用家庭、社会或大自然开展学前儿童科学教育活动。

【学前引路】

所谓"非幼儿园场所的学前儿童科学教育"是指除幼儿在幼儿园中接受的集体教学外的非正规性科学教育活动，即幼儿每天生活在家庭中的科学教育活动、社会中的科学教育活动、自然界中的科学教育活动。对于学前儿童而言，这些活动具有其特殊作用和教育意义，是学前儿童科学教育的重要途径。本章内容更具开放性和灵活性。通过理论与实际案例相结合的模式，结合幼儿的特点，让那些从未被意识到的教育机会进入视野，使学前儿童科学教育成为立体的、渗透式的教育活动。

第一节　家庭中的学前儿童科学教育

家庭是学前儿童的第一所学校，是他们生活时间最长、影响最大的教育环境，也是学前儿童接受科学教育的有利教育场所。父母是学前儿童的第一任老师，所施加给儿童的教育影响是深远的、全方位的。经济的发展、科技的进步使得社会对教育的影响越来越大，社会信息的多渠道化使得学前儿童获得的科学信息越来越丰富，加之家庭科学化水平的提高，社会的密切配合，共同为幼儿创造了一个良好的成长环境。

家庭是每个孩子的第一个生活环境，是学前儿童成长过程中的第一站，它对孩子的影响自出生之时就已经开始了，所以它是儿童最早接触到的科学教育环境。父母是孩子的养育者和早期教育的启蒙者，孩子每时每刻的生活活动都受到家庭成员潜移默化的影响。在入园之前，儿童就已经在家庭中形成了一些初步的科学经验和相关的探索能力，这就为学前儿童以后接受幼儿园和社会提供的科学教育打下了基础。此外，家庭科学教育是整个现代科学教育体系的一个重要组成部分，家庭必须和幼儿园紧密配合，相互补充。

一、家庭中的学前儿童科学教育的意义

（一）家庭中的学前儿童科学教育的意义

1. 家庭是学前儿童最先接触的科学教育环境

家庭、幼儿园、社会环境是影响学前儿童成长的三大环境因素。对于学前儿童来说，家庭是对他

们发展影响最大的环境因素。家庭中的每一个成员和家庭中的一切生活物品都构成了学前儿童生活的最初教育环境。家庭环境与孩子的成长密切相关,家庭是学前儿童的第一生活环境,幼儿对外界最初的感知经验应该首先在家庭环境中获得。当幼儿用自己的眼睛去观察家庭中的各种事物;用小手去触摸到家庭中形状各异的物品;用耳朵去倾听外界不同的声响,家庭对学前儿童的影响就开始了。家庭环境是儿童最早接触到的科学教育环境,在此环境中,学前儿童开始形成一些初步的科学经验和相关的能力,这些经验和能力是幼儿往后接受幼儿园和社会提供的科学教育的前提和基础。所以,重视家庭中的学前儿童科学教育对学前儿童未来的发展具有重要的意义。

2. 父母是学前儿童最早的科学启蒙老师

儿童自出生以后,与父母相接触的时间最多,并且对父母形成依恋。虽然有不少儿童被隔代养育,但是父母在幼儿的成长过程中所起的作用是最重要的,不可替代的。首先,血缘关系所形成的情感氛围,使父母的言传身教更具感染性。其次,孩子自出生之后就与自己父母朝夕相处,父母的一言一行都起到了潜移默化的作用,使儿童最容易接受父母的教育和影响。父母为儿童提供的教育对学前儿童的影响是巨大的,其中当然包括科学教育。当父母照顾学前儿童时,一般都会有语言交流,在对儿童进行语言教育的同时,对他们的科学教育也是少不了的。例如春天父母和儿童外出时发现到处飘满了柳絮,孩子会问父母:这是什么? 家长会告诉孩子物体的名称,还会告诉孩子柳絮是白色的。好奇的幼儿可能还会问到柳絮为什么会飞,家长会告诉幼儿因为柳絮很轻,而空气是流动的,所以在空气的作用下会飞起来。在日常生活中,类似的科学教育情景时有发生。就是在这样的潜移默化中,学前儿童获得了对世界的初步感知。即使在儿童进入幼儿园之后,他们与父母相处的时间也是最长的,在这种连续、稳定的接触中,学前儿童科学教育渐渐地进行着。

3. 家庭科学教育是现代科学教育体系的重要组成部分

现代幼儿科学教育的重要特征是,重视建立幼儿园科学教育、家庭科学教育与社会科学教育的育人机制。这一特征决定了家庭科学教育是整个社会教育体系的一个重要组成部分。所以建立由幼儿园、家庭和社会科学教育设施的有机联系,形成一个网络状的现代科学教育体系,是非常重要的。只有形成这样一个有联系的体系,才能取得学前儿童科学教育的最佳效果。

家庭是学前儿童接受教育的第一站。事实上,儿童在进入幼儿园之前,已经从家庭中获得了大量科学经验和初步的科学技能。在入园之后,还会不断地从家长这里接受科学教育,这与现代家庭文化水平的提高以及家长对学前儿童教育的重视是分不开的。因此,家庭也是学前儿童学习科学的有利环境,父母是幼儿科学教育的重要实施者。家庭、幼儿园、社会科学教育设施在现代科学教育中都发挥着各自独特的教育作用,任何一方面都不容忽视。

(二) 家庭中的学前儿童科学教育与家长观念的转变

1. 首先要转变两种认识

一是幼儿园认为家长在教育上无所作为;二是家长对幼儿园教育完全依赖。幼儿园作为学前教育的专业机构,不能将学前儿童科学教育的责任全部包揽,幼教工作者有义不容辞的责任去帮助和指导家长们进行家庭教育,从而使家园教育有机结合,相辅相成,融为一体,而不能仅仅满足于幼儿园内的科学教育,还应该系统考虑幼儿园、社会、家庭整体合力对学前儿童的影响,否则会导致各种科学教育资源严重的搁置现象。学前儿童科学教育目标与内容的不断更新,急需众多家长的参与,必须将家长列入学前儿童科学教育工作者的队伍,组织他们研究和实践家庭学前儿童科学教育,共同完成现代社会教育的使命。家长们也希望下一代所拥有的不仅仅是一些零碎的科学知识,更需要具有相当程度的科学素养。现代学前儿童科学教育是培养幼儿能够运用一定的科学方法、科学知识,去认识环境、了解环境、理解环境,长大后服务现代社会。家长和幼儿园在科学教育目标上的共识,是家庭中学前儿童科学教育的基础。幼儿园应该充分利用周围资源,特别是家长这一极其值得挖掘利用的人才资源,为学前儿童科学教育服务。

另外,从家长这一方面来说,孩子进入幼儿园后,父母往往会觉得孩子既然已入园,教育任务就应该由幼儿园老师完成,特别是对于科学教育。家长们虽然会意识到科学教育的重要性和必要性,但是由于工作繁忙,家务多,加之觉得自身对科学教育内容的不熟悉,从而忽视了家庭科学教育的特殊作用,把学前儿童科学教育的重担全部推给了幼儿园老师。尤其是很多父亲忽略了对幼儿的科学教育。事实上,不仅在科学教育方面,而且在儿童个性的形成中,父亲这一角色起着非常重要的作用。由于幼儿园教师性别比例严重不平衡,学前儿童与男性相接触的机会大大少于与女性接触的机会,这不利于幼儿心理健康的发展。由于男性有着与女性不同的思维方式和行为方式,父亲参与学前儿童的科学教育往往会收到意想不到的效果。父母双方都应该努力参与家庭教育,孩子能从父母双方身上吸取不同的优点,有利于孩子完善人格的形成。

2. 不要忽视丰富的家庭环境资源

人的发展三要素是遗传、环境和教育,而当今学前儿童科学教育在一定程度上忽视了潜在的环境因素,这就违背了教育学的最基本理论。当今的学前儿童科学教育,已经把教学教育的目标从"科学知识—科学方法—科学态度"改变为"科学态度—科学方法—科学知识"。但在实际的教育过程中,仍有众多的幼儿老师和家长,过分注重学前儿童的知识学习,却忽视了对获得知识的状态、途径、方法等的掌握,对学前儿童知识的建构过程往往不予重视,至于学前儿童的科学态度、科学方法、科学能力则得不到应有的培养。

家庭是学前儿童生活时间最长、最为熟悉的环境,并且有着多样的亲属关系,不同年龄、不同层次、不同性别、不同个性的家长对幼儿都有着不同的影响。每一位家长的科学态度、科学方法、科学知识也是不尽相同的,这有利于学前儿童接受不同风格的科学教育。父母应该充分利用这种丰富的家庭教育环境,去影响学前儿童科学经验和能力的获得。

二、家庭中学前儿童科学教育的特点

(一)家庭科学教育具有个别性

在幼儿园集体教育环境下,老师需要一个人面对几十名幼儿,有时难免指导不到,错误的得不到及时纠正,正确的得不到及时的鼓励,造成"遗憾的教育",而家庭教育则是一对一或是多对一的教育,明显不同于幼儿园一对多的教育,具有幼儿园教育不可比拟的优越性。在生活中家长与幼儿可以一对一、面对面地进行指导,孩子的每一次进步都可以给孩子及时鼓励,也可以针对错误的问题及时给予引导。家长与幼儿共同生活,朝夕相处,能全面深入地了解幼儿的身心健康、认知水平、学习方法等诸多方面的状况,并且能根据学前儿童的需要和爱好,适时恰当地培养他们的科学态度、科学方法、科学能力。因而在充分地了解学前儿童的科学兴趣、科学经验、科学能力基础上,选择行之有效的教育内容和方法,可以充分发展学前儿童的个性和才能。并且家庭环境相对来说更加宽松、融洽,从而更加有利于进行高效的学前儿童科学教育。

(二)家庭科学教育具有灵动性

灵动性指家庭科学教育可以不受时间、地点、形式的限制,随机进行,内容多样,方法灵活。家庭科学教育的内容与家庭生活紧密相连,学前儿童与父母在一起的日常生活中,常遇到一些科学问题,这些问题中包含着丰富的科学常识,父母应该抓住这些机会,激发幼儿对科学现象的兴趣,试试开展行之有效的科学教育。学前儿童家庭科学教育可以在家庭生活的每一个地方每一个时间进行。客厅、厨房、院落、卧室、书房等一切与幼儿生活相关的地点,超市、汽车、火车、广场等不同的公共场合,早晨、中午、晚上、进餐、游戏、劳动、睡前等任何地点任何时间都可以。家长还可以充分利用家庭中现有资源开展家庭科学教育,如帮助幼儿了解各个家用电器的不同功能、认识制造各种家具的不同材料等。当学前儿童对庭院里的花草感兴趣时,家长可引导幼儿细致观察,除了告诉幼儿花名、花期之外,还可教给幼儿相关的植物常识,让幼儿亲自动手养育一盆花,以及解释阳光、植物、水等一切有关自然的现象,启发幼儿思考探究大自然的奥秘。家长操持家务时若孩子在旁边,并且对家务有疑惑时,可以向孩子解释这是在做什么,为什么这样做。科学是幼儿每日生活经验的一部分,每天发生的随机经验对幼儿来说是最自然、最具体、最有意义、最容易了解、也是最不容易忘记的。

（三）家庭科学教育具有连续性和持久性

学前儿童与家长朝夕相处，家庭科学教育是在有意和无意、自觉和不自觉的情况之下不间断进行的。在家庭环境里实施学前儿童科学教育，教育环境就是家庭，教育者可以是幼儿父母、邻居、祖父母等，不管家长以什么方式，在什么时间，都能随时随地教育、影响孩子；子女也在持续地接受不同场合的科学教育，这并不是一蹴而就的，而是在日积月累中慢慢发生作用，经过量变达到质变，它是一种持久的过程。家庭科学教育的连续性，往往会对家庭的许多代人发生作用。家庭的科学氛围和成员的科学素养决定着家庭科学教育的质量，家庭科学教育的质量也从一定程度上反映了家庭的科学氛围，这种氛围与家庭其他各种素养综合形成家风。家风的好坏往往延续几代人，而且往往与家庭成员从事的职业有关，如教育世家、科学世家、杏林世家、梨园世家等。

（四）家庭科学教育具有潜移默化性和感染性

家庭科学教育不像幼儿园科学教育那样具有计划性和目的性，而是寓科学教育于家庭生活之中，带有深厚的生活气息。学前儿童科学教育生动具体的内容与过程应该是家庭生活的一部分。"随风潜入夜，润物细无声。"学前儿童在熟悉的家庭氛围中，自然、轻松、生动、有趣地和家长一起学习科学知识，培养科学能力。这种潜移默化的特性符合学前儿童身心发展的特点，容易收到良好的教育效果。

父母与子女的血缘关系和亲密联系具有与生俱来的天然性。父母和其他家长的每一种情绪变化，都会对学前儿童有很大的感染力，这使家庭教育带有强烈的情感色彩。所以，家庭科学教育可以通过父母和幼儿间的互相感染来实现。父母的某些良好习惯和行为，如热爱科学、喜欢动手、经常阅读科技书籍等，会明显地影响儿童对待科学的态度。在一个热爱科学、有良好科学风气的家庭环境里，子女会自觉或不自觉地习得父母的科学人格和科学行为。因此，家庭幼儿科学教育要求家长不断提高科学和教育素养。

💡 **对点案例**

玩具分类（0—3岁）

活动目标：

1. 让幼儿知道玩具名称，在玩具中感知物体的大小、多少、颜色等属性。

2. 让幼儿在玩玩具中激发、保持对物体的探究兴趣，感受其中的快乐。

3. 培养幼儿玩过以后，整理玩具的习惯。

活动准备：

1. 家里大小、软硬、形态、颜色等不同的各种玩具，装在玩具箱内。

2. 不同颜色的大一点的纸盒（放玩具用）。

活动过程：

1. 推出玩具箱，激发兴趣。

"妈妈今天送你一个百宝箱，快来看一看，里面都有什么？"指导幼儿把玩具从玩具箱里一一拿出，可以一边拿一边说玩具名称，不能用语言表达的幼儿，可以家长说，幼儿按要求拿。

2. 按物体的不同属性分类。

"这么多玩具待在一个家里，多挤啊，我们帮忙给它们分分家吧。"不能用语言表达的幼儿，可以由家长提出分类要求，幼儿按要求做，例如，把红颜色的玩具放在纸盒里，把数量是1的玩具放在黄盒里……并对幼儿的反应及时给予评价，重复物体属性，说给幼儿听。稍大一点的幼儿可以让他们自己分，请幼儿说一说为什么这么分。

3. 收拾、整理玩具。

"我们跟玩具朋友玩这么长时间了，它们一定累了，也该回家喝水了。我们把它们一一送回家去吧。明天接着玩。"和幼儿一起收拾玩具，放回玩具箱。

活动评析：

利用家里的玩具材料，让幼儿通过摆弄玩具，自主操作，感知物体不同属性，通过表达加深对物体属性的认识理解。同时增进亲子感情。

（案例摘自：李玮，庄彩霞. 学前科学教育[M]. 天津：南开大学出版社，2012.）

三、家庭学前儿童科学教育的方法

家庭环境、家长自身的素质、亲子关系及家长的教育观念等因素直接影响儿童今后的发展。著名教育家苏霍姆林斯基就曾指出：父母是创造儿童未来的"雕塑家"，儿童的"基石"是由父母亲自奠定的。所以，作为担负如此重任的家长来说，掌握一定家庭科学教育的方法是非常必要的。

（一）鼓励幼儿发现问题

学前儿童的科技学习从好奇心和求知欲开始，孩子天生好奇好问，这正是儿童科学意识高涨，求知欲强烈的时候，家长应该以探究学习为导向，正确对待学前儿童的好奇好问，引导幼儿主动参与、自由探究活动，在与成人、同伴、材料、环境的对话、互动中解决科学问题。

随着儿童年龄的增长，接触的事物、现象增多，生活经验不断丰富，幼儿脑中的问题也越来越多，对周围环境的好奇心越来越强烈，他们最初关心的问题都和自然环境有关，另外还包括人体、文化、社会、科技等各方面的问题，经常会对家长提出是什么、为什么等问题。比如，孩子会问：大海为什么是蓝色的，冬天为什么会下雪，鱼为什么要生活在水里，鱼睡觉时为什么不闭上眼睛等各种各样甚至是稀奇古怪的问题，还有些问题是家长意想不到或难以回答的。有时幼儿还会对某些问题刨根问底，比如我是从哪儿来的，当家长回答是妈妈生下来的时候，孩子还会追问，妈妈是从哪儿来的。当幼儿提出难以回答的问题时，家长不能乱说一气，更不可用"就你问题多，哪来这么多问题"之类的话打击幼儿提问的积极性，要保护孩子的这种好奇心。对那些爱提问、喜探究的幼儿，应该进行正确引导，这恰恰是创造型人才的雏苗。幼儿科学启蒙教育的内容往往来自孩子的问题，许多在成人看来熟视无睹的现象和规律，会成为孩子心中的疑问。

家长对孩子的好奇好问应该热情欢迎，耐心回答，尽可能用孩子可以理解的方式回答他们的问题，既不能支支吾吾，敷衍了事；更不能以厌烦的情绪不作回答，甚至训斥责备孩子。家长要支持、保护幼儿的好奇心，当幼儿提出疑问，表示疑惑时，家长除了应认真解答和表示鼓励，支持幼儿的提问以外，还应该引导孩子去探索，引领孩子到科普读物中寻找答案，到大自然中去感知事物和现象。家长还要注意观察、了解、收集和整理一些贴近生活、幼儿感兴趣的科学知识或背景材料，以便随时取用，回答幼儿的提问。幼儿没有问题时，家长要主动引出问题让幼儿思考。如果孩子对周围事物漠不关心，毫不感兴趣，没有求知欲，很难想象幼儿的未来会在科学领域有所建树。

（二）引导儿童观察周围的事物

在我国幼教早期，陶行知先生就已经倡导生活教育思想，即在生活里找教育，为生活而教育。学前科学教育主要包含三方面的内容：科学情感、态度的培养，科学能力和方法的学习，科学概念的获得。科学的情感和科学技能的掌握以及科学概念的形成在一定程度上依赖于学前儿童的科学经验，而最初的科学经验的形成又来自现实生活。科学教育要最大限度地贴近自然，围绕学前儿童的现实生活。幼儿喜欢用自己的方式去探索周围的世界，他们对生活中的科学事物和现象比较敏感，因此家长应该尽可能满足幼儿的好奇心，家庭环境和家庭生活的丰富多彩可以为幼儿提供观察的事物。由于年龄特点和天性使然,幼儿本身就具有强烈的好奇心和探索欲,庭院中的花草虫鸟,天空中的月圆月缺,不管是自然事物还是自然现象,都吸引着幼儿积极地去观察和探索。

观察是一种有目的的认知活动,是运用多种感官,感知世界的事物和现象获取信息的直接方法,也是学前儿童探索事物科学性的最基本的方法,幼儿是否善于使用感官,从家庭生活各个方面去吸取科学信息,这是科学教育成功与否的关键之一。学前儿童年龄尚小,在一般情况下他们不善于主动利用自己的感官,去发现日常生活中的科学现象。因此,家长要有意识地引导孩子去注意和发现周围事物的不同之处,还要注意鼓励幼儿对将要发生的事情进行猜测,对目前现象提出形成的原因,预想未来的状态,根据观察的现象试着提出合理的解释,这样可以将幼儿的科学经验整合起来,帮助幼儿超越从"发生了什么"到"为什么会发生"或"说明了什么"这一思维进展过程。例如,在引导幼儿对指纹的观察之后,总结出每个人的指纹都是不同的这一常识,由此让幼儿理解通过指纹可以鉴别不同的人。

(三)鼓励幼儿积极进行科学探索活动

学前儿童的思维方式与成人不同,是从感知动作思维到具体形象思维,再到抽象逻辑思维,在解决问题时主要使用动作思维和具体形象思维,年龄越小表现得越明显,所以幼儿的学习常常是听过就忘记,看过就记住,做过就理解。对幼儿进行科学素质、能力的培养,强调的是做科学而不是看科学,听科学。家庭中的很多事物都会引起幼儿的好奇,产生探索的欲望,家长要理解、支持幼儿的探索行为,为幼儿提供直接感知、亲身体验、动手操作的机会,这是帮助幼儿进行学科学的重要途径。

家长应该关心学前儿童的探索活动,这是对幼儿进行科学教育的绝好机会。我们强调学前儿童大脑的活动性,使其通过眼、耳、鼻、舌、手去全身心地投入和感知,去激发学前儿童学习科学的兴趣,满足其需要,促进其发展。

对学前儿童的探索活动,应给予精神鼓励和物质支持。探索过程中最好有同伴与幼儿一起探究,他们可以把心中的感受,所获得的科学经验向别人倾诉,如果探索活动仅有幼儿自己进行,往往伴随着自言自语。家长可以参与幼儿的探索活动,与他讨论遇到的困难,及时帮助孩子克服障碍,所以儿童自主探索、儿童伙伴探索与家长适时指导参与相结合,更有利于进行科学教育。

孩子可能会对家里的闹钟发出铃声感到奇怪,在好奇心的驱使下会把闹钟拆开来看个究竟,家长不要以为这是孩子调皮,搞破坏,而加以责备甚至严厉训斥,轻易制止孩子的探索活动,这些都是不正确的态度和做法。家长可以适时询问孩子发现了什么,或者适当鼓励:好孩子,真爱动脑筋!你有拆开闹钟的本领。家长还可以提出要求:你那么棒,肯定能把闹钟重新组装好!在孩子组装过程中,不要给予过多的指导,结果往往出人意料,孩子如果成功的话,巨大的成就感就会激励他进一步的科学探索活动。关心鼓励幼儿的探索活动,使孩子的科学探索活动不被中断。

家长还需要为学前儿童的探索活动提供必要的物质条件。如果幼儿需要一些必要的物质条件,只要是安全无危害的,家长都可以尽量满足。

对点案例

巧喝豆浆(酸奶)(3—6岁)

活动目标:

1. 知道堵住吸管一端,空气会使管子变硬,刺破塑料膜更容易,丰富生活经验。

2. 培养乐于思考,勇于探索的精神。

活动准备:

吸管一根,塑料杯密封豆浆一杯(或塑料杯密封酸奶)。

活动过程：

1. 导入：利用吃早点，引出问题。

"要用吸管喝到杯里的豆浆（酸奶），怎么样才能顺利刺破杯上的塑料膜呢?"

2. 激发幼儿尝试解决。

幼儿可能会用力戳，可能会把吸管戳折，家长可以引导幼儿尝试用手指堵住吸管的一端，再迅速向塑料膜戳去。

3. 说说感受，加深体验。

幼儿说一说，怎样刺破塑料膜更容易。进而加深体验。

活动评析：

活动通过创设问题情景，引导幼儿在主动探索的基础上，尝试解决日常生活中的问题，进而丰富自身的科学体验。

（案例摘自：李玮，庄彩霞.学前科学教育[M].天津：南开大学出版社，2012.）

第二节　社会中的学前儿童科学教育

学前儿童科学教育不仅依赖于家庭环境、幼儿园环境、还要依靠社会的力量和环境。多样的社会设施为幼儿提供了学习科学的机会和场地，学前儿童可以在博物馆、植物园、动物园、科技馆等社会资源中，了解平时无法观察到的事物和现象，并且也能在社会设施中通过实践操作进行科学探索，从而培养良好的科学态度、科学方法，以及广博的科学知识。

一、社会资源在学前儿童科学教育中的意义

（一）开阔学前儿童的视野，弥补家庭和幼儿园科学教育的不足

社会教育资源可以丰富学前儿童的知识，开阔儿童的视野。社会资源的引入，可以使学前儿童科学教育的活动不再局限于幼儿园和家庭之中，而真正面向自然和社会。儿童在丰富的社会资源中接触幼儿园所没有的环境，得到家庭所得不到的信息，不仅能增长见识，而且能激发兴趣，这将带来科普读物和口头讲解所不能得到的效果。比如，在认识恐龙这种已经灭绝的动物时，可以带领儿童到博物馆去参观恐龙化石，观察恐龙模型，这些活动要比幼儿看图片更直观、更形象，恐龙模型庞大的身躯给幼儿以强大的视觉震撼力，从而在幼儿头脑中留下深刻的印象。社会教育资源还能改善幼儿园的办学条件，加强幼儿园和社会的联系。

（二）给学前儿童提供接触社会的机会，有助于培养学前儿童的社交能力

人是社会的人，人的生存和发展离不开社会。将社会资源引入学前儿童科学教育之中，对儿童来说，也是提供给他们一个接触社会的机会。家长和老师带领学前儿童进入社会中，去观察、发现、探索丰富多彩的科学事物，不仅是为了了解周围的环境，同时也让孩子们学会了如何与幼儿园以外的人交往，鼓励幼儿把在家庭和幼儿园中学到的社会常识运用到社会环境中去。在社会资源丰富的大环境中，孩子不但体验了成人的劳动，而且增强了社会交往的语言表达能力，扩大了视野，丰富了内心世界，促进幼儿的社会性发展。

（三）通过交流与合作，加强幼儿园和社会的联系

社会不仅给学前儿童提供了一个开放、自由的教育环境和自由探索、主动发现的机会，而且在幼儿园合理利用社会资源的同时，加强了幼儿园和社会的联系。一方面，幼儿园与社会合作提高了幼儿

园的知名度,宣传了幼儿园的先进的教育理念和教育方法。另一方面,使社会了解幼儿园的各项教育活动,参与到关心、教育幼儿的行列中来,共同关心幼儿的教育和成长,让全社会都来支持学前儿童教育工作。

二、社会资源的范围

所谓学前儿童科学教育的社会资源,是指社会可供教育活动开发和使用的人力、物力、自然环境、社会组织等各种要素的总和,是指相对于幼儿园而言的一种环境资源,是学前儿童科学教育环境的组成部分,如社会中不同职业的人、博物馆、水族馆、电视机构、公共广播、动植物园等公共设施。这些社会资源如果能为幼教机构和家长充分利用,将在教育管理、活动组织、幼儿发展与教师成长等方面产生广泛的社会效益。因此,学前儿童社会教育的发展一定程度上依赖于丰富的社会资源。

(一)人力资源

人力资源是指能够对幼儿园科学教育活动有所帮助的各种人物,一般包括各领域的专家、社会人士、职业人士和幼儿家长等。专家能够提供老师和儿童咨询问题的答案,并提供科学、可靠的专业信息。比如,幼儿园要开展海洋知识宣传活动,可以邀请中国海洋科学研究专家向小朋友讲授海洋动植物知识。社会人士包括各界领袖、机关领导、宣传工作者等,他们能够协助讨论有关社会发展、社会安全、文化政治等方面的问题。职业人士一般都掌握一些和他们的职业有关的专门技术,能解决儿童生活中的很多实际问题。若想让幼儿探询马路上交通灯的秘密,就可以组织幼儿访问交警。幼儿家长其实是幼儿园可以利用的最丰富的人力资源,这是由家长们来自社会各界,从事不同的事业决定的。

(二)物质资源

物质资源主要指科学教育活动所需要的各种物质材料和各种设施。一般来源于家长的贡献,或者社会机构的捐助。比如,家长出差从外地带回的雨花石、贝壳等大自然的产物,博物馆淘汰不用的动物、植物、岩石标本等,都是幼儿园常用到的物质资源。各种设施包括博物馆、水族馆、活动中心等。

(三)组织资源

组织资源指社会的各种组织机构,包括教育机关、政治机关、交通机构、卫生机构、娱乐场所等。比如,学校、图书馆、科技馆、少年宫、市政府、警察局、公交公司、医院、电影院、俱乐部、游泳馆等。家长和老师应该常常带领儿童参观各种场所和自然环境,组织孩子参与各种社会教育和公益活动,了解各行各业的工作情况,使儿童认识到自己的家庭和幼儿园都是社会的一部分,可有效促进儿童的社会化。

三、选择社会资源的要求

(一)要以达到科学教育为目的

虽然我们强调要充分利用社会的一切科学教育资源,但并不能盲目,一定要以达到科学教育为目的。比如,配合"认识水"的活动,老师可以带领幼儿参观幼儿园附近的泉水公园,让幼儿观察、感觉泉水,启发幼儿思考水资源带给人类的用处,进一步让幼儿明白保护水资源的必要性,以及生活中节约水资源的方法等。

(二)要能适合学前儿童的学习兴趣和需要

家长与老师在选择社会资源时,应考虑到学前儿童已经有的知识储备和科学经验,要考虑社会教育资源是否切合孩子的兴趣和需要,同时又是否利于孩子进一步的发展。这样才能够调动孩子的积极性,对科学保持浓厚的兴趣和探索精神。

（三）要有助于发展学前儿童的积极思维

发展学前儿童的积极思维是科学教育的重要目的,在选择社会科学教育资源时,家长和老师应考虑到这一点。科学知识的掌握并不是最重要的,关键是启发学前儿童如何思考科学问题,培养学前儿童科学的思维方法。良好的科学教育资源不仅在此次教学活动中发挥作用,还将持久延续下去,引发学前儿童继续关注、探索,对此类科学现象保持深厚的兴趣,而兴趣是儿童学习科学的最好的老师。

（四）要合理恰当地选择资源

我国现代学前儿童教育的奠基人陈鹤琴先生倡导"活教育"的思想,在这一思想指导下,发展灵活多样的学前科学教育形式,广泛动员并组织协调社会各方面力量,为适龄幼儿及家长提供多种科学教育服务。在科学教育过程中所选取的社会资源不一定多么奢华昂贵,而是一定要最有效果。有时仅仅是廉价普通的材料,只要是能为幼儿科学教育服务,都是理所当然的。

我国在社会教育资源及其利用方面都还存在许多不足:一方面,有些社会科学教育资源没有好好加以利用;另一方面,有些幼儿园浪费教育资源现象严重,一味走贵族化道路,这些都是不合适的。我们要用真诚的态度,感染社会积极地为幼儿园服务,并提供便利条件,促使社会关心爱护幼儿园。

💡 **对点案例**

社会科学活动——参观坦克团（大班）

活动目标:

1. 初步了解部队生活及坦克的基本构造及功能。

2. 增强社会交往能力,培养团结互助、遵守纪律的品德。

3. 通过向教官询问了解坦克的基本知识,培养发现探索的能力。

4. 进行国防启蒙教育。

5. 培养对解放军的热爱。

活动准备:

1. 提前与部队联系,做好参观坦克团的有关事宜。

2. 教师实地考察周边环境及行车路线。

3. 准备安全、舒适的车辆。

4. 向家长了解幼儿是否有晕车现象,提前做好药物等准备,对个别体质弱的幼儿做好特殊照顾。

5. 出发前对幼儿进行外出参观的安全教育。

6. 制定活动中的安全保护措施,保健医生准备好医务箱,以应对突发事件的发生。

7. 为幼儿准备充足的饮用水。

活动过程:

1. 幼儿向解放军叔叔问好献花,祝解放军叔叔节日快乐。

2. 参观59式坦克。由坦克团教官向幼儿介绍坦克的名称,火力装备,动力系统,作战性能及配套设施的基本情况。

3. 幼儿向教官询问感兴趣的问题,师生互动。

4. 参观装甲指挥车。

5. 参观教官宿舍。

6. 由教官出示各种挂图及实战录像,对幼儿进行国防教育。

活动评析:

在这次活动中,孩子们收获很大,他们看到了真正的坦克并在活动中积极探索发现,老师也抓住了幼儿的心理特点,从幼儿的兴趣出发,引导幼儿不时向教官询问,通过这种互动形式,培养了幼儿的观察能力、思考能力、语言表达能力、社会交往能力,锻炼了幼儿敢于当众讲话的胆量。

通过参观解放军叔叔的生活,孩子们亲身体会到了服从命令听指挥的军队生活。在整个活动中,孩子们既注意到自己的安全,又能够步伐一致地跟着队伍服从老师的指挥。

家长工作:

1. 向家长介绍这次活动的目的及意义,争取家长的配合并希望家长对活动提出合理化建议。
2. 家长委员会选出义工参加活动,帮助教师照料幼儿。
3. 出发前,请家长对幼儿在家中进行一次安全教育,叮嘱幼儿在活动中服从老师指挥,注意安全。
4. 做好家园互动,提醒家长和幼儿共同搜索武器的相关资料和图片。

(案例摘自:李维金.学前儿童科学教育[M].北京:科学出版社,2012.)

第三节　大自然中的学前儿童科学教育

幼儿的一日生活是科学学习和探究活动的重要途径之一。在真实生活的背景下,自然环境中的活动在幼儿的一日生活中的作用是非常重要的。在一日生活中利用各种时机进行的随机科学教育,不同的季节的郊游和采摘活动等大自然中的户外活动,都是生动而有意义的学前儿童科学教育的途径和方法。

一、户外科学活动的意义

学前儿童的户外科学活动是指幼儿园及家庭带领儿童通过各种外出活动,像草地上挖野菜,树林里采集落叶、果实,小河边捡石头,甚至专门组织旅游、参观等,在锻炼身体的同时感受到科学的无处不在。对于天性爱动的孩子来说,他们最乐于参与户外活动,同时户外科学活动也是科学教育中富有特色的学习活动。

1. 户外科学活动是学前儿童接触社会,感受自然的大好时机

户外科学活动可拓宽学前儿童的活动空间和范围,开阔儿童的视野,是学前儿童接触社会和自然的有利时机。在大自然中,儿童受到周围环境的许多新异的刺激,使好奇心进一步发展,并且锻炼了感知和观察力。比如,学前儿童在散步活动中以宽松愉快的心情走走停停,讲讲说说,玩玩看看,为他们探索自然与社会,感受自然,并按自己的意愿主动吸收外界的信息提供了可能。

2. 户外科学活动有利于学前儿童的身心健康

户外活动需要学前儿童付出一定的体力,既可观赏大自然,又使儿童得到全身运动,还能使儿童呼吸到新鲜空气,从而促进机体的新陈代谢,甚至可以使他们的身体产生奇妙的变化,故而有益于儿童的身心健康和谐发展。比如,通过旅游或郊游,特别是针对城市的孩子而言,可远离城市的喧嚣,呼吸到新鲜的空气,有助于促进机体的新陈代谢,有益于他们的身心健康和发展。

3. 散步与采集等活动可陶冶学前儿童对大自然的情感

儿童通过出外散步和采集,与大自然产生亲密的接触,在教师的细心引导下,每个孩子都能亲身体验到大自然的和谐与美丽,既发展了观察力和思维力,又感受到大自然的美,汲取了丰富的物质和精神营养,陶冶了对大自然的情感。

正如苏联教育家苏霍姆林斯基所说:孩子们在没打开书本去按音节读第一个词之前,先读几页世界上最美妙的书——大自然这本书。更重要的是,经常带领儿童置身于大自然中,与自然界和谐相

处，便可激发学前儿童感受和体验"人和自然是朋友"的积极情感。户外科学活动给孩子带来的影响，是其他任何教学或游戏活动所不可代替的。

二、学前儿童户外活动的特点

参观旅游、散步和采集等都是儿童喜爱的活动，是学前儿童科学教育的一种全新的活动方法。其特点如下。

1. 让儿童直接接触大自然或感受科学技术的力量

儿童在散步、采集或旅游时，可置身于广阔的大自然和社会中，直接接触大自然的美，探索大自然的奥秘，在同一时间内接受了许多刺激，他们的感触、观察范围广泛，为儿童探索大自然提供了选择的可能性，可让儿童按自己的意愿去吸收外界的信息。参观等活动还可让儿童亲身感受科学技术对周围生活的影响，从而感知科学技术的力量。

2. 让儿童对教育活动产生全新的感觉

散步和采集的教育组织结构比较宽松，活动空间大，不像在教室内活动那么严密，儿童可以三三两两走走、看看、玩玩、想想、听听、说说，自由度较大；参观旅游活动老师可提前与从业者或导游共同设计解说词，请从业者或导游就参观的事物加以讲解、说明，可使学前儿童产生与平时老师引领活动不同的感觉。

3. 让散步与采集相结合

散步活动中，儿童一旦发现他们喜爱的自然物，如不同形状的树叶、好看的石子、奇异的昆虫等，都可进行适当的采集，并带回幼儿园放于自然角进一步观察和欣赏，或在老师的帮助下制成标本。散步与采集相结合，更增加了学前儿童对远足活动的兴趣。

4. 让参观与旅游相结合

参观与旅游相结合，一则可以照顾到孩子的生理特点，做到动静交替，二则可以把周围的自然与社会资源作为系统性的整体，给学前儿童一个完整的印象和概念，从而培养孩子爱自然、爱家乡的良好情感。

三、户外科学活动的组织要点

（一）参观旅游类活动的组织

1. 精心做好准备工作

组织一次户外活动，特别是像参观旅游的远足活动，比组织室内活动需要多做很多方面的准备工作，其中制定一个计划是必不可少的。计划一般包括以下六个方面。

（1）拟探讨的有关问题。

（2）学前儿童对有关问题已有知识经验的分析。

（3）参观旅游的地点。

（4）参观旅游的最佳路线。

（5）参观旅游中拟开展的相关活动。

（6）要做哪些物质方面的准备。

物质方面的准备可以与孩子们共同商议着制定，如可以和孩子们讨论需要带哪些物品，要不要带水，怎么拿……并让孩子们参与部分物品的准备工作。

例如，要组织学前儿童参观油粮店，就要做好以下外出实地观察的准备工作。

① 教师在组织学前儿童参观之前应先做一次实地调查，根据当地特定的条件，进行具体安排。比如，在征得参观单位同意后，要确定参观的日期，并选择一天中顾客少的时间前往；然后要提前考察好学前儿童站立的位置，还要提前预约，事先帮助接待人员用学前儿童能理解的语言简单介绍自动售米机等技术革新设备以及油粮店为方便群众采取的一些措施等；因为到达目的地后孩子们有可能已经

累了,活动前还要做好接待人员的思想工作,希望他们能配合接待学前儿童。

② 外出参观应配备足够的工作人员。除了本班教师外,必要时保育员、行政人员应同行,也可邀请家长代表参加配合工作。

③ 要做好家长的交接工作,使家长了解何时组织儿童外出参观,以配合教师做孩子的思想工作及准备必要的物品。

④ 外出前两天可把参观的消息告诉儿童,激发其对参观的兴趣,使儿童处于欢乐的期待之中。

2. 活动前帮助学前儿童明确目标和要求

每次远足要视具体的活动内容而灵活决定活动目标。通常在出发前要先向儿童进行参观目的和意义的整体介绍,并设计一组问题,让孩子在参观、旅游的过程中去观察,去思考,去寻找答案。

3. 引导学前儿童结合参观旅游活动观察和思考

实施活动计划是学前儿童积累新鲜经验,验证已有认识的重要阶段。教师和同行的家长要视学前儿童的年龄特点、兴趣、需要等具体情境做相应的引导。

4. 做好活动延伸工作

参观或旅游等活动之后,教师应尽早组织学前儿童对所经历的进行分析、讨论,检查学前儿童在活动前提出的问题是否得到了解决,原有的错误认识是否得到了修正。教师通过反馈信息可以了解活动前后孩子们有哪些进步,明确仍然存在的或新的困惑所在,从而引发下一步要研究解决的新问题,为活动的延伸做准备。

(二) 散步与采集过程的具体组织

由于散步和采集活动与其他活动有较大的区别,故而教师在指导儿童外出散步时,应注意以下五点。

1. 计划性和灵活性相结合

制定散步活动计划,要粗而灵活。教师只要确定地点、时间和路途长短等即可,不宜制定过分细而具体的要求,不然就有可能为了达到这些要求而生硬地执行计划,限制了儿童活动。教师必须因地、因时、因事而异,以免影响儿童探索周围世界的兴趣。如遇特殊情况,教师可机动地执行计划。

2. 集中和分散相结合,保证每个孩子能充分、自由地和大自然直接接触

除按计划集中观察某一事物和现象外,教师可根据实际情况,给予儿童充分的时间和一定的自由去感知、观察和探索,切忌长时间地集中观察一个自然现象。在整个散步和采集活动中,教师要了解孩子们的兴趣指向,特别关心和引导那些对于周围事物比较冷漠的个别儿童。在分散活动之前老师应交代清楚活动范围,使儿童能在老师的视线范围内,以确保儿童的安全。

3. 与交流、讨论有机结合,培养儿童对大自然的兴趣和情感

在集中和分散活动中,教师应鼓励儿童提出问题,并启发儿童自己去寻求问题的答案;允许儿童三三两两地谈话,以交换每个人所获取的信息;教师要善于观察儿童的反应,细心倾听他们的交谈,以自己对大自然的好奇、热爱去感染他们,使之积极参与到对大自然的探索和观察中,以培养儿童对大自然的兴趣和情感。

4. 散步可结合其他科学教育内容进行

如小班可在秋季带儿童到附近的公园,休闲广场去散步时,结合认识"各种各样的菊花"而进行;又如"高大的梧桐树"可带儿童到附近有梧桐树的地方去散步时进行,并组织儿童捡落叶,带回园与美工活动、科技小制作活动等相结合。

5. 搞好活动延伸工作

活动之后,教师应组织学前儿童及时将所获得的认识和感受,通过绘画、表演、游戏、口头讲述等

表达出来。最后,带领全体儿童整理收集来的材料,在活动室、自然角或科技角等布置展览,如把采集来的树叶做成各种事物的形象布展。

对点案例

捡落叶(小班)

（东营市第二实验幼儿园　孙春）

设计意图：

在秋季,落叶是我们生活中随处可见的,往往被我们忽视,将一日教育活动渗透到游戏中,为了将幼儿教育融入幼儿的一日生活之中,让幼儿在玩中学,乐中学,将生活与游戏密切结合,设计了这节小班科学教育活动——捡落叶。

活动目标：

1. 认识红色、绿色,激发幼儿思维的灵敏性,观察的细致性。

2. 体验帮助别人的快乐。

活动准备：

1. 树叶：红绿两种颜色,圆、长两种形状；圆点：红绿两种颜色。

2. 音乐《小树叶》：一首较低沉,一首较活泼。

活动过程：

一、导入活动

随音乐《小树叶》表演带入。

师：这里怎么有这么多的小树叶啊？ 小树叶离开了妈妈,心里一定很害怕,我们把它送回家吧！(提前在地上放置好多叶子)

选用较低沉音乐,小朋友们一起捡起树叶,要求每个人只能捡一片自己最喜欢的树叶。

二、活动过程

1. 说说自己捡到的树叶是什么样子的。

2. 送小树叶回家。(准备好两个小树叶的家并做好标记)

师：看看小树叶的两个家有什么不同？ 对了,这是边上圆形的小树叶的家。这是边上有长形的小树叶的家,看看你的小树叶应该放在哪一个家里。

3. 第二次捡树叶。

要求：小朋友手上都有圆点标记,请你看手上的颜色去捡一片相同颜色的树叶。你的树叶应该放在哪个家里？请你轻轻地放过去。(请提前准备好红、绿两个盒子)

三、结束活动

听音乐送小树叶回家。

师：孩子们,你们看那边是大树妈妈,小树叶在想妈妈呢！我们一起送它们回家吧！

请小朋友们抬着小树叶放在大树旁,然后随着快乐的《小树叶》音乐跳舞。这里所选音乐是活泼的,让小朋友充分感受到帮助小树叶的快乐,同时用自己的身体语言表达快乐。

活动延伸：

请幼儿在家长的带领下去广场、公园、路边等地方捡落叶,然后带回幼儿园与其他小朋友一起观察。

（案例摘自：李维金.学前儿童科学教育[M].北京：科学出版社,2012.）

案例展示

周末大带小远足活动——拉拉小手

（北京市安华里第二幼儿园　李国霞）

设计意图：

我园根据学前儿童发展的需要,开展了"跨班互动,促进学前儿童社会性发展"的研究。跨班互动形式多样,如各区域活动、户外体育活动、有计划的主题活动等,学前儿童在自主选择活动内容和伙伴的过程中,表现出稳定的活动兴趣,平和而自然的交往方式,活动效率明显提升,自主活动特点有了显著增强,这些体验对学前儿童今后的成长无疑是非常有益的。因此,我们在更多领域和范围尝试跨班互动,以促进学前儿童社会性、认知等多方面能力的更好发展,周末大带小的远足活动因此应运而生。从教育和安全等多角度出发,包括活动准备、活动组织、活动后的成果展示等各个环节,我们都邀请家长一同参加。

活动目标：

1. 学习帮助、分享和感谢,提升与不同年龄学前儿童交往的体验,增强理解他人,善于与人合作的意识。

2. 进一步了解季节的变化,体验、表现春天的美丽。

3. 锻炼体能和自控能力。

活动准备：

1. 知识经验准备:

① 教师对远足的路线和目的进行详细的考察。

② 大班儿童有写生的经验,小班儿童对植树、建筑、人物有过观察和表现的经验。

③ 大班和小班已经互动近一个学期,大部分学前儿童彼此已经比较熟悉。

2. 物质准备:

① 录像机,照相机,录音机,便携式扩音机,玩具筐,沙包。

② 每个家长准备一个坐垫,水瓶,绘画纸,画笔。

活动过程：

1. 活动开始。

师:今天,我们幼儿园大班的哥哥姐姐和小班的弟弟妹妹一起到海棠花溪公园去游玩,你们高兴吗? 现在老师请每个大班的小朋友与一位小班的小朋友拉起手,小朋友要仔细看看拉的是谁,一定记清楚了。(儿童自愿结对)

师:现在老师提一个要求,看谁记得最清楚,我们走在马路上时,好朋友的小手不能分开,看哪对小朋友手拉得最紧。孩子们准备好了吗? 出发。

在路上的几个重要场所,如菜市场、邮局、社区体育活动场,老师让儿童暂停,与儿童做简单交流。

2. 集体跳舞。

行走20分钟左右,到达海棠花溪公园的一块空地,老师:"孩子们,这里真宽敞,我们能在这里做什么呢?"(集体跳邀请舞《找朋友》3—4遍,家长、幼儿、老师共同参与)之后,请幼儿休息一下,喝点水。

3. 玩游戏。

师:我们来问问大班的哥哥姐姐,你们玩过"钻山洞"的游戏吗?

师:老师和家长搭一个山洞,大班小朋友玩一遍,小班的小朋友认真看。

师：小班的小朋友看清楚了吗？要钻过山洞，身体要怎么样？（提示幼儿钻的要领——弯腰，低头，屈腿）大班的哥哥姐姐带着弟弟妹妹一起钻一次。（提示大班的孩子做榜样，动作规范）

师：哥哥姐姐搭山洞，胳膊一定都酸了，我们快谢谢他们吧。

4. 欣赏美景。

师：大班王老师发现前面有更美丽的景色，我们去看一看。（提示好朋友拉好小手，到海棠花溪公园中心广场）

师：这里真美丽，看看都有什么？这么美丽的景色，我们用什么办法给它记录下来？（引出绘画活动）

师：等会儿画的时候，大家可以自由组合。

提示：

① 爸爸妈妈给小朋友带着坐垫，要谢谢父母。

② 这几位叔叔真辛苦，帮助我们拿了这么长时间的扩音机和录音机，使小朋友能听清老师的讲话，跳舞时有音乐节奏，让我们一起大声说：谢谢叔叔，你们辛苦了！

5. 学前儿童自由组合绘画创作。

6. 结束活动。

师：请小朋友把自己的作品给身边的小朋友、叔叔、阿姨看看，然后收好。

提示：请小朋友保存好绘画作品，回到幼儿园，我们要办"春天在身边"绘画展。

活动延伸：

1. 班级组织主题谈话活动"说说我的好朋友"，巩固学前儿童对活动、对伙伴的感知和体验。

2. 举办"春天在身边，朋友在身边"绘画展。

3. 举办"春天在身边，朋友在身边"家长摄影展。

（案例摘自：李维金. 学前儿童科学教育[M]. 北京：科学出版社，2012. 略有改动）

【实践活动】

结合本章内容，尝试利用家庭、社会或大自然中学前儿童科学教育活动的特点。设计一个科学教育活动方案。

【拓展实训】

一、选择题

1. 家庭中的学前儿童科学教育的意义不包括（   ）。

    A. 父母是学前儿童最早的科学启蒙老师

    B. 家庭科学教育是现代科学教育体系的重要组成部分

    C. 家庭是学前儿童最先接触的科学教育环境

    D. 家庭科学教育具有个别性

2. 下列属于社会资源在学前儿童科学教育中的意义的是（   ）。

    A. 开阔学前儿童的视野，弥补家庭和幼儿园科学教育的不足

    B. 通过交流与合作，加强幼儿园和社会的联系

    C. 能激发鼓励幼儿发现问题

    D. 引导儿童观察周围的事物

3. 下列不属于组织资源的是(　　　)。

  A. 教育机关、政治机关、交通机构　　　　B. 卫生机构、娱乐场所

  C. 风景名胜区、河流　　　　　　　　　　D. 学校、图书馆、科技馆

4. 怎样合理地选择社会资源(　　　)。

  A. 要以达到科学教育为目的　　　　　　B. 要能适合学前儿童的学习兴趣和需要

  C. 要有助于发展学前儿童的积极思维　　D. 要合理恰当地选择资源

二、简答题

1. 家庭中学前儿童科学教育有什么特点?

2. 大自然中学前儿童科学教育有什么特点?

3. 结合本章内容,尝试利用家庭、社会或大自然中学前儿童科学教育活动的特点,设计一篇科学教育活动方案。

第七章

学前儿童科学游戏活动

【本章重点】

- 理解学前儿童科学游戏的含义,了解其特点和价值。
- 了解学前儿童科学游戏的类型。
- 掌握学前儿童科学游戏的设计与指导的基本方法。
- 具有设计与组织学前儿童科学游戏的基本能力。

【技能提升】

能掌握设计学前儿童科学游戏的技能,尝试指导幼儿开展学前儿童科学游戏活动。

【学前引路】

早在 20 世纪 60 年代,我国的心理学家们就认为游戏是学前儿童的主导活动,是最适合学前儿童身心发展的一种活动形式,是在学前儿童身心发展过程中能够更好地产生和形成许多新变化的活动。随着我国儿童心理学的发展,心理学家们进一步认为游戏是学前儿童的基本活动。不管是"主导活动"还是"基本活动",这两种提法都充分肯定了游戏在幼儿身心发展中的积极的、重要的作用,是幼儿生活的重要组成部分。对于学前儿童来说游戏即生活,生活即游戏。游戏既可以是一种娱乐活动,也可以是这种游戏活动的过程。早在"文革"以前我国幼教界就提出了游戏是对学前儿童进行德、智、体、美全面发展教育的重要手段。我国在 1989 年试行、1996 年正式颁布的《幼儿园工作规程》(下文简称《规程》)指出幼儿园应当以游戏为基本活动,明确了游戏在我国幼儿园教育中的地位。随着时间的推移,幼儿园口头上重游戏,实际教育过程中轻游戏活动的状况正在不断地改变着,教育观念不断进步,游戏的内容也加入了科学的内涵,从此科学游戏在幼儿园教育中的作用地位也越来越突出。科学游戏活动成了学前儿童科学教育的途径之一,它是将教育目标寓于游戏中,学前儿童通过参与有一定规则的有趣的玩耍和操作活动,获得相关的科学经验,复习巩固所学的科学知识,激发幼儿的好奇心和探究欲望,发展其观察能力和思维能力。科学游戏活动是学前儿童自主自愿的活动,与其他非游戏活动的区别既跟主体有关,也跟客观环境有关。

第一节 学前儿童科学游戏活动的概述

一、科学游戏活动的含义及其本质

(一)科学游戏活动的含义

古希腊哲学家柏拉图认为:游戏是一切幼子(动物和人的)生活和能力跳跃需要而产生的有意识的模拟活动。他的学生亚里士多德认为:游戏是劳作后的休息和消遣,是本身不带任何目的性的一种行为活动。荷兰语言学家赫伊津哈认为：游戏是一种自愿参加,介于信任与不信任之间有意识的自欺。

学前儿童科学游戏活动是学前儿童在幼儿园的基本活动,是适合儿童年龄特点的一种有目的、有意识的,通过模仿和想象,反映周围现实生活中的社会性活动。

学前儿童科学游戏活动是在幼儿园老师的指导、启发与组织下,让学前儿童利用物质材料或相关玩具、图片和声像资料等按照一定规则进行的科学游戏活动,是科学启蒙教育的有效方法。

(二)科学游戏活动的本质

科学游戏活动符合两个标准：首先,在游戏中,人表现出对自然必然性的超越,人们游戏不是由于生存的"必需",游戏超越了物质生存的范围;其次,在游戏中不存在任何强制性的迫使。游戏的特点是"我要玩"而不是"要我玩"。也就是说,幼儿在玩游戏时完全是主动的、自愿的,不是老师和家长刻意安排和布置的,所以,游戏摆脱了强制性的束缚,可以满足幼儿自由活动的要求。

1.游戏是学前儿童的天性

对于游戏,不同时期不同的人具有不同的理解。以德国的思想家、诗人席勒和英国的社会学家、心理学家斯宾塞为代表的**"剩余精力理论"**,认为游戏是人的机体内部的剩余力量产生的,学前儿童没有什么事可做,除了维持正常的生活外,还有剩余的精力,而游戏是学前儿童本能剩余精力加以释放的最好表现形式;由德国的拉察鲁斯和裴茄克为代表的**"松弛消遣说"**认为学前儿童需要游戏是因为学前儿童在紧张学习后需要解除精神疲劳,需要娱乐;以德国的格鲁斯和施泰恩为代表的**"能力练习说"**认为游戏先于劳动、先于童年,是对未来生活无意识的准备,是为了适应复杂的生活练习本能的一种手段;以奥地利著名精神分析家弗洛伊德和美国的新精神分析家埃里克森为代表的**"补偿与发泄说"**认为,学前儿童天生就有着许多内在的原始的冲动和欲望,他们要求表现,但在现实生活中往往得不到充分表现,致使学前儿童内心产生各种抑郁,而科学游戏是可以让学前儿童完全自主地再现自己快乐的经验或精神创伤,在想象中发泄各种忧虑和烦恼,从而获得快乐;游戏的本能学说揭示了学前儿童游戏产生的生物学因素,认为游戏是学前儿童的天性,是一种与学前儿童在生活中的生物需要相适应,与学前儿童正在形成和发展的能力相适应的活动。学前儿童喜欢游戏活动是与生俱来的,在游戏中,他们完全按照自己的意愿行事,根据自己的喜好确定怎样玩,玩什么,所以他们兴高采烈。学前儿童天生喜欢玩游戏,也是因为大脑发育的需要,在游戏中,由于他们是根据自己的需要自行安排游戏的内容、形式、玩伴,所以很容易产生成就感,这种感觉让他们更加喜欢游戏活动,乐此不疲。因此,游戏是学前儿童的天性。教育必须尊重学前儿童的天性,让学前儿童的天性得到最大程度的发挥。

对点案例

前两天我朋友带着她的小女儿到我家里玩,我给她买了一套家居生活用品玩具,一进家门就立即自己跑到一边开始玩了起来。她把玩具全部拿出来进行搭配,嘴里念念有词：这是锅,要放到燃气灶上,用来炒菜;这是萝卜,要放到盆里洗洗,用来做菜……然后,像模像样地开始模仿煮饭的一系列动作。直到我们叫她吃饭,都一直兴致勃勃地一个人在玩。

分析：

这个小女孩,进屋就自己到一边去玩玩具了,还模仿妈妈煮饭的样子,有条不紊地一个人玩得津津有味。这个案例充分说明了游戏是学前儿童的天性,儿童是游戏的主体,在游戏中,学前儿童的兴趣浓厚,不需要别人来安排他(她)怎么玩,玩什么。

启示：

科学游戏是学前儿童的天性,学前儿童在游戏中兴趣浓厚,这时候他们更容易接受新知识,形成知识经验，所以说科学游戏活动是幼儿园课程实施的一种重要途径，是对学前儿童进行科学教育的一种主要方法。

2. 科学游戏的社会性

（1）苏联心理学家维果斯基和艾利康宁都认为学前儿童的游戏是对现实社会关系的反映。

（2）学前儿童生活在人类社会里，他们所接触的事物有社会性，反映到游戏中，游戏也就有了社会性。

在我国学前教育的研究中，对游戏的理解和解释，就受到了这种认为游戏活动具有社会性的观点的影响。揭示学前儿童游戏的社会性本质属性，虽然在理论上划清了学前儿童的游戏与动物游戏的界限，而且也肯定了成人指导和教育影响的必要性以及游戏作为教育手段的有效性，但只是因为游戏的社会性这一本质，就掩盖了游戏活动的自由、自主的基本属性，否定了游戏作为一种自发、自由活动的意义和价值。其实，学前儿童在游戏过程中形成的团结友爱、互相合作等社会性行为真正体现了游戏作为一种自发、自由活动具有社会性的意义和价值。

3. 学前儿童是科学游戏活动的主体

自20世纪90年代以来，关于人的主体性与主体性的发展和培养问题的讨论，为我们认识科学游戏的本质，重新审视这种自由自发活动的价值与意义提供了新的视点和理论背景。根据学前儿童游戏活动的主动、自愿、愉快、自由以及与游戏动机有关的特征，人们开始把科学游戏活动的本质概括为主体性活动。所谓主体性是人作为活动的主体在活动中与客体相互作用而表现和发展起来的功能特性，包括主动性、独立性和创造性。

（1）科学游戏活动是主动性的活动。学前儿童的科学游戏是学前儿童主动的而不是被动的活动。科学游戏活动的本质特征是"我要玩"而不是"要我玩"，是由学前儿童主观意识支配的活动，而不是来自外部的命令或者要求。因此，我们可以看到游戏中的学前儿童，身心总是处于积极主动的状态，兴趣浓厚，与无聊、厌烦、无所事事、坐着发呆等消极被动的状态有着明显的区别。

（2）科学游戏活动是独立性的活动。游戏是学前儿童自发、自愿的，由内部动机控制而不受外部控制的活动，是学前儿童独立活动的基本形式。学前儿童在科学游戏活动中，按照自己的主体地位，决定对活动材料、活动伙伴、活动内容的选择，决定对待和使用活动材料的方式方法，学前儿童自己决定玩什么，怎样玩以及跟谁玩，从而使周围环境中的人与事物按照幼儿所确定的方式与活动的主体（学前儿童）构成特定的关系。

（3）科学游戏活动是创造性的活动。科学游戏活动是一种"目的在自身的活动"，学前儿童可以按照他们自己的愿望和想法来使用玩具和游戏材料，用游戏活动的方式表现和体验自己的生活经验，体现了学前儿童独特的创造性。

正是因为主体性是科学游戏活动的本质特征，科学游戏活动才是学前儿童的主动性、独立性和创造性的活动。比较科学地揭示出游戏区别于人类其他活动的本质特征，但与科学游戏活动具有社会性的本质特点并不矛盾，学前儿童的科学游戏活动作为对象性的活动，必然要受到作为活动对象的人与物的影响，具有社会历史性。也正是由于游戏作为对象性活动的性质，决定了教育影响的可能性。但是这种教育影响应以不改变游戏的主体性本质为前提，否则科学游戏活动就不复存在。只有在承认科学游戏活动是学前儿童主体性活动的基础上，说明科学游戏活动的社会历史制约性，才能真正发挥与实现科学游戏这种活动独特的教育功能与价值。

二、科学游戏活动的特征

科学游戏活动特征可分为外部可观察的行为特征和外部条件特征。

（一）科学游戏活动的外部可观察的行为特征

我们怎么知道学前儿童是不是在进行游戏活动，以学前儿童的哪些行为表现为依据来判断呢？

研究这个问题不仅仅可以使人们对学前儿童科学游戏活动有一个基本的感性认识,而且对幼儿园的实际工作也有一定的意义,教师指导与评价学前儿童的游戏,不能离开对学前儿童科学游戏活动外部特征的认识。表情、动作、活动对象以及言语通常是活动的外显因素,我们可以通过对这些外显行为因素的观察,认识游戏的外部特征。

1. 表情

表情是人们经常用来判断某种活动是不是科学游戏活动的一项外部标准。学前儿童在科学游戏活动中表情不是只有一种,如"笑""专注认真"等。在科学游戏活动中他们不管是哪种表情(微笑、嬉笑、扮鬼脸、哈哈大笑或专注认真)都说明学前儿童在科学游戏活动中身心总是处于一种积极主动的活动状态,而不是消极被动的状态。当我们在组织学前儿童进行科学游戏活动时,首先要注意孩子们的表情,如果发现有的还坐在那里发呆或东游西荡无所事事,就应该找他们了解原因,想方设法帮助他们参与到游戏活动中去。

2. 动作

游戏动作是学前儿童在科学游戏活动中最引人注目的部分。在科学游戏活动中,学前儿童对玩具或游戏材料的使用往往不同于日常生活中对物体的使用方式,具有非常规性、重复性和个人随意性的特点。根据游戏动作的不同性质,人们把科学游戏活动的动作分为探索、象征和嬉戏三种基本类型。

探索是指学前儿童对游戏中的事物的性质(如形状、颜色、软硬等)以及事物与事物之间的关系、事物的变化与自己的动作之间的关系的考察,通常是视觉、听觉、触摸感等感知觉的联合活动。探索包括了对物体性质的探索、物体之间关系的探索、动作效应的探索。例如在搭积木的游戏中,学前儿童通过探索会发现最下面要放大块的积木,越往上,放的积木要越小块,搭建的物件才不会倒下来。

象征性动作是在表象作用支配下的想象性虚构动作,象征性动作包括以一个物体代替另一物体来使用(比如用铅笔代替人,橡皮擦代替一只小狗),也包括以言语、动作来代替或标志另一事物和动作的意义,比如用两手比划成握住汽车方向盘的样子,模仿开车,嘴里还发出汽车的喇叭声,惟妙惟肖。

嬉戏是学前儿童故意做"坏事"或用某种动作来取乐,带有幽默、逗乐、玩笑的性质。例如,有个别幼儿在教室里冲老师和同学们做鬼脸,同学们越笑他越得意,做得越发起劲。再比如,过年一家人围在一起包饺子时,孩子往往喜欢参与其中,拿面粉玩耍,常常弄得满脸、满身都是,把面粉抓起来满屋撒,妈妈越是教训他,他就越要撒,而且满足地哈哈大笑。

3. 角色扮演

角色扮演是一种特殊的游戏动作,是学前儿童以自身或其他物为媒介对他人或他物的动作、行为、态度的模仿。所以,我们在看到学前儿童在模仿别人的行为态度(如模仿教师上课)时,就判断他们在游戏,这是学前儿童科学游戏活动的一种鲜明的外部特征。学前儿童所扮演的角色大致可以分为机能性角色、互补性角色、想象的(或虚幻性的)角色三种类型。通过角色扮演、模仿和想象,学前儿童再现自己现实生活经验。

4. 语言

学前儿童在游戏中一般都伴有语言,我们注意倾听学前儿童在游戏中的语言,也可以判断他(他们)是否在游戏以及游戏的水平与状况。学前儿童在游戏中的语言按照功能分有三种类型:伙伴之间的交际性语言,角色之间的游戏性语言,以自我为中心的想象性独白(表现为学前儿童一边玩一边自言自语)。

5. 材料

学前儿童的科学游戏活动往往依赖于具体的游戏材料或玩具来进行。人们在判断学前儿童是不是在游戏也会把他们在游戏中有无使用玩具或游戏材料作为一个指标。

(二) 科学游戏活动的外部条件特征

科学游戏活动是学前儿童自愿主动的自主性活动,兴趣性体验、自主感体验、胜任感体验是游戏性体验的基本成分。根据这些体验的特性,在幼儿园能使学前儿童产生这些体验的相应的外部特征应具有以下四点。

1. 学前儿童有自由选择的权利与可能

科学游戏活动是学前儿童主动自愿的自主性活动,而不是强迫性的活动,要体现这一本质特征,科学游戏活动的第一个外部条件就是学前儿童要有自由选择的权利与可能。首先要允许学前儿童并让他们知道可以根据自己的兴趣和愿望来决定玩什么,怎样玩,而不是老师或成人规定他们必须做什么;其次要让学前儿童实际上有进行自由选择的可能性和物质条件。如果只是让他们在老师准备好的材料或玩具里选择,即使允许学前儿童自由选择,实际上也没有选择的可能性。

2. 游戏的方式由学前儿童自行决定

自由选择是学前儿童科学游戏活动的一个必要条件。科学游戏的特征是内部控制而非外部控制,只有当学前儿童可以根据自己的愿望和想法使用玩具或游戏材料,才有游戏方式的多样性和灵活性,才能使他们真正对游戏产生兴趣,教师要把握好对学前儿童科学游戏活动的"干涉"程度,不要代替幼儿去游戏,指导学前儿童游戏时不要试图改变科学游戏中的主客体关系。

3. 科学游戏活动的难度与学前儿童的能力要匹配

一般情况下,学前儿童总是根据自己的需要和兴趣来选择游戏活动的材料、玩具,自行决定游戏的方式方法,所以科学游戏活动的难度基本上要与学前儿童的能力、兴趣保持一致。在学前儿童能力范围之内的游戏他们会主动积极地参与,具有浓厚的兴趣,否则的话就会不耐烦、无所事事,甚至直接放弃游戏。因此,在幼儿园,教师在设计游戏活动内容时,在投放游戏材料时,要及时了解学前儿童的游戏能力、知识经验,使设计出来的游戏对他们既有一定的难度,又可以通过努力去完成。这样一来,既能激发学前儿童对游戏的兴趣,又能提高他们的游戏能力。

4. 学前儿童不寻求或担忧科学游戏活动以外的奖惩

学前儿童在科学游戏活动是不是寻求或担忧外部的奖惩,与教师干预游戏的策略有关,如果教师经常使用外部奖惩手段来刺激或鼓励学前儿童游戏,久而久之,就会造成学前儿童对外部奖惩手段的依赖,就会丧失他们作为主体对科学游戏活动内在积极性。因此,教师对科学游戏活动的指导与维持以不破坏游戏气氛为前提。

目前我国许多幼教工作者致力于学前儿童科学教育的研究,为了区别游戏活动和其他非游戏活动,认为科学游戏活动有以下五个特征。

(1) 科学游戏活动是学前儿童主动的、自愿的、不受别人支配的活动。

(2) 科学游戏活动是学前儿童利用假想的情景来反映周围的生活,具有虚拟性。

(3) 科学游戏活动是能给游戏者带来愉悦情绪的活动,是一种娱乐行为。

(4) 科学游戏活动具有具体性,是一种具体行为。

(5) 科学游戏活动没有社会实用价值,也没有强制的社会义务,不会直接创造财富。

总之,判断一种活动是否是游戏既与主体有关,也与客观环境有关。

第二节　学前儿童科学游戏活动的价值

科学游戏活动对学前儿童进行体、智、德、美全面发展教育的重要手段,是学前儿童积累科学知识、科学经验,再现生活经验的重要途径,是学前儿童自然学习的手段,更重要的是在游戏过程中学前儿童总是处于积极、主动的状态,他们的情绪饱满、兴高采烈,因此在游戏过程中学前儿童更容易积累科学经验和知识,更能促进学前儿童全面健康地发展。在《规程》中,明确规定幼儿园教育要以游戏为基本活动,寓教于游戏活动中,这些都体现了学前儿童科学游戏活动的价值。

一、促进学前儿童的认知发展

学前儿童科学游戏活动加深了学前儿童对周围事物的认识。学前儿童科学游戏活动是学前儿童认识事物的途径,通过学前儿童具体的科学游戏活动,既使他们接触到了各种游戏材料,又能了解、认识各种材料的性质和用途以及材料与游戏人之间的关系。通过学前儿童科学游戏活动学前儿童常常把他们自己对生活的印象和感受表现出来,从而加深和巩固了学前儿童对生活的认识并理解。例如:学前儿童常常充当一些角色来进行游戏,比如说充当爸爸或妈妈的角色照顾小孩子,给小孩子穿衣服、喂小孩子吃饭,或者充当医生给小朋友看病,或者充当公交车司机的角色,把小凳子拼起来想象成公交车,把其余小朋友当成乘客等等。

学前儿童科学游戏活动是一种自主的活动,在游戏中,学前儿童完全根据自己的想法、兴趣进行游戏活动。比如说,在乘坐公交车角色游戏中,学前儿童就可以了解公交车的作用、司机用什么来做方向盘,了解售票员既要售票,还要报站名,除了这些,售票员还要搀扶老、弱、病、残、孕上下车,号召大家为这些人让座,等等,当乘客的学前儿童把自己当成老爷爷或老奶奶或学生等假装要去某地办事、上学等。学前儿童充分发挥自己的想象力和创造力,在自己创造的世界里遨游。也就是说,学前儿童科学游戏活动既可以激发孩子们的想象力和创造力,又为孩子们提供了想象和创造的充分自由,有利于促进学前儿童想象力和创造力的发展。

学前儿童科学游戏活动有利于促进学前儿童思维能力的发展,思维是人类大脑能动地反映客观现实的过程,是人类在开动脑筋认识世界的过程中进行比较、分析、综合的能力,是人类大脑的一种机能,是人类特有的一种精神活动。思维反映的是客观事物的本质属性和内在的规律,需要通过概念、判断、推理的过程。思维的产生使学前儿童的认识过程发生了质的改变,使认知开始成为一个整体。在游戏活动中学前儿童的思维不断地活跃起来,游戏活动的内容和情节越来越丰富,特别是在智力游戏中,学前儿童的思考积极性表现得更加突出,计算、语言、猜谜语等学前儿童科学游戏活动都对学前儿童的思维发展起到了积极的促进作用。

学前儿童科学游戏活动是幼儿科学教育的主要方式,是学前儿童主动学习的最佳途径,学前儿童是科学游戏活动的主人,进行科学游戏活动完全出于自己的兴趣和愿望,能满足学前儿童自主学习的需要,由此也就保证了学前儿童学习的主动性、积极性,在这样的状态下,能更好促进学前儿童的认知发展。

二、促进学前儿童的身心发展

学前儿童科学游戏活动可以让学前儿童全身心地投入其中,身体的各个部分都处于积极的活跃状态,还可以丰富学前儿童的情绪体验,有助于培养学前儿童的高级情感,有助于学前儿童表现积极的情绪情感,宣泄消极的情绪情感,所以学前儿童科学游戏活动有利于促进学前儿童的身心全面发展。

(一)有利于学前儿童的身体发育

学前儿童正处在一个生长发育十分迅速和旺盛的时期,而学前儿童科学游戏活动则是让这一过程协调发展的活动。在不同的游戏活动中,学前儿童身体的各个器官、各个组织都处于非常活跃的状态,同时又伴随着非常愉快的心情,而这些恰好是保证学前儿童身体的健康发展、机体正常发育的前提条件之一。

学前儿童科学游戏活动可以促进儿童身体的生长发育。基本上所有的学前儿童科学游戏活动都有身体的运动,既有全身的运动,也有局部的运动,让学前儿童在游戏活动中身体的各种器官都得到活动,促进机体的新陈代谢,促进骨骼和肌肉的成熟,促进内脏和神经系统的发育。

学前儿童科学游戏活动给学前儿童带来愉快和满足的心情,而这种愉悦的心情是学前儿童身体健康所必需的。一个人的情绪与他的身体健康有着密切的关系,如果这个人长期处于紧张、焦虑、暴躁不安的不良情绪状态,就会造成食欲减退、消化不良、心跳加速、血压和呼吸都不正常等状况,严重的甚至会诱发疾病,不利于身体的健康发育。但是,学前儿童科学游戏活动能让学前儿童拥有轻松愉快的心情,是最适合学前儿童的生理和心理特点活动,因此学前儿童科学游戏活动有利于学前儿童的身体健康发展发育。

(二) 有利于学前儿童情绪情感的发展

情绪是指伴随着认知和意识过程产生的对外界事物的态度,是对客观事物和主体需求之间关系的反应,是以个体的愿望和需要为中介的一种心理活动。情绪包含情绪体验、情绪行为、情绪唤醒和对刺激物的认知等复杂成分。情感包括道德感和价值感两个方面,具体表现为爱情、幸福、仇恨、厌恶、美感等。学前儿童科学游戏活动是一种积极的情感交流方式,有利于各种情感的产生。

学前儿童科学游戏活动的内容和形式灵活多样,可以让学前儿童在游戏活动中体验各种情绪情感,学习表达和控制情感的不同方式。比如,在"过家家"的游戏中充当爸爸妈妈的角色体验爸爸妈妈对孩子关心与爱护的情感,给孩子煮饭、洗澡、穿衣、送孩子去幼儿园。在"社区"游戏中充当保安,学保安的样子维护社区的安宁,盘查可疑人员,帮助老人小孩,培养学前儿童的责任感;充当医生的角色给"病人"看病,模仿医生给"病人"听诊、开药,嘱咐"病人"按时、按量吃药;充当护士的角色,模仿护士给"病人"量体温、打针,还主动照顾"病人";充当超市的服务员、导购员尽力为"顾客"服务;等等。在这些游戏活动中,不仅能让学前儿童体验着游戏里人物的喜怒哀乐,又能培养各种积极的情感(如爱心、责任心、同情心等),因此学前儿童科学游戏活动可以丰富学前儿童的情绪情感体验。

(三) 有利于发展学前儿童的成就感和美感

成就感是指一个人做完一件事情或者做一件事情时,为自己所做的事情感到愉快或成功的感觉,成就感能增强孩子的自信心。美感是人对于美的感受或体会。审美活动是对于美的主观反映、感受、欣赏和评价。学前儿童科学游戏活动是学前儿童自主的活动,在游戏过程中,他们按照自己的想法、愿望扮演角色,任意摆弄玩具、游戏材料,反映他们自己对生活、对世界的认识、理解,心情是愉悦的、放松的,没有对成功或失败的担忧,因此,学前儿童在游戏活动中不断地获得成功,发展了成就感。同时,在学前儿童科学游戏活动中,学前儿童能够自主、自由地选择和接触各种色彩鲜艳、造型生动的玩具和游戏材料,让他们自由自在地感知美、体验美、创造美。学前儿童科学游戏活动有助于培养学前儿童对自然、社会、艺术的审美能力,发展学前儿童的美感。

(四) 有利于消除学前儿童的消极情绪

消极情绪是指在某种具体行为中,由外因或内因影响而产生的不利于你继续完成工作或者正常的思考的情感。消极情绪包括忧愁、悲伤、愤怒、紧张、焦虑、痛苦、恐惧、憎恨等。在日常生活中,学前儿童受外界各种因素的影响,不可避免地会产生一些消极情绪,如果这些消极情绪长期压抑而得不到宣泄,就会严重影响学前儿童的情绪、情感健康。学前儿童科学游戏活动可以使学前儿童得到表现自己情绪情感的机会,使他们的消极情绪得到发泄、缓和。学前儿童科学游戏活动是学前儿童消除生活情景中产生的忧虑和紧张感,向自信和愉快情感过渡的方法。

总之,学前儿童科学游戏活动是一种有趣的、自主自愿的活动。在游戏过程中,学前儿童完全根据自己的兴趣爱好选择活动,可以毫不掩饰地表露他们的真实情感,没有任何的精神负担和外在压力。在游戏活动中,学前儿童体验着各种情绪情感,学习表达和控制情感的方式方法,获得了成就感和美感,增强了自信心,发泄了消极情感。所以,学前儿童科学游戏活动促进了学前儿童心理健康发展。

三、促进学前儿童社会性的发展

社会性是生物作为集体活动的个体,或作为社会的一员而活动时所表现出的有利于集体和社会发展的特性。社会性是指我们进行社会交往,建立人际关系,理解、掌握和遵守社会行为准则,以及控制自己行为的心理特征。学前儿童生活在这个社会中,慢慢会从自然人变成一个真正的社会人,要逐渐掌握社会的道德行为规范与行为技能,这是在个体与社会集体、儿童集体以及同伴的相互作用、相互影响的过程中实现的。学前儿童科学游戏活动大多数都需要别人配合,即便是单独的个人游戏,也不是绝对一个人的游戏,往往会有想象的游戏伙伴。所以,学前儿童科学游戏活动为学前儿童融入社会,成为社会人提供了很多机会,促进了学前儿童的社会化进程。

学前儿童科学游戏活动有利于提高学前儿童的社会交往能力。在游戏活动中,学前儿童学习相互配合、相互谦让、发展伙伴之间的友好关系。游戏活动让学前儿童逐渐熟悉、认识周围的人和事,了解自己和同伴的想法、行为、愿望与要求,理解他人的思想、行为和感情,学会与同伴分享、互相谦让、互相合作,慢慢掌握人与人之间的交往技能。学前儿童科学游戏活动是学前儿童学习社会角色、了解角色义务、学习怎样与同伴相处、配合、怎样协调与同伴的关系、发展同伴之间友好关系的活动。

学前儿童科学游戏活动能促进学前儿童学习社会角色,掌握社会行为规范。学前儿童生活在这个社会里,或多或少地与周围的人存在一定的社会关系,不可避免地被赋予某些角色。比如说,在学校是学生,在家里是爸爸妈妈的孩子、爷爷奶奶的孙子等。学前儿童科学游戏活动是学前儿童掌握和学校社会角色的有效途径,在游戏活动中,学前儿童通过扮演角色,模仿学生生活中大人们的行为来学习社会行为规范。这种模仿行为迁移到实际生活中,就推动了学前儿童社会性的发展。

学前儿童科学游戏活动可以锻炼学前儿童的意志力。意志力就是人类为了实现某一目标,所具备的(一种坚定的,可以排除万难的)精神力量。意志是人的个性的重要组成因素。学前儿童因为年龄特点,他们的自制力差,意志行为发展不充分,但是,在游戏活动中,学前儿童却能够表现出较高水平的意志力。学前儿童科学游戏活动对学前儿童有强烈的吸引力,在游戏活动中,学前儿童乐于抑制自己的其他愿望,使自己的行动符合游戏活动的要求,遵守游戏活动规则,游戏活动还能发展学前儿童控制自己冲动的能力。

第三节　学前儿童科学游戏活动的设计与指导

游戏是学前儿童的天性,科学游戏活动的主体是学前儿童,学前儿童在游戏中是主动积极的,游戏内容、游戏方式、游戏材料或玩具都由儿童自己做主,不受外部控制,那是不是说学前儿童科学游戏活动内容就不需要进行选择、设计活动过程就不需要指导了呢? 其实,学前儿童科学游戏活动既有主动性的特点,同样也具备了社会性的本质,因此,学前儿童在玩游戏时,总会受到当时社会环境、游戏材料等的制约,游戏的科学性就是游戏内容和游戏过程的科学性,哪些游戏能玩,哪些游戏不能玩,怎样玩更能发挥学前儿童的主动性、积极性,更能促进学前儿童身心全面健康地发展,这需要对游戏内容进行选择、设计,对游戏过程进行适当的指导,但所有这些都以不改变游戏中的主客体关系、不改变游戏气氛为原则。

一、科学游戏活动的设计

(一) 选择与设计学前儿童科学游戏活动的原则

1. 科学性原则
科学性原则是指在选择和设计游戏内容时一定要尊重客观规律,能正确反映客观事物,不违背科学事实。充分利用儿童所处的环境和身边的材料、玩具。

2. 趣味性原则
趣味性原则是指在选择和设计科学游戏的内容时,必须是儿童最感兴趣的、容易接受的、生动有趣的。这是由学前儿童的年龄特点所决定的。儿童往往容易被有趣的、新奇的、好玩的事物和现象所吸引,进而表现出强烈的好奇心和探索欲望,就更容易主动进入游戏活动中去。

3. 活动性原则

活动性原则是指在组织科学游戏活动时,教师要有意识地把游戏过程变成学前儿童主动探索的过程,让学前儿童有充分的机会操作和活动,有充足的时间进行思考,以满足他们智力活动和生活活动的需要。

4. 发展性原则

发展性原则是指在选择和设计游戏内容时,一方面要体现时代发展的特点;另一方面也要尊重学前儿童身心发展的特点,使他们在游戏的同时也能获得全面发展。

5. 安全性原则

安全性原则是指在选择和设计游戏内容时,要特别考虑到学前儿童的安全问题。尽量排除会对儿童产生伤害或有危险的内容和材料。

6. 差异性原则

差异性原则是指在选择和设计游戏内容时,既要考虑来自不同地方儿童的差异性,也要考虑不同年龄段学前儿童身心发展的差异以及同年龄段儿童的智力水平、游戏能力的差异等。

7. 多样性原则

多样性原则是指在选择和设计科学游戏活动内容时,触及面要尽量广泛一些,让学前儿童能了解更多的事物或现象,使游戏内容丰富多彩,游戏形式和手段多种多样,充分调动学前儿童参与游戏的积极性。

(二)教师设计学前儿童科学游戏活动时的注意事项

1. 游戏目标要明确

学前儿童科学游戏活动的目标是指事先预计本次游戏结束后所要达到的效果,是对科学游戏活动的要求。学前儿童科学游戏活动的目标指明了科学游戏活动要达到的标准或要求,是开展科学游戏活动的依据。因此,在设计科学游戏活动时首先就要明确游戏的具体目标,让学前儿童能够积极主动地投入科学游戏活动中去,以保证科学游戏活动的顺利进行。

2. 游戏材料要有实用性

游戏材料是学前儿童进行科学游戏活动的工具,材料是否投放得当,对学前儿童的发展起着决定性的作用。因此,在游戏活动过程中,为了激发学前儿童主动参与活动的兴趣,就要分期分批不断地更新游戏材料,让游戏材料具有实用性。

3. 游戏规则要具体

游戏规则是指对学前儿童科学游戏活动的一些规定,这些规定儿童在游戏中必须遵守。有明确的游戏规则,才能让学前儿童在科学游戏活动中朝既定的目标发展,同时培养他们的规则意识。

(三)科学游戏活动中教师的角色与作用

1. 游戏环境的创设者

每一个游戏都应该有一个相对应的环境,在游戏开始之前,一定要做好充分的前期准备工作,要根据游戏内容创设符合该游戏的活动环境,包括对游戏场地的布置和对游戏材料或玩具的投放,游戏环境的布置情况直接影响学前儿童参与游戏的主动性和兴趣,决定科学游戏活动能否顺利进行,所以幼儿教师一定要做好游戏环境的创设工作。

2. 游戏进展的支持者

在学前儿童游戏的过程中,教师要担任游戏顾问这一角色,积极地支持他们的科学游戏活动。在游戏中,当学前儿童确实需要帮助时,教师一定要及时"出手相助"。当游戏出现冷场时,教师要及时地出个"点子",教师还要根据学前儿童的特点和游戏的情况适时、适当、适度地参与到游戏中,充分发挥学前儿童的积极性、主动性和创造性,同时又发挥教师的带动作用,促进游戏合理、有效发展,拓展游戏情节,提高学前儿童的游戏能力。

3. 游戏过程的观察者

教师要注意观察学前儿童的游戏兴趣和爱好,积累经验。从多方面、多角度、多层次认真仔细地观察学前儿童的游戏行为、倾听学前儿童的游戏语言,准确了解学前儿童在游戏中的表现(游戏中学前儿童之间的关系、学前儿童与游戏材料之间的关系、学前儿童的游戏态度、游戏持续的时间、学前儿童外部与内心的表现等),以便满足学前儿童合理的需求。

除了这些,在学前儿童游戏的过程中,教师还要做一个好"观众",就是在学前儿童游戏时,教师要尽量放手让他们按照他们自己的意愿进行游戏,不要以为他们什么都不会,其实他们也在不断地交流"经验"。

另外,还要充当好"后勤部长"的角色,及时为学前儿童补充或更换游戏材料或玩具。

二、科学游戏活动的指导

(一)营造游戏氛围

游戏氛围主要是指精神环境,这是一个无形的、动态的环境,主要指人际关系和心理氛围,如师生关系、同伴关系,班级气氛等。这种无形的精神环境时刻被学前儿童感受着、体验着。在科学游戏活动中,教师对学前儿童的态度、指导方式都会直接或间接地影响学前儿童的游戏行为。平等、和谐的师生关系使学前儿童感到温暖和安全,使学前儿童心情愉快、情绪饱满。和谐的师生关系建立在教师对学前儿童的尊重、支持的基础上。教师只有尊重学前儿童,才可能真正允许他们自由选择玩具、决定玩具的玩法;教师只有支持学前儿童及学前儿童的科学游戏活动,才能让学前儿童敢于探索。

(二)理解游戏规则

游戏规则是指为了实现预定的教育、教学目的在一些游戏中制定的条件限制,也就是说,学前儿童在这些游戏中要遵守一定的规则,游戏规则是学前儿童顺利进行科学游戏活动的前提,科学游戏活动的规则要服从于科学教育的内容和要求来展开,应有利于学前儿童的操作、探索和思考,不能限制他们的游戏活动的内容、形式。因此,在游戏活动前教师应根据学前儿童的年龄特点,与学前儿童一起设计并制定简单易行的游戏规则;在游戏过程中要首先向学前儿童讲解与说明游戏规则,而且语言要简练、清楚、通俗易懂,有时还需要教师做游戏示范动作,才可能让学前儿童理解游戏规则,并指导、监督学前儿童在科学游戏的过程中严格遵守游戏规则,以保证科学游戏活动的顺利开展,同时也培养学前儿童的规则意识。

(三)组织游戏活动

在幼儿园里,游戏的组织者基本上是教师,在组织学前儿童进行科学游戏活动时,要尊重学前儿童的年龄特点,充分调动他们的积极性、主动性,要有意识地把游戏过程变成学前儿童自主活动的探索过程,让学前儿童有足够的机会操作和活动,有足够的时间进行思考,以满足其智力活动和身体活动的需要。

(四)参与游戏活动

在学前儿童的科学游戏活动中,教师不仅仅是组织者、指导者,同时也应该是科学游戏的参与者。教师参与学前儿童科学游戏活动是对学前儿童游戏活动的一种积极肯定,能及时对学前儿童提供必要的帮助,使学前儿童获得心理支持,有利于提高学前儿童进行科学游戏活动的兴趣。但必须注意的是:一方面,学前儿童在科学游戏活动中需要成人的支持;而另一方面,学前儿童又很容易受到成人的影响和暗示,所以教师参与科学游戏活动要寻找适当的时机,不能影响学前儿童的游戏。教师通过参与学前儿童科学游戏活动,了解学前儿童探索的情况,与学前儿童共同解决问题,分享他们成功的乐趣。

(五)评价游戏活动

游戏评价是依据一定的标准,对于学前儿童游戏相关的物质环境、时间安排、活动效果等进行描述并作出价值判断的过程。客观、准确地评价学前儿童的科学游戏活动对保证科学游戏活动的教育性、趣味性,促进学前儿童发展有着极为重要的意义。对学前儿童科学游戏活动的评价,既可以是针对学前儿童游戏本身的,也可以是针对学前儿童教育实施方面的;既可以是单项评价,也可以是全面的综合评价,它可以为学前教育和学前儿童游戏活动的实施提供科学的参照和依据。

在游戏结束时,尽可能地组织学前儿童交流一下游戏中他们的所见、所想和自己的方向及内心的感受等,还有必要对每一个学前儿童在游戏中的出色表现给予表扬和鼓励。

第四节　学前儿童科学游戏活动的类别

学前儿童科学游戏活动的内容、形式丰富多彩,按照不同的方式分,会有不同的结果。

一、根据学前儿童科学游戏活动中利用的材料分类

(一) 实物游戏

实物游戏是一种利用自然界中的实物材料作为游戏材料进行的学前儿童科学游戏活动,是学前儿童在自由操作过程中与游戏材料进行直接接触,了解游戏材料的特性,获得该材料科学经验的游戏活动。在物品的分类游戏中,老师拿出准备好的物品,如毛巾、文具盒、作业本、肥皂盒、牙膏、牙刷、铅笔等,按生活用品和文具用品进行分类游戏;再如"水果蔬菜"的分类游戏,让学前儿童通过视觉、嗅觉、味觉、触觉来辨别、分类。

(二) 图片游戏

图片游戏是指利用一些反映科学内容的小图片进行的学前儿童科学游戏活动,是指学前儿童利用教师提供的蕴涵科学知识的图片,根据自己的直接经验来复习和巩固已获得的知识,或者了解事物的一些主要特征的科学游戏活动。

1. 拼图游戏

就是把绘有科学内容的整幅图片分割成几小块,让学前儿童按照物体的特征把这几块小图片拼接成完整的图片的科学游戏活动。

注意:这种科学游戏活动要注意根据学前儿童的年龄特点来安排,小、中、大班的拼接难度不一样,如让小班幼儿玩,可以将整幅图分割成 2—3 块,如果让大班幼儿玩可以将整幅图分割得更小一些,把拼接难度增大一些。

2. 看图识物游戏

看图识物游戏的形式多种多样,一般只要有图片即可。就是在一幅画着许多相同或相似物体的画面上,让学前儿童从中找出完全相同的两个物体或在重叠的画面上让学前儿童按要求找出物体的科学游戏活动。

3. 看图辨物游戏

跟看图识物游戏相反,识物是找相同的,辨物是找不同的,或找错误的,就是在一幅画面上,让学前儿童通过观察、辨认,找出错误或不同的地方,并用语言加以纠正的科学游戏活动。

4. 配对游戏

就是将绘有一定联系的科学内容的小图片分发给两个(或多个)学前儿童,由一人先出示一张图片,另一人出示与他内容相关的图片与之配对的科学游戏活动。例如,一人出示一张动物图片,另一个人找出它的食物与之相对。再如,一人出示一张植物图片,另一个人找出对应的水果与之对应。

5. 接龙游戏

一种是把一张斜长的卡片对折成相同的两个部分,在两部分上各绘制一种物体的一半,另一半绘制在另外一张卡片上,让学前儿童根据自己的经验把物体连起来,最后结成一条长龙的科学游戏活动。另一种是在卡片上绘制出动物或植物的生长进化过程,让学前儿童按顺序把卡片连接成长龙的

科学游戏活动。

注意：让学前儿童玩图片游戏活动时，不同年龄段，游戏活动的难易程度不同，游戏活动要求就不一样，小班的尽量简单一些，大班的增加难度，最好加以时间控制。

（三）科技玩具游戏

（1）拖拉玩具——靠自己的手拉动绳索而使玩具的轮子向前滚动的科学游戏活动。如小猪车、小狗车。

（2）机械玩具—— 机械玩具有上电池的和上发条的两种。转紧发条，放在地上使玩具动起来，或打开玩具电源开关放在地上使玩具动起来的科学游戏活动。如发条汽车、发条飞机、电动汽车等。

（3）惯性玩具——用手推玩具，玩具就向前滚动的科学游戏活动。如惯性汽车。

（4）声控玩具——打开电源开关，使玩具发出优美声音的科学游戏活动。如音乐盒、音乐贺卡等。

（5）光控玩具——打开电源开关，玩具中的伸缩杆滑动而摩擦打火石，使玩具发光发声的科学游戏活动。如电光冲锋枪、救护车等。

（6）遥控玩具——靠电池的电力作用，玩具上有一根天线，拨动开关，利用手中的遥控器控制和指挥玩具的科学游戏活动。如遥控汽车等。

（7）电子玩具——借助电子技术的电力作用的玩具，如电子游戏机、有声、光和活动的图像。注意玩电子游戏机时要控制时间，玩久了会影响视力和身心发展。

（8）棋类玩具——能有效地巩固已有的科学知识，培养幼儿的注意力、坚持性的玩具。如动物棋、颜色棋等，不仅可以熟悉各种动物和颜色的名称，还可以按照动物的食性和习性进行分类。

（9）组装玩具——可以让学前儿童把零散的部件根据图纸拼装成具体的物体。如机器人、彩色积木等。

（四）口头游戏

利用学前儿童具有的感性经验，脱离实物和图片，运用口头语言进行的科学游戏活动。这种游戏活动通常采用老师提问，学前儿童回答的形式来完成。这种游戏活动不需要大量的辅助材料，简单易行，但因为需要用语言来表达，所以多在大班进行。可以用击鼓传花的形式，当鼓声停下的时候，花传到谁手里，谁就起来回答问题。比如："什么动物天上飞？""什么动物地上走？""什么动物水中游？"等等。

（五）情景游戏

老师根据一定的意图，创设特定的情景让学前儿童观察、思考，从中发现事物之间的联系，让学前儿童运用已有的知识经验来反映、再现或表演对事物的认识，或运用已有的知识经验处理特定情景下遇到的问题。例如给学前儿童设计一个场景，老师不小心把水倒在桌子上面了，桌子上面有很多东西，如书、作业本，还有一块毛巾，眼看水就要把桌上的东西弄湿了，我们该怎么办？让学前儿童运用他们已有的经验，经过思考，师生共同商量，找到解决问题的方法。

（六）多媒体互动游戏

学前儿童利用多媒体软件进行科学学习的一种游戏活动。这种游戏活动是让学前儿童通过对多媒体软件的操作，学习利用软件展现出来的画面上的科学知识。这种游戏需要学前儿童具备一定的知识，能独立完成游戏活动内容。

二、根据科学游戏作用的不同分类

（一）感官游戏活动

学前儿童运用各种感觉器官（眼、耳、口、鼻、舌、手等）去感知、辨别、理解老师提供的作为游戏材料的自然物的性质、功能和作用的科学游戏活动。这种科学游戏活动能培养学前儿童的感知能力和观察能力，同时还进一步积累了感知经验。感官游戏活动一般多在幼儿园的中、小班进行。

(二)分类游戏活动

让学前儿童根据物体的不同属性,从不同的角度对物体进行分类的科学游戏活动。这种游戏形式非常多,可简单也可复杂,但因涉及物体的本质属性,可以发展学前儿童的形象思维和抽象思维能力和分类技能,一般在幼儿园中、大班进行。

三、根据科学游戏在幼儿园里对学前儿童的教育作用分类

目前,我国幼儿园的科学游戏活动是按游戏在学前儿童教育中的作用来分的,并已列入了有关的法规。具体分为两大类六小项:一类是创造性游戏,它主要是指以学前儿童自由创造为主的游戏,包括角色游戏、结构游戏和表演游戏;另一类是规则游戏,它是指以教师创编、组织为主,以规则为核心的游戏形式,包括体育游戏、音乐游戏和智力游戏,这类游戏常在幼儿园教学活动中运用。

学前儿童科学游戏活动的内容、形式丰富多彩。目前,我们国家对学前儿童的教育越来越重视,全国大、中、小城市和乡镇各个地方的幼儿园正在逐渐正规化,而科学游戏作为内容和途径的双重身份进入了幼儿园课程之中,它无论以哪种形式来体现都是对学前儿童进行科学教育的一种方法,其价值和作用是显而易见的。

案例展示

智力游戏:联想游戏(大班)

设计理念:

以《纲要》精神为指引,努力将《纲要》精神转化为教育实践,让幼儿成为活动的主体,耐心倾听,努力理解幼儿的想法,支持、鼓励他们大胆想象与表达。

设计意图:

"想象力比知识更重要,因为知识是有限的,而想象力概括着世界上的一切",当今的素质教育,正是开发幼儿的创造性思维,培养孩子的创造性想象。创造性想象的培养,应从婴幼儿开始。倘若给成人一张图片让他想象,他可能因为已有的经验太多而被束缚,不敢大胆想象,而孩子则不同,只要给他机会说,他可能会想到什么说什么。游戏可以推动幼儿的想象,使其处于活跃状态。所以,我会经常组织幼儿开展由一事物到他事物的联想游戏,在看看、想想、说说中,让幼儿的思维得到训练和提高,锻炼了幼儿思维的灵活性与敏捷性,激发了幼儿的创造兴趣。本次联想游戏是我结合主题活动——"春天的秘密"开展的一节智力游戏活动,选取的图片多是跟春天有关的。

活动目标:

1. 根据图片进行一事物到另一事物、两样事物到第三样事物的联想。

2. 迅速灵活地发表与众不同的想法。

3. 体验参与联想游戏的快乐。

活动准备:

照相机,演示用的花、风筝、鸟等幻灯图片,跟春天有关的照片若干张。

活动过程:

一、导入活动

师:"小朋友们上午好!看看老师今天带来了什么?"(相机)"我们今天的活动就从相机开始,请小朋友说说你由相机会想到什么。"鼓励幼儿根据自己已有的经验说出自己的想法。

由给大家拍照导入,引发幼儿兴趣,使幼儿自然地进入活动状态,为后面的活动作铺垫。

师：由相机我们会想到照片。今天老师带来了一组照片，我们大家一起来看照片玩联想游戏，想不想玩？好，请看照片。

二、联想游戏之一：由一事物想到另一事物

1. 出示花的照片，引导幼儿联想。

提问：看到了什么？看到花你会想到什么？为什么？（蜜蜂、蝴蝶、果实、花瓶、花盆、水、阳光、味道、五颜六色……）

在集体共同思考和老师的引导过程中，初步打开幼儿联想思维之门，让幼儿了解联想是从多个角度去想象的方法。

2. 看一组图片进行一事物到另一事物快速联想。

师："刚才小朋友的表现真不错！老师希望每个小朋友都能积极参与游戏，大胆联想。现在老师出示照片，请每个小朋友都要做好参与游戏的准备，看一看照片上是什么，然后快速地说出看到照片的东西你会想到什么并大声地说出来。"（对于能力稍弱的幼儿不能及时由一事物到另一事物的联想可待一轮游戏结束，再次给予参与机会，照顾到个体差异）

这一环节由刚才的集体活动过渡到个人，幼儿独立进行联想，接火车式的请每个幼儿参与，能激励幼儿迅速灵活地发表自己的想法，训练幼儿思维的敏捷性。

3. 幼儿联想竞赛。

师："小朋友们真聪明！那我们来进行联想竞赛，好不好？老师把你们分成两队。我出示一张照片，请两队小朋友大胆联想，说说看到照片上的东西会想到什么，别人说的时候要认真听，别人说过的你就不能说了。各队队员之间可以讨论，看看哪一队的小朋友想到的多，说得又好。"

出示风筝照片，提问：看到什么？看到风筝你会想到什么？（风、线、跑步、童年、快乐、广场、海边、草地、小鸟、飞机……）

采取小组竞赛的形式让幼儿看一张图片，进行一事物到另一事物联想，可以拓展幼儿思维的空间，同时也可以增加游戏的趣味性，激发幼儿的参与积极性，体验参与联想游戏的快乐。

师："好，比赛结束。你们自己说说哪一队表现更好些？老师觉得两队小朋友表现都不错！那你们想不想请老师参与你们的联想游戏？请看大屏幕。"

三、联想游戏之二：由两个事物想到第三个事物（教师出示鸟妈妈和鸟宝宝的照片）

师："刚才我们由一种事物联想到另一种事物，现在你们看到的照片上是什么？准确地说应该是鸟妈妈和鸟宝宝，同时看到鸟妈妈和鸟宝宝，你会想到什么？你想到的要与鸟妈妈和鸟宝宝都有关系，可以讨论，想好了待会大声说出来。"（鸟蛋、鸟窝、虫子、大树、其他的卵生动物、家、爱……）

游戏由易到难，旨在让幼儿保持对联想游戏的兴趣，联想更大胆。教师的联想对幼儿有一定的启发作用，可以拓展幼儿的思维想象空间，而且增加活动的气氛，激发幼儿的兴趣。

四、联想接龙

师："我们小朋友表现得真棒！还想玩联想游戏吗？那好，我们来玩联想接龙。我来说规则，首先我从今天我们看的照片里拿一张出来，我现在拿的这张照片上面有一个'春'字，看到春天，你会想到什么，你想的事物要跟春天有关，而且我们今天看的照片上要有，然后把这张照片放在'春'这张照片后面。明白吗？我先来说。"

游戏难度不断增加，让幼儿觉得游戏有挑战性而不乏味，开阔了思路，联想越来越丰富。

（选自：妈咪爱婴网 www.baby611.com）

案例展示

科学游戏：认识颜色（大班）

活动目标：

1. 认识红绿黄，感受色彩美。

2. 能在活动中找到对应的颜色，巩固对颜色的认识。

活动准备：

1. 幼儿人数相等的报纸，报纸上分别画上红黄绿三种颜色的大圆圈。

2. 表现小兔跳、小鸟飞的音乐。

3. 与幼儿人数相等的小圆（红黄各半）。

4. 录音机、老狼头饰。

5. 事先和小朋友玩找圆圈的游戏。

活动过程：

一、引出活动，教师出示两张大圆

提问：小朋友，这两个大圆各是什么颜色的？

二、寻找相应的颜色，巩固对颜色的认识

1. 游戏"小圆宝宝找妈妈"。

（1）通过提问的方式，让幼儿说说身上小圆圈的颜色。

（2）教师出示大圆，请小朋友们按照口令做动作。（放音乐）

师：小朋友们，老师有大圆，你们有小圆，现在请红色小圆宝宝学小兔跳到妈妈身边，黄色小圆宝宝学小鸟飞到妈妈身边。

2. 游戏"大灰狼来了"。

（1）师：小朋友们真能干，现在老师要带你们开着火车去玩，可是，老师听说操场外面有一只大灰狼，它专吃那些不听话的孩子，你们可要当心哦！

（2）游戏第一次：小朋友和老师一起沿着圆圈随音乐走路，音乐一停小朋友们就站住。

（3）游戏第二次：外面有一只大灰狼，请小圆宝宝听音乐在四周散步，音乐一停大灰狼就来了，小圆宝宝要马上找到和自己颜色一样的大圆里躲起来，否则就要被大灰狼捉住。

三、活动结束

幼儿用舞蹈来庆祝赶走了大灰狼，体验成功和愉悦。

活动评析：

红黄绿是自然界、生活中最常见的颜色，通过游戏活动让幼儿感受色彩美。在游戏活动中，教师设计了"小圆宝宝找妈妈""大灰狼来了"的故事情节，让小朋友们加深对红黄绿三种颜色的认识，在故事游戏中真实地感受到色彩的美感，也通过游戏活动让小朋友们建立了规则意识。

【实践活动】

1. 利用所学知识，设计一个学前儿童科学游戏，并开展模拟活动。

2. 收集不同类型的游戏案例，在班里进行相互交流。

【拓展实训】

一、选择题（多选题）

1. 在设计学前儿童科学游戏时应把握以下哪些原则？（　　　）

A. 科学性原则   B. 趣味性原则

C. 活动性原则   D. 发展性原则

E. 差异性原则   F. 多样性原则

G. 安全性原则   H. 开放性原则

2. 在指导科学游戏活动中教师要做好以下哪些工作?（   ）

A. 营造氛围   B. 理解规则

C. 组织游戏   D. 参与游戏

E. 评价游戏   F. 指挥游戏

3. 根据学前儿童科学游戏活动中利用的材料不同可将游戏分为以下哪几种?（   ）

A. 实物游戏   B. 图片游戏

C. 口头游戏   D. 科技玩具游戏

E. 情景游戏   F. 多媒体互动游戏

G. 拼图游戏   H. 感官游戏

二、简答题

1. 什么是科学游戏活动? 简述学前儿童科学游戏活动的特征。

2. 举例说明学前儿童科学游戏活动的价值。

3. 根据科学游戏在幼儿园里对学前儿童的教育作用,可将游戏分为几类?

4. 结合实际说说教师在指导学前儿童进行科学游戏活动时应注意哪些问题。

模块二

数学认知

第八章

学前儿童科学教育中的数学认知

【本章重点】

- 了解学前儿童科学教育活动中数学认知的意义。
- 理解学前儿童科学教育活动中数学教育的特点。
- 掌握学前儿童科学教育活动中数学教育的方法。

【技能提升】

能掌握学前儿童科学教育活动中数学教育技能,尝试设计一些幼儿数学游戏案例。

【学前引路】

幼儿数学认知教育在学前儿童科学教育活动中占有很重要的位置。本章节具体阐述了幼儿数学活动的意义、特点与方法,并给出了一些幼儿数学认知教育教学案例。通过本章节学习,应该掌握学前儿童科学教育活动中数学认知教育技能,并能自己设计幼儿数学教育案例。

第一节　学前儿童科学教育中数学认知的意义

数学在幼儿认知活动中占很大的比例,包涵了数及概念运算、时间、空间、类别、序列、几何形体、测量等。因此,对学前儿童来说,适当地进行数学教育,也是很有必要的。

一、学前儿童数学认知教育是幼儿生活和正确认识周围世界的需要

1. 开展数学认知教育是幼儿适应周围生活的需要

幼儿从呱呱坠地到咿呀学语再到蹒跚学步,生活的环境逐步扩大,在他们生活的现实环境中,每样东西都以一定的形状、大小、数量和位置呈现在幼儿面前。因此,教幼儿掌握一些简单的数学初步知识和技能,能使他们更好地适应周围环境,如穿鞋时要分清左右脚,要能准确记得父母的电话号码,等等。

2. 开展数学认知教育是幼儿认识周围事物的需要

好奇、好问、好探索是幼儿的天性。对于生活中的周围事物,他们总想知道为什么。周围事物是以一定的数量关系、时空关系、逻辑关系存在着,因此解决这些问题,就要求他们具有一定的数学知识,如认识小白兔有两只长长的耳朵、四条腿等,这就要求幼儿能识别 10 以内的自然数。再比如,马路人行道上的方砖的方形、井盖的圆形、长方体的积木盒等,这就要求幼儿具备初步的几何形体辨认能力。又比如,早操儿歌"早早起,做早操,伸伸腿,弯弯腰,两手向上举,还要跳一跳",其中包含了对时间(早上)、数(两手)、空间方位(向上)等方面的简单数学知识。因此,向幼儿进行初步的数学教育,既是幼儿生活的需要,又是其认识周围世界的需要。

对点案例

奇妙的口袋（小班）

活动目标：

用触摸觉辨认图形，感知图形的基本特征。

材料准备：

口袋、三角形、圆形等教玩具。

活动准备：

游戏前，教师提问：圆形是什么样的？正方形是什么样的？三角形是什么样的？然后创设游戏情境，让幼儿当"小小魔术师"从奇妙的口袋中按要求变出图形。

游戏情节一：请幼儿按老师出示的图形从口袋里摸出与之相同的图形，并说出其名称和特征。

游戏情节二：教师说出一种图形的名称，请幼儿摸出图形，看谁对又快。

探索与发现：

在游戏中幼儿积极性很高，反复游戏中发现幼儿在摸出与老师相同的图形时准确率较高，边看边摸，有的幼儿一摸出来马上能说出它们的名称和特征。在听图形名称来摸出相应图形时，一些幼儿迟疑了很久才摸出来，速度和准确率明显降低。

活动反思：

小班幼儿的思维以直觉行动性、具体形象性为主，因此结合此游戏，让幼儿用视觉与触摸觉结合来感知图形。在游戏中幼儿看图形来进行触摸时对其来说比较容易掌握，而在单独听语言信号来摸图形时难度较大，这说明幼儿对图形的认识还不全面。为了让幼儿更好更快地运用各种感官感知图形特征，为分类学习做好准备，我们觉得应多让幼儿通过自身的操作活动，在做做玩玩中提升对图形的认识。

二、学前儿童数学认知教育有助于培养幼儿的好奇心、探究欲及对科学的兴趣

幼儿天生就有好奇心，好奇心驱使他们去注视、观察、把弄、发现、探究、了解周围事物和环境。它是幼儿学习的内动力，是幼儿学习获得成功的先决条件。这种好奇心和探究欲往往需要通过某些方式，如观察、操作、触摸、提问等表现出来。例如，幼儿听见雷声，就会问雷声来自什么地方，为什么会有雷声等。再比如，幼儿在玩积木玩具时，会被拼出来的各种几何图案所吸引。正是各种好奇心和探究欲，引发了孩子对数学活动的兴趣，并由此形成对周围世界的积极态度和探索欲。

学前儿童数学教育为幼儿提供了多种形式的数学活动，不仅保护了幼儿的好奇心，并促进其发展，同时各种简单的数学游戏活动不仅可以使他们学得轻松愉快，感受到心理的满足，对数学以及科学的学习产生积极的态度，同时还能对幼儿成长后正确对待生活、对待周围事物产生良好的影响。因此，有目的、有计划的数学启蒙教育，为幼儿亲自参与各种数学活动提供了良好机会，能够诱发幼儿主动学习，进而逐渐产生对科学的持久兴趣。

三、学前儿童数学认知教育是幼儿提高数学素养的需要

1. 有助于激发幼儿思维的积极性和主动性

思维的积极性和主动性就是通常所指的幼儿愿意动脑筋思考问题，它是幼儿获得数学知识、形成数学技能、发展思维能力的基本前提。幼儿数学教育为幼儿创设了良好的环境和条件，使幼儿在愉快轻松的环境中发现问题、解决问题，养成对待智力活动的良好态度和主观意愿。

2. 有助于培养幼儿思维能力及良好的思维品质

幼儿学习数学必须以一定的逻辑观念和思维发展水平做基础,同时在学习数学的过程中也必然会促进其思维能力的发展,主要包括"数学思维"的能力、初步的逻辑思维能力等的发展。

"数学思维"的能力,就是用抽象化的方法解决生活中的具体问题,即幼儿能用自己已有的数学知识、经验和已掌握的数学方法去解决生活中所遇到的问题,把生活中的问题转化为数学问题,然后加以解决。通过集合的教学,幼儿掌握了物体的分类,然后提供具体的生活情境,比如有一副扑克牌,让幼儿分类。怎么分最合适呢?我们就可以引导幼儿运用所学集合知识去加以解决,比如可以按照不同花色分成四类:梅花、方片、红桃、黑桃,也可以按照数字符号分成1,2,3……很多种分法。

发展幼儿的思维能力是多途径的,向幼儿进行初步的数学教育是发展幼儿思维能力的一个重要而有效的途径。数学本身具有抽象性、逻辑性、辩证性以及广泛的应用性等特点,决定了数学教育能促进幼儿初步逻辑思维的发展,亦即让幼儿掌握粗浅的数学概念和学习简单的运算,就可以发展幼儿的智力(观察力、记忆力、思维力、注意力等),尤其是逻辑思维能力。例如"认识长方体",教师通过一些积木,让幼儿进行充分的感知、触摸、比较,从中抛去非本质的特征。在这一活动中,幼儿的思维能力经历了一次具体到抽象的过程,其抽象性思维得到了一次锻炼。

3. 有助于培养幼儿思维的敏捷性和灵活性

敏捷性、灵活性是思维在智力品质上的特点,是衡量思维水平的标志之一。敏捷性通常指思维活动的速度,即反应的快慢;灵活性指思维的广度,即善于改变思维的方向,从不同方向思考问题。在学前数学教育活动中,有许多游戏都可以锻炼幼儿思维的灵活性与敏捷性。例如,通过许多比赛性的数学游戏,能够促进幼儿对数学问题和数学知识的反应速度;通过让幼儿进行多角度的分类和排序,用不同的方法使两排数量相差1的物体变成一样多,用不同的方法对物体进行等分;引导幼儿寻找生活中的几何形体;等等。这些活动要求幼儿突破思维定式,能从不同方向进行观察和思考,加快思维的速度,进而提高幼儿思维的敏捷性和灵活性。

💡 对点案例

摆棋子(大班)

活动目标: 学习按物体的颜色分类、训练思维的敏捷性与灵活性。

活动材料: 0—9数字卡片,塑料跳棋或玻璃弹子跳棋。

活动过程:

1. 将所有弹子取出放在一个盒子里。

2. 让小朋友们自己抽卡片。

3. 在老师的提示下,将这些弹子拼成这些数字(如图8-1),年龄稍大的可以一边摆一边唱数字歌。

4. 依次将六种颜色全部摆完。老师可以同时教孩子颜色的汉字和英语单词。

5. 可以双手同时摆,将这些弹子拼成不同的数字和不同的颜色。比比哪个小朋友拼的速度快,最符合卡片里的数字。

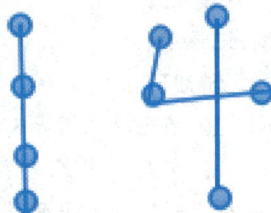

图8-1

4. 有助于幼儿积累基本的数学经验

一定的数学经验是幼儿认识周围事物和生活的需要。幼儿数学认知教育能满足他们这一需要。通过教师有目的、有计划、有组织地实施数学教育,幼儿可以从中积累基本的数学经验,能够使他们在日常生活中形成的零碎的、表面的、片面的、不成熟的数学经验系统化、理论化、逻辑化和条理化。

四、向学前儿童进行数学认知教育是幼儿入小学接受数学教学的需要

幼儿教育是基础教育的基础。对幼儿教育的这一定位决定了幼儿数学教育必须为幼儿入小学学习做好准备。研究表明,幼儿在入学前接受启蒙的数学教育,能够在数学的知识和经验、数学的能力和数学的学习品质上为小学做好准备。我国甘肃省曾对农村偏远山区进行抽样调查,结果显示入学前受过启蒙教育的儿童在语文、数学的成绩要远高于未受过学前启蒙教育的儿童。有的研究材料认为,小学生数学能力的发展与初入学时的数学水平有密切关系。那些初入学时就会正确计数、倒数,具有初步的数概念,会 10 以内数的分解、组合,以及在此基础上进行 10 以内的加减,而不是逐一计数水平的加减的一年级的学生,在以后多位数、小数和分数的学习上,都表现出较高的理解能力和计算能力。

在国外也有人研究发现,对幼儿园的孩子,从一入园就给予数学方面的认识条件,进行一些初步的数学训练,到十三四岁时,他们的数学成绩比未经过幼儿期训练的同龄人好。

以上情况说明,向幼儿进行初步数学教育对儿童进行小学,甚至中学的数学学习均带来了积极影响,创造了有利条件。

五、学前儿童数学认知教育是幼儿顺利进行其他活动的需要

根据《指南》,幼儿应接受健康、语言、社会、科学与艺术等方面的教育,而数学认知教育是这些教育活动能顺利进行的保证。比如,在做沉与浮的游戏时,当分别用大大泡沫和小小积木放在水中做沉浮比较时,就要求小朋友能区分大小;再比如,在做艺术教育活动时,要求小朋友能知道了解一些简单的几何图形,如长方体、圆等。在教小朋友钢琴时,要求小朋友能识别 10 以内的自然数。因此,对学前儿童进行数学认知教育尤为重要。

案例展示

称一称(大班)

活动目标:
1. 幼儿在摆弄、操作天平游戏中感受物体的平衡。
2. 用天平秤称出轻重,并且学着用不同的标记记录轻重不同的材料。
3. 引导幼儿能单独或与同伴进行合作游戏,并尝试自己解决问题。

活动准备:
娃娃天平秤、一些轻重不同的材料、塑封的记录纸、记录笔。

游戏玩法:
1. 幼儿随意摆弄天平,感受空天平的平衡。
2. 在天平内装进各种材料,如积木、小石块等(如图 8-2),让天平两端保持平衡。
3. 幼儿寻找办法,鼓励幼儿合作解决。
4. 幼儿两两结合进行比轻重并记录。

图 8-2

案例评析:
通过这个小游戏我们可以发现,要让小朋友们准确顺利地进行科学活动,必备的数学知识是不可或缺的。

请同学们从幼儿日常生活中找出与幼儿数学教育有关的案例,感知幼儿数学教育的重要性。

第二节　学前儿童科学教育中数学认知的特点

学前儿童在数学认知过程中必然会表现出有别于成人的特点,了解这些特点是教师进行有效数学教育的基本前提。

一、启蒙性

《纲要》指出:“幼儿园教育内容是全面的,启蒙性的……”启蒙,是生命的开始,是对蒙昧状态的开发。从个体的开展来看,学前期是个体发展的起步时期。这一时期的幼儿对周围世界表现出强烈的好奇心,什么都想问,什么都想知道,但他们对蕴含于事物内的数学关系往往是蒙昧的、空白的。因此,幼儿数学教育应该是启蒙的,目的在于使幼儿得到一些最基本的、入门的数学知识。

幼儿身心发展水平和数学的抽象性特点,决定着他们对数学知识的数学探索只能是处于启蒙状态。这种状态有两方面的表现:一是幼儿对于数学知识的探索水平是感性的,他们更多的借助于自身的感官去认识和探索数学知识,更多的是通过事物表面的特征去了解探究内部的数学关系和数学知识;二是幼儿对于数学知识的探索范围是广泛的,幼儿对存在于事物中的数字、测量、几何形状、空间方位、时间等知识均表现出探索的欲望。

幼儿对数学知识的学习所表现的启蒙性特点,要求我们对幼儿进行数学教育时应立足于启蒙教育。应该为幼儿入小学学习做好准备,应为幼儿未来数学素养的可持续发展做准备。

二、探索性

幼儿对于数学的学习实质上是个探索的过程。从茫然不知所措到懵懵懂懂再到一知半解,最后到幡然醒悟。这个过程不可能一次性就完成,往往需要经历一个不断地尝试,从错误到小的成功再到成功的过程。这一过程虽然不是很正规、很科学的,但却有着与成人探索一样的大致经历:有猜测、有探索、有验证。

对点案例

谁 的 个 子 高

在一次数学游戏课中,老师让幼儿按照高矮顺序站成一排。于是,两个小朋友小明和小红开始比较身高。小红看了下小明,就说:“看,我比你高。”小明有些不服气,迅速站到凳子上,得意扬扬地说:“看,我比你高了好多!”小红也不服气地爬上了桌子说:“还是我比你高些!”两个小朋友谁也说服不了谁,这时另外的一个小朋友小聪说:“你们都站下来比较不就可以了。”两个小朋友恍然大悟,都站立在水平的地面上,一比较,小红要高一点点。

从上面的案例可以看出,幼儿在比较高矮的时候经历了一个相对完整的探索过程。一开始,他们互相比较着,并猜测谁高谁矮。此时,他们判断高矮主要是目测的方法,因而不能正确比较出结果。接着,他们又分别站到凳子和桌子上,但由于方法不正确,也没有比较出结果。虽然是这样,但毕竟经历了一个探索的过程。最后,他们找到了正确比较的方法。

三、发展性

幼儿学习数学将经历一个不断发展的过程，这一过程与他们身心发展的过程是一致的，特别是与他们思维发展的过程具有密切联系。在这一过程中，幼儿对数学的认知能力经过一个从简单到复杂、从低级到高级的螺旋式的发展过程。

1. 从具体到抽象

幼儿的思维主要是以形象思维为主，对物体的认识往往需要借助具体直观的材料，但数学知识却是一种高度抽象的知识，往往需要摆脱具体事物的其他无关特征才能获得。它与幼儿对于数学知识的理解恰恰需要借助于具体的事务，并且容易受到具体事务的影响的特点正是一对矛盾。这种矛盾在小年龄幼儿身上表现得更突出。例如，小班幼儿面对两只小动物（一只小鸡，一只小狗）时，他们会说"一只小鸡和一只小狗"，但很难直接概括为"两只小动物"。随着年龄的增长，他们就能理解这是"两只小动物"，并逐步认识到，只要是两只动物，不管是猫、狗还是其他动物，都可以称为"两只小动物"。

掌握幼儿认识数学的这一特点的实践意义是：教学时应采用直观性的教学方法，帮助幼儿理解、掌握数概念。同时，应使幼儿的数学教学从直观逐步走向抽象，以促进幼儿的思维向抽象化发展。当遇到幼儿难以解决一些较为抽象的数学问题时，教师可以通过逆向的做法，降低学习的难度，引导幼儿在直观水平上进行学习。如当小班幼儿不能区分数字 1,2,3,4,5 时，可以通过一些苹果或卡片教他们。

2. 从个别到一般

学前儿童数概念的形成，不仅存在一个逐步摆脱具体形象，达到抽象水平的过程，同时也存在一个从理解个别具体事物到理解一般和普遍意义的过程。所谓的个别，是指幼儿对数概念的认识一开始是与具体的、特定的事物相联系的，具有很大的排他性。所谓的一般，是指幼儿能够理解数概念一般和普遍的意义。例如，有些幼儿在学习集合分类时，认为猫属于动物，再将狗归为动物就不可以了，因为猫已经属于动物了，但当他们真正懂得集合的意义时，就觉得这无所谓，因为只要是动物，就可以归为一类。

掌握幼儿认识数学的这一特点的实践意义是：教师应为幼儿提供多样化的操作经验，使他们积累丰富多样的具体经验，在此基础上，摆脱对具体事物的依赖，抽象出数学概念。

3. 从外部动作到内部动作

小班幼儿由于其思维发展的直觉行动性，他们的学习活动需要借助于外部动作，边动作边思考，通过作用具体的物体，从中感知事物的数量关系。随着幼儿思维的发展，他们对数学概念逐步消化，达到了抽象理解的程度，即他们能在大脑中理解抽象的数学概念，确切地说，此时的幼儿学习主要是凭大脑中对抽象的动作表象的呈现，来理解记忆数学概念。我们经常可以观察到，有些小年龄幼儿在完成数数的任务时往往要借助外部动作，如用手一一点数，扳手指数等。而到了大班，随着年龄的增长和数经验的逐渐积累，一般幼儿都能理解在理解符号基本意义的基础上学习 10 以内的加减运算。

掌握幼儿认识数学的这一特点的实践意义是：作为教师应理解和认识到幼儿发展的这一特点。对于不同年龄的幼儿应区别对待。同时，应努力促进幼儿从外部动作向内部动作转化。例如，对于有些幼儿在计算时出现的扳手指的现象，老师不应该随意制止，应该允许幼儿通过扳手指去解决他们遇到的各种问题，同时老师应该认识到这时幼儿的计算能力还处于外部动作或者还没有完全地内化。

4. 从同化到顺应

瑞士心理学家皮亚杰认为，同化和顺应是儿童适应外部环境的两种不同形式。所谓同化，是指个体将外部环境纳入自身已有的认知结构中；所谓顺应是指个体改变已有的认知结构去适应外部环境。在儿童与环境的相互作用中，这两种形式是同时存在的，有时同化占主导，有时顺应占主导。可以说，个体的认知发展正是一个以同化和顺应为机制的自我调节的平衡化过程。在这个过程中同化和顺应相互作用从而达到一个动态平衡，幼儿因此得到自我调节和主动发展。

在幼儿数学学习的一开始,往往是同化占优势。此时的幼儿更愿意采用原来他们认为有效的办法来解决问题,虽然这一办法所花的时间较长,效果并不那么明显,但幼儿似乎更乐意如此。随着幼儿学习经验的不断积累,特别是学习难度的不断增加,原来的方法已不能适应新的学习内容时,才会寻找新的办法。这时,往往是顺应占优势。

掌握幼儿认识数学的这一特点的实践意义是:教师应明确教育和环境只是幼儿数学能力发展的外因,幼儿认知结构的发展才是他们数学能力发展的内因,即所谓的内因决定外因。作为教师,应充分了解幼儿数学能力的发展状态,然后创造环境,实施教育,以促进幼儿数学认知结构在同化和顺应的相互矛盾中得到不断的发展。

5. 从不自觉到自觉

幼儿对自己的言行有两种状态,一种是不自觉,另一种是自觉。所谓的不自觉,指的是个体对自己的言行不能意识和控制。所谓的自觉,则是指个体对自己的言行有清醒的认识和控制能力。幼儿往往对自己的思维过程缺乏自我意识。主要是因为其动作还没有完全内化,他们对事物的判断还停留在具体动作的水平,而没有上升到抽象的思维水平。这种"不自觉"的特点往往在小年龄幼儿身上显得更为突出。

掌握幼儿认识数学的这一特点的实践意义是:教师应充分意识到幼儿表达自己操作结果的不自觉情况,同时应促进幼儿从不自觉向自觉方向发展。教师不仅要重视幼儿的操作表达和他们的操作活动是否是一致的,而且要重视促进幼儿语言对于自己操作活动中的引领和概括作用,应要求幼儿学会准确地用完整的语言表达自己的操作结果,以提高他们对于自己动作的自觉程度。

6. 从自我中心到社会化

正是因为学前儿童认知和思维的"自觉"意识程度不高,其概括和内化水平有限,也就由此表现出他们在思维上的"自我中心"特点,也就是只关注自己的动作而不能很好地内化,更不可能关注到同伴的思维或与同伴产生基于合作、交流的有效行动。因此,帮助幼儿在发展数学认知能力的过程中,提高社会化程度是非常重要的和关键的。

对于学前儿童来说,从自我中心到社会化是其思维抽象性发展的重要标志之一。当幼儿能够在头脑中思考自己的动作,并具有越来越多的意识时,他才能逐渐克服思维的自我中心,努力理解同伴的思想,从而产生真正的交流与合作,并在交流和互学中得到启发。

掌握幼儿认识数学的这一特点的实践意义是:教师应站在幼儿的角度看待他们的数学学习行为,教师不能随意强求幼儿改变他们的数学学习行为和对数学学习的看法,哪怕是错误的看法。同时,教师应促进幼儿的数学学习活动从自我中心向社会化转变。

案例展示

圆形宝宝的朋友(小班)

活动目标:

1. 感知半圆形、椭圆形的基本特征,能区分半圆形、椭圆形与圆形的异同。
2. 能在周围环境中找出像椭圆形、半圆形的物体。

活动准备:

圆形、半圆形、椭圆形若干,剪刀每人一把。

活动过程:

1. 通过半圆形与圆形的比较认识半圆形。

(1)圆形宝宝的第一个朋友。教师出示半圆形,请幼儿比较圆形与半圆形的不同。

(2)用什么办法可以将圆形变成两个半圆形?(先对折,再沿折痕剪开)幼儿动手操作,知道一个圆可以分成两个半圆,两个半圆合起来是一个圆。

2. 通过椭圆形与圆形的比较认识椭圆形。

（1）圆形宝宝的另一个朋友叫椭圆形,椭圆形与圆形长得有什么不一样和一样的地方?

（2）幼儿将圆形和椭圆形进行比较,总结相同点：都没有角,边缘很光滑。不同点：椭圆形有点扁。

3. 观察寻找生活中像椭圆形和半圆形的物品,并用绘画的方法进行统计。（分小组进行）

4. 利用圆形半圆形的卡片进行创意拼摆,巩固对图形的认识。

活动反思：

本次教育活动幼儿通过比较认识半圆、椭圆——发散思维寻找生活中椭圆形、圆形的物品——利用大小不同的圆形、椭圆形、半圆形的图形创意拼摆,层层递进使幼儿对椭圆形、半圆形有了全面的了解。在活动中,幼儿操作材料运用比较的方法,感知认识半圆形、椭圆形的特征更直观具体,也更容易理解掌握。

四、生活性

生活是幼儿学习数学的重要场所,幼儿最初的数学学习发生于他们所居住生活的周围环境,因此,幼儿的数学学习具有明显的生活痕迹。幼儿在生活中感知数学并不是被动的,而是对现实生活的再发现和再创造,即经历了一个数学化的过程。在这一过程中,幼儿积累了对现实生活最初的数学经验,这些经验为他们以后接受正规的数学教育提供了基础。

幼儿在生活中所积累的数学经验大多是在自然状态下发生的,因而这些数学经验往往是零碎的、表面的,是在无意识的情况下获得的,这些数学经验虽然不是科学的,但它无疑构成了儿童早期经验结构的一个重要组成部分,它为以后的数学学习提供了充分的感知基础。幼儿认识数学所具有的生活性特点,要求把幼儿的数学教育与他们的每天生活紧紧结合起来。教师应引导幼儿在生活中发现、感知数学,体验数学就在他们身边。同时,应将幼儿数学教育生活化,努力创造具有幼儿生活气息的问题情境,让幼儿通过问题去感知、体验数学问题,理解、掌握数学概念。

五、差异性

幼儿数学概念的形成和发展是综合因素影响的结果。由于每一个幼儿先天生理条件和后天环境的不同,他们在数学概念的形成和发展中就表现出明显的个体差异。不仅表现在学习水平和速度上的差异,而且表现在学习风格和方式上的差异。幼儿数学学习中所表现的差异性特点,要求教师要有心理学的知识和观察幼儿的能力,要善于深刻地考虑每一个幼儿的数学学习行为和特点,然后采取有针对性的指导策略,以促进每一个幼儿在原有水平上得到不同程度的发展。而不能一刀切机械地照搬照抄。

案例展示

小猫玩球（小班）

活动目标：

1. 认识1和许多,了解它们的关系。

2. 学习滚接大皮球。

活动准备：

1. 小猫头饰若干（与幼儿人数相等）。

2. 两个幼儿一个大皮球。

活动过程：

1. 通过游戏"小猫学本领"，学习认识 1 和许多，以及它们之间的关系。

（1）出示一个猫妈妈的头饰，启发幼儿说出这是一位猫妈妈。

（2）桌子上面放着许多个小花猫头饰，启发幼儿说出这是许多小花猫。

（3）请每个幼儿拿一个小花猫头饰戴在头上，启发幼儿说出"许多个成了一个一个的"。

（4）妈妈带小猫集合去玩球，启发幼儿说出"一个一个合起来是许多个"。

2. 小猫学滚接球的本领，双手将球向前滚。

（1）1 只小猫学本领；（2）许多只小猫学本领；（3）两只小猫相对滚接大皮球。

【实践活动】

有些幼儿在按数取物的活动中往往会认为与一张数字卡相对应的只能取放一张数量相同物体的卡片。请分析该现象，并提出相应的教育对策。

第三节　学前儿童科学教育中数学认知的方法

教育方法是教育过程中教师和学生为实现教育目标和教育任务所采取的行为方式。它是教育目标转为儿童发展的途径和媒介。教育方法运用得恰当与否，将直接关系到教育任务的完成及教学的效果。因此，采用科学、合理、有效的教育方法，将有助于教育的最优化，有助于教育理想效应的达成。幼儿数学认知教育活动是在教师指导下的有目的、有计划的主动的学习活动，既包括了教的方法，也包括幼儿学的方法。下面具体介绍六种常用的基本方法。

一、操作法

操作法是指提供给幼儿合适的材料、教具、环境，让幼儿在自己的摆弄、实践过程中进行探索，获得数学感性经验和逻辑知识的一种方法。操作法是幼儿学习数学的基本方法。皮亚杰在他的著作《数学教育的发展》中指出，那种认为数学是一门抽象的学科，在数学教学中仅靠语言而忽视动作的做法是错误的。尤其是年幼的学生，理解算术和几何更需要动作。让幼儿自己动手操作，动脑思考，探索发现，才是最好的学习。

操作法有多种分类，按其性质可以分为示范性操作、验证性操作、探索性操作、发散性操作，按其组织形式又可以分为集体操作和个人操作。

1. 示范性操作

示范性操作是有目的地以教师的示范技能作为有效的刺激，以引起学员相应的行动，使他们通过模仿有成效地掌握必要的技能。一般来讲，示范性操作主要适用于学习技能的初期，特别是学习一些基本技能的时候，有经验的教师在示范教学中不刻板地重复例证，不死板地规定技能，而是很注意灵活变通、合理操作，使幼儿不满足于现成方法的模仿，注意激发他们创造性的学习。也就是说，在示范教学中要配合其他教学方法使幼儿在模仿学习中尽可能应用分析、比较、抽象、概括、推理和探索新情景等心智操作，以克服示范教学法的保守性。

示范性操作包括语音的示范、动作的示范和书写的示范等几个方面。语音的示范主要是通过语言和声音进行的，如外语的语音教学、语文的朗读教学和音乐的唱歌教学等。动作示范主要通过各种动作进行，如体育的各种示范动作、自然科学的各种实验操作等。书写示范主要是通过书写方法和格式进行的，如写字的方法、符号和公式的书写要求、解题的步骤、实验报告的格式等。除这些以外，其他如教师的言行、教学态度、思想方法和工作方法等都具有示范性，都能深刻地影响幼儿，都是应该经常注意的。

2. 验证性操作

验证性操作是指教师先进行讲解演示，让幼儿初步理解数学知识和技能，然后再让幼儿通过操作予以体验和验证，以巩固和加深数学知识和技能。这种操作类型经常用在较难的教学内容的学习和新的操作材料的使用上。由于缺乏经验，小班幼儿往往会缺乏方向性，不利于其正确感知、建构抽象的数学概念。这时教师以一定的动作示范或给予适当的启发引导，然后再让幼儿通过操作进行体验，不但能减少幼儿操作的盲目性和随意性，而且使幼儿较直接地理解数学关系。

3. 发散性操作

发散性操作是指幼儿根据教师的发散性要求，依靠想象，采用不同的方法，从不同的角度，对教师所提供的材料进行不同方式的操作，以获得多样化或与众不同的操作效果。这种操作形式不仅可以让幼儿获得充分的操作机会，多方面地感知操作材料，从而更好地感知、理解数学内容，而且可以使幼儿的发散性思维得到提高。例如，小朋友在玩积木的时候，可以要求幼儿用不同的方法把积木拼成一个正方体。

4. 探索性操作

探索性操作是指幼儿带着一定的意向或根据一定的任务指向，通过操作，独立自主地探索数学知识的过程。在这种学习方式中，教师只是给幼儿下达一个任务，幼儿则根据自己的知识、经验，独立自主地进行操作，在操作中尝试、思考、探索，产生顿悟，有所发现，有所体验。由于这种操作方式贯彻的是"一切以幼儿为主"的思想，它符合当前幼儿教育教学改革的精神，在对幼儿进行数学教育时应尽量采用这种操作形式。例如，在认识长方体的时候，教师可以向幼儿布置任务：看看长方体桌子有几个面？几个顶点？然后让幼儿进行感知和探索，从中获得长方体的基本特征。

操作活动对促进儿童掌握初步数学知识的作用是很明显的。它应该运用到幼儿数学教育的一切活动内容中。但运用操作法应注意以下五点。

1. 明确操作目的

运用操作法主要是依据幼儿学习数学的特点提出的。凡是要教给幼儿的有关数学知识都应尽可能地转化为可直接操作材料的活动。在幼儿的操作活动中，教师应根据操作的目的，引导幼儿从多方面、多角度感知蕴含于材料中的数量关系，应根据幼儿操作活动的具体进程，适时地提出具有启发意义的问题，引导幼儿边思考、边交流、边动手，并最终获得有关的数学知识和经验。

2. 创设操作条件

教师应为幼儿的操作活动创设合适的环境、提供必要的条件。其中包括为每个幼儿提供操作材料，可以选择利用自然物或廉价的实物，如瓶盖、纽扣、扑克牌等，同时要给予幼儿充分的操作空间和时间。为了使操作达到预期的目的，教师必须为儿童提供合适的场地以及足够幼儿思考的时间，只有这样才能充分发挥操作材料在学习数学中的作用，才能避免走过场，流于形式，同伴间才有充分的交流机会。

3. 交代操作规则

在正式的操作活动进行前，教师应先向幼儿说明操作的目的、要求及具体的操作方法。特别是对幼小儿童缺乏操作经验及幼儿在使用新的操作材料或工具时，教师应通过适当的讲解，交代具体的要求和方法，然后再让幼儿通过操作来体验，起到巩固和加深体验的作用，以保证幼儿的操作具有一定的方向性，从而减少其盲目性、随意性。

4. 加强操作指导

操作活动以幼儿为主，但并不意味着教师可以放弃指导；相反，在幼儿操作过程中，教师应加强对幼儿操作活动的指导。可以从以下几方面考虑：观察幼儿操作的具体情况，为有针对性的指导创造条件；鼓励幼儿在操作过程中积极探索和思考，发展他们的探究精神，充分发挥幼儿的主动性；鼓励幼儿克服操作中遇到的困难，努力完成操作任务；引导同伴间的交流、表达和合作等。

5. 评价操作结果

幼儿通过操作所获得的知识是粗浅的、零碎的，需要教师的归纳和评价。因此，教师要重视幼儿操作过程中的归纳、评价,帮助幼儿形成比较完整的、正确的数学概念。此外,教师还必须重视对个别幼儿的操作进行评价,对幼儿在操作过程中表现出来的合理性、新颖性和创造性予以充分的肯定,以激发幼儿进一步学习和探索的积极性。

💡 对点案例

认识相邻数(大班)

活动目标:

1. 了解10以内数字的相邻关系。

2. 通过游戏的方式培养对数学活动的兴趣,在游戏互动中学习。

3. 培养动手操作能力和交往合作能力。

活动准备:

1. 1—10的数卡若干。

2. 房子图10副。

3. 操作点卡。

活动过程:

一、创设情景,引起幼儿兴趣,理解相邻数的关系

师:你们知道什么叫邻居吗? 你们旁边的两个朋友是你的邻居,请小朋友们说你旁边的邻居是谁好吗? (幼儿互相说)

二、引导幼儿认识相邻数

1. 小朋友们有邻居,数字宝宝也有邻居呢! 今天,我们除了客人老师外,还有一些数字宝宝也来了,我们来看看,他们是谁? (出示数字大图片1—10)数字宝宝是好朋友,他们都住在数字国王买的新房子里,我们来看看他们的新房子吧。

2. (展示房子图)今天数字宝宝们就要搬家住进新房子了,可是他们买的房子是一样的,他们不知道自己到底是住在哪一栋房子。他们请我们大班的小朋友来帮帮忙,把他们送到新房子里去,你们愿意帮助他们吗?

3. 请10名幼儿上前把数字宝宝送到新家,大家说说送得对吗? 为什么?

4. 数字宝宝住进了新房子,我们来看看数字宝宝2的邻居是谁? 2的前面是几? (是1)2的后面呢? (是3)你们知道是为什么吗? 这里有一个秘密。2比前面的1多1,2比后面的3少1,所以2的邻居是1和3。

小结:他们都有一个共同的秘密,就是比这个数多1,比这个数少1,那么他的前后两个数就是这个数的相邻数。

5. 现在苹果宝宝也想找邻居了,请小朋友们帮帮忙。

(出示幻灯片)苹果"3"和"6"。

师:苹果3的邻居是谁? 苹果6的邻居是谁?

活动反思:

通过幼儿具体操作,反复练习掌握相邻数的特征。

二、游戏法

游戏法是根据幼儿好动的天性,具体形象的思维特点,将抽象的数学知识寓于儿童感兴趣的游戏中,让幼儿在自由自在、无拘无束的各种游戏活动中学习数学的一种方法。游戏法是儿童数学学习中的一种十分重要的途径和方法,它更有利于调动儿童的学习积极性,激发幼儿的学习兴趣,体现出幼儿学习特点和身心发展的和谐。游戏中有一定的动作和规则,教师可以将要求幼儿掌握的初步数学知识和技能,渗透到规则和动作中去,使幼儿在操作游戏规则和动作的过程中引起观察比较、分析综合、抽象概括以及判断推理等思维活动。常用的游戏法有操作性数学游戏、情节性数学游戏、竞赛性数学游戏、口头性数学游戏、运动性数学游戏、数学智力游戏,等等。

在游戏中应注意以下三个要求。

1. 游戏的设计要适合幼儿身心发展的特点

幼儿处于不同的年龄阶段,他们的认知会表现出不同的特点。在设计游戏时我们要充分考虑和尊重幼儿的认知特点,让游戏贴近幼儿的生活。同时,要区分小班、中班和大班幼儿智力发展的不同,不能照搬照抄。

2. 游戏的设计要找到幼儿的兴趣点

成人的学习活动和学习愿望多是由社会要求内化为个体需要的结果,因此他们的学习意志目标明确;而在幼儿时期兴趣却是学习最直接和最有力的动力。幼儿生活中感兴趣的任何事物,都是教师引导幼儿学习和实施教育影响的契机。幼儿对某一个现象和事物感兴趣,教师不要熟视无睹,要抓住幼儿的兴趣点,因势利导,展开教育活动。

3. 为游戏创设轻松愉快的游戏情境

游戏本身具有一定的趣味性和情境性,游戏情境的创设有利于让幼儿更全身心地投入游戏活动中来。创设游戏情境的方法有很多,其中有意识地创设一些轻松愉快、诙谐有趣的故事情境是不错的方法之一。无论是大班、中班还是小班,所有的幼儿都喜欢听故事,把故事和游戏有效地结合起来,能更好地增强游戏的趣味性。例如,可以通过魔术等方式让小朋友掌握一些基本的数学知识。

💡 对点案例

长颈鹿比个子(小班)

活动目标:

1. 学习给4个不同高矮的物体进行排序。

2. 能按要求进行排序活动,并能简单地说出自己排序的方法。

活动准备:

1. 经验准备:幼儿有大小、长短排序的经验。

2. 物质准备:四张长颈鹿的图片,大排序板;幼儿用书人手一册,人手一支笔。

活动过程:

1. 教师出示一张长颈鹿的图片,请幼儿说说:这是什么? 在哪儿见过它? 引导幼儿观察发现长颈鹿有一个长长的脖子,个子很高。

2. 出示三张长颈鹿的图片:长颈鹿宝宝都来玩游戏啦! 可是他们的个子有高有矮,没有排好队。出示排序板,启发幼儿思考可以怎样来给长颈鹿排队?

3. 请个别幼儿示范,根据幼儿的方法把长颈鹿在排序板上从小红旗开始由高(矮)到矮(高),引导幼儿边排边说:最矮的、矮的、高的、最高的,或者从高排到矮。

4. 继续启发幼儿思考:除了让最矮的长颈鹿排在第一个,还能让谁排在第一个,也可以有顺序地排队呢?

活动反思:

1. 教师将最高的长颈鹿排在排序板的第一个,请幼儿思考:最高的长颈鹿也想当小排头,后面的长颈鹿应该怎样才能有顺序呢? 引导幼儿排出与示范时不一样的排法。

2. 请个别幼儿介绍自己的操作过程,了解幼儿排序的方法。

三、比较法

比较法是指通过对两个(组)或两个(组)以上物体的比较,让幼儿找出它们在数、量、形等方面异同点的一种方法。比较法是幼儿数学教育中普遍采用的一种教育方法。

比较法按比较的性质来分,可以分为简单的比较和复杂的比较。简单的比较是指对两个(组)物体的数或量的比较,如数量 2 和 3 的比较,长短的比较。复杂的比较是指两个(组)物体以上的数或量的比较,如数字的排序等。按比较的排列形式来分,可以分为对应比较和非对应比较两种。对应比较是指两个(组)物体一一对应地排列并加以比较,具体又可分为重叠比较、并放比较和连线比较。重叠比较是指一个(组)物体重叠在另一个物体上,形成两个(组)物体之间一一对应的关系,从而进行数或量的比较,如每个幼儿坐一把凳子,比较幼儿和凳子的数量是否相同。并放比较是指一个(组)物体放在另一个物体的下面或旁边,形成两个(组)物体之间一一对应的关系,从而进行数或量的比较,如每张扑克牌下面写一个数字。连线比较是指将图纸上具有相同数量特征的物体、形状或数字等,用线连起来进行比较,如把数字 5 和 5 张卡片用线连接起来。非对应比较是指将两个(组)物体进行非对应的排列并加以比较。具体可分为三种形式:单排比较、双排比较和不同排列形式的比较。单排比较是将物体摆成一行或一列进行比较。双排比较是指将物体摆成双排进行的比较。不同排列形式的比较是指一组物体排成不同的形式,然后进行数量的比较。

四、讨论法

讨论法是指幼儿在教师指导下就活动中出现的问题、矛盾相互交流意见、探讨解决问题策略的一种教学方法。讨论需要幼儿用清晰的语言阐述自己的观点,为幼儿提供了练习口头表达能力的极好机会。

根据讨论的时机可以分为随机性讨论和有计划的讨论。前者是指根据教学的进展情况和儿童的反馈随时开展的讨论,这种讨论能及时解决幼儿活动中遇到的困难,促进活动的顺利进行;后者是指教师针对某一问题有目的、有计划地组织儿童开展的讨论,这种讨论可以帮助幼儿对某一问题进行分析和归纳,找出解决问题的有效策略,提升幼儿在活动中所获得的数学经验。根据讨论的形式可以分为集体讨论和小组讨论。前者是指全班幼儿就活动中的某一问题共同展开的讨论,这种讨论可以集中大家的智慧,但由于人多,幼儿充分发表、交流的机会不多;后者是指全班幼儿分成若干小组,就活动中的某一问题共同展开的讨论,这种讨论可以让幼儿充分发表自己的意见并与同伴进行交流,但由于人数有限,讨论的结果会受限。

五、寻找法

寻找法是指在幼儿直接感知的基础上,引导幼儿从周围环境中寻找数、量、形及其关系的一种方法。其具体形式有三种:第一,在自然环境中寻找,如在引导幼儿认识长方体的时候,可以运用寻找法让儿童在自然环境中寻找长方体的粉笔盒、课桌等;第二,在已备好的环境中寻找,教师在组织教学活动时,可以事先在活动室布置有关的物体,引导幼儿寻找;第三,运用记忆表象寻找,通过启发儿童在直接感知的基础上运用记忆表象,寻找出相应的物体。

对点案例

感知 10 以内的数(大班)

活动目标:

1. 正确感知 10 以内的数。

2. 敢于大胆讲述自己的操作过程。

活动准备：

教具：5、6、7、8、9、10 的实物卡片共 6 张。

学具：幼儿用书，铅笔每人一份。

活动过程：

一、集体活动

1. 目测数群，感知 10 以内的数。

教师分别出示实物卡片，引导幼儿观察图片，说一说：图片上有什么？有多少？你是怎么看出来的？教师带领幼儿一一点数，并说出物体的总数。

2. 学习按群测数。

教师启发幼儿用"合起来"的方法说出总数，想一想：还可以用什么方法很快能知道有多少个××？说一说：你们觉得这几种方法，哪一种方法最快？为什么？组织幼儿讨论得出结论。教师带领幼儿看 5 的实物卡片，启发幼儿用"合起来"的方法说出总数。教师引导幼儿观察 6—7 的实物卡片，鼓励幼儿自己用这种办法说出总数。教师借助手势，启发幼儿用手画圈表示总数。

二、操作活动

1. 看实物和圆点连线。（教师引导幼儿仔细观察实物和圆点的数量，说一说，图上有什么？每张卡片上的数量是多少？启发幼儿用连线的方法，连接数字和相应的卡片。）比较两组物体的数量，请你给多的一组打√，再写上数字。

2. 统计活动。

观察画面，说说：图上有哪些动物？请你将同类的动物圈在一起。启发幼儿按标记在格子里写上相应的数字。

三、活动评价

1. 重点评价："看图连线"和"按标记写数字"，请幼儿自己讲述操作过程。

2. 对操作正确以及能边操作边讲述的幼儿给予表扬。

六、讲解演示法

讲解演示法是指教师通过向幼儿展示直观教具并配合口头讲解，把抽象的数、量、形等知识、技能或规则，具体地呈现出来的一种教学方法。讲解演示法是一种讲解与演示相结合的方法，就是教师边讲解边演示，让幼儿获得对某一数学知识、技能或规则的理解。它可以直观地向幼儿呈现教学内容，使幼儿获得丰富的数学感性经验，加深对数学概念的理解。但是，这一方法是以教师为中心的，幼儿往往是被动的，长时间或经常的使用，会使幼儿失去探索数学的机会，不利于充分调动幼儿学习数学的积极性和创造性。

案例展示

分类（中班）

活动目标：

1. 学习按形状、颜色、大小分类。

2. 培养分析能力和思维能力。

活动准备:

1. 知识经验准备:幼儿已认识过三角形、圆形、正方形、长方形、梯形、椭圆形等(如图8-3)。

2. 物质准备:幼儿操作材料每人一套;胸卡与幼儿人数相等(画有不同颜色、形状、大小的图形);音乐磁带。

图 8-3

活动过程:

一、出示"奇妙的口袋"引入,激发幼儿兴趣

1. 师:今天老师带来了一个奇妙的袋子,(出示奇妙的袋子)你们想知道里面藏着什么秘密吗?

2. 教师边念儿歌边出示图形娃娃,让幼儿说其名称及特征。

(儿歌:奇妙口袋东西多,让我先来摸一摸。)

二、幼儿探索、操作,教师指导

1. 师:小朋友们真聪明!今天我们班来了许多的图形娃娃,每一组都有,它们想请小朋友们帮个忙,帮它们找到和自己一样的好朋友,等会儿你们轻轻地走到各自的那一组去,想想要用什么办法来帮助图形娃娃找到好朋友,然后告诉老师和小朋友。

2. 要求:

① 在自己的位置上安静地操作,不能争抢。

② 帮图形找到好朋友后,要说出你是用什么办法找到的,用了几种办法。

3. 幼儿探索、操作,老师巡视,启发幼儿说说:你是用什么方法来帮图形娃娃找到好朋友的? 你用了几种办法?

三、集中交流,鼓励幼儿将自己操作的方法大胆地告诉老师和同伴

四、教师小结

师:可以找形状相同的娃娃做好朋友,也可以找颜色相同的娃娃做好朋友,还可以找出大小一样的娃娃做好朋友。

【实践活动】

请同学们自己运用一种幼儿数学教育方法(也可以综合几种方法),设计一个幼儿数学教育案例。

第四节　学前儿童科学教育活动中数学认知活动的设计与指导

所谓教育活动设计是指依据一定的教育目标,选择一定的教育内容和形式,对儿童施加教育影响的方案。幼儿园教育活动设计可以看成是教学组织行为的一种预先筹划,它是对一系列外部事件进行精心设计和安排的过程,其目的是支持和促进儿童内部的学习。

幼儿园数学教育活动设计的基本程序包括:对活动目标的设定;对学习对象、学习需要的分析;对学习情境的发展;对活动资源的开发和利用;对学习过程的安排和调整以及对学习对象行为的预测和评估;等等。在数学教育活动设计的进程中,一般可以分为以下三个过程。

一、了解、分析幼儿的发展水平

作为教师,在活动设计以前必须切实了解、掌握本班每一个幼儿的发展水平,特别应避免以成人的角度来揣摩儿童,而应与儿童保持最密切的联系,真正掌握大多数儿童在数学知识和技能方面的一般发展水平及特别有长处或发展特别不足的儿童,这样才能在考虑活动设计方案时做到有的放矢,才能使不同发展水平的幼儿在数学活动中得到发展成长。

二、选择数学教育活动的内容

在幼儿园数学教育活动内容的选择上,有两条基本思路。一是以学科结构为逻辑起点,直线式编排活动内容。这种选择和编排是遵循了使幼儿在不同程度上渐进式地接触和掌握数学学科的基本结构,围绕基本结构不断拓展和加深内容,进而促进幼儿对数学学科基本概念理解的基本原则。它一般将数学教育活动内容分为数、量、形、时空、感知集合与分类等几个方面。在编排每一方面的内容时,按照不同的年龄班划分。二是以幼儿的生活经验为逻辑起点,整合式编排活动内容。在幼儿园课程中,从儿童的生活经验出发,围绕幼儿的生活去选择教育活动的内容。在生活中寻找与数学相关的内容、情境、问题,以幼儿的生活经验为基准,创设、模拟生活中的数学问题情境,让幼儿在解决问题中发现数的秘密,应用数的知识,获得数的概念。

三、设计活动方案

正式的数学教育活动方案的构成,一般包括以下五个要素。

1. 活动名称

活动名称是对活动目标、活动内容的概括反映。为了引起幼儿的活动兴趣,活动名称应简单明了且生动形象,如"猫捉老鼠""买东西"等。活动名称的取法多是按照活动内容和选用的材料或游戏,用生活的语言加以定名。当然,也可以采用数学术语直接定名,如认识长方形,等等。

2. 活动目标

活动目标是数学教育活动预期达到和将要实现的目标,是反映幼儿在数学概念及思维能力、兴趣习惯等方面所应获得的发展。因此,数学教育活动目标的表述应具体化、行为化,体现可操作性。

3. 活动准备

数学教育活动的准备既包括知识上的准备,也包括环境、材料等物质上的准备。它也是数学教育活动设计中的一个重要方面,包括数学活动需要的环境和材料。环境一般包括空间场地、位置等。材料包括教具和学具两种。教具是指教师向幼儿演示讲解时所用的直观材料,学具是指幼儿在活动中操作、摆弄的材料。

4. 活动过程

数学教育活动的过程是指活动进程的顺序和步骤,它是活动设计的中心环节。活动过程的设计一般包括活动的基本流程,构成活动进程的主要教学事件和环节,活动采用的主要形式和方法以及每个活动环节具体如何展开等。在表述活动进程时,教师应当以清晰的条理、概括的文字来加以体现。在每一个环节的表述中,要突出重点,同时要特别注意各活动环节之间的衔接和过渡,使各活动之间体现层次性、递进性。

5. 活动建议

活动建议一般是指针对数学教育活动中需要注意的问题或要点提出的建议。活动建议的提出可以根据幼儿的年龄特点、班级实际、时空条件、教师因素、材料选择等多方面着手考虑,但要注意体现其合理性和有效性。

谁的个子高（小班）

活动目标：

1. 通过自主的探索活动认识高矮的相对性以及高矮顺序。

2. 能从生活和游戏中感受高矮。

3. 培养敏锐的观察能力。

活动准备：

书、本子、音乐。

活动过程：

一、由儿歌《找朋友》激发幼儿兴趣

找呀找呀找朋友，找到一个好朋友，敬个礼呀握握手，你是我的好朋友。

老师可以和幼儿一起唱。

二、开始游戏

当老师和大家唱到"你是我的好朋友"时，老师随便拉一个小朋友（红红）和老师站在一起。

师：老师已经找到了好朋友，你们找到了吗？

幼：找到了。

师：请小朋友们观察，老师和红红现在是一对好朋友，大家擦亮眼睛看看谁高，谁矮？

幼：老师高，红红矮。

师：请坐得最好，认真听课的小朋友上台，让小朋友进行比较。

三、集中交流三个小朋友如何按照高矮排序

四、教师小结

师：可以比较谁最高，也可以比较谁最矮（如图8-4）。

图8-4

顺数与倒数（大班）

活动目标：

1. 认知目标：学会顺数与倒数，学会顺接数、倒接数。

2. 能力目标：在游戏中感知倒数与顺数的规律，开拓思维发展。

3. 情感目标：在心情愉悦的情况下，积极主动地学习，体验数学活动的快乐，并感受集体活动的乐趣。

活动准备:

1. 1—10磁性数字卡2套、方向箭头1个。

2. 青蛙10个,荷叶若干个。

3. 相同火车头图片2个(区别:车牌号不同)。

4. 高楼模型1栋、1—10粘贴数字1套。

5. 音乐《开火车》。

活动过程:

一、开始部分

1. 教师自我介绍,表达认识新朋友的愉悦心情。

2. 教师以谈话的方式,导入青蛙,以及要去参观青蛙的新楼房的主题,吸引幼儿的注意力和参与活动的积极性。

3. 教师与幼儿共同游戏进行知识铺垫。

(1) 通过拍手游戏感知数量之间多1与少1的关系。

(2) 数字感知多1与少1的关系。如,比2多1的数是几?比9少1的数是几?

二、基本部分

1. 教师通过引导幼儿报数的方法,使幼儿初步感知顺数与倒数的内在规律,并进行小结:按从小到大顺序排列的,后一个数比前一个数多1,这样排列的一排数叫顺数。从大数到小数排列,后一个数比前一个数少1,这样排列的一排数叫倒数。

2. 教师引导幼儿从上、下、左、右四个方向观察、感知由于方位的变化,数的顺序也会发生变化。

3. 复习巩固。

(1) 教师以乘坐小火车参观青蛙的新楼房的方法,导入小火车,引导幼儿对车牌号码变换方向进行观察,再次感知由于方位的变化,数的顺序也会发生变化,并引导幼儿根据车牌号的排列规律结合报数乘坐火车,以参与的形式体验、感知顺数与倒数。

(2) 以观察楼房的方式引导幼儿进行顺接数与倒接数的练习。如,住在5楼的小朋友想到1楼的小朋友家串门,要走哪几层楼?(图8-5)

图8-5

(3) 教师以祝福青蛙搬新家的方式,引导幼儿参与游戏,再次进行顺接数与顺倒数的练习,如:"拍拍手,来数数,123,接着数——"(456)"拍拍手,来数数,987,接着数——"(654)

三、结束部分

拓展幼儿思维,引导幼儿回忆生活中哪里有顺数与倒数,丰富幼儿的生活经验。

四、活动延伸

请幼儿回家同爸爸妈妈共同寻找、查阅资料,顺数与倒数还应用在哪些方面。

案例展示

科学活动：比较粗细（小班）

活动目标：

1. 学习比较物体的粗细，能从粗到细给五个物体排序。

2. 培养观察、比较能力。

活动准备：

准备各种粗细不同的毛线，笔，积木，纸棒，可乐瓶等。

活动过程：

1. 用孙悟空会变的金箍棒引题，让它变粗或变细。

2. 幼儿在活动室中寻找一个粗的一个细的物体，并说一说：你怎么知道它是粗或细的？启发幼儿知道是通过比较而知道的。

3. 出示"奇妙的口袋"，让幼儿从中摸出粗或细的物体，知道粗细是相对的。

4. 出示圆柱，让幼儿找出最粗或最细的，并按从粗到细进行排序。

5. 分组操作。

(1) 从"奇妙的口袋"里摸出粗或细的物体。

(2) 按粗和细把物品分成两类。

(3) 让幼儿从"奇妙的口袋"里摸出粗或细的物体。

(4) 将橡皮泥搓成五根粗细不同的小棒并排序。

活动延伸

比较周围环境中各种物体的粗细，回家后比较家里各种东西的粗细并做记录。

（选自：屈老师教案 https://m.qulaoshi.com/）

【实践活动】

结合本章内容，请同学们自行设计幼儿数学认知教育案例。

【拓展实训】

一、选择题

1. 幼儿学习数学是从"数行动"发展到"数概念"的过程，说明幼儿获得数学知识的过程是（　　）。

　　A. 从具体到抽象　　　　　　　　B. 从同化到顺应

　　C. 从外部动作到内化动作　　　　D. 从不自觉到自觉

2. 在"购物"的游戏中，小明总能很熟练地拿着不同金额的钱去买回自己需要的物品，而且都能算对，而其他小朋友却往往算错。后来老师了解，原来小明在家经常和妈妈一起买东西，每次妈妈都让小明去结算。这反映了幼儿学习数学具有（　　）心理特点。

　　A. 启蒙性　　　　B. 生活性　　　　C. 发展性　　　　D. 探索性

3. 在"认识几何图形"这一教学活动中，老师分发了一些球、橡皮、积木等教学用品，让幼儿自己把这些物品归类。老师的这一教学方法是（　　）。

　　A. 操作法　　　　B. 游戏法　　　　C. 比较法　　　　D. 讲解演示法

二、简答题

1. 操作法按性质可以分为哪几类？

2. 比较法有几种形式？

3. 在数学教育活动设计的进程中，一般可以分为几个过程？

4. 请同学自己设计一个幼儿数学教育游戏方案，可以是小班、中班、大班。

5. 如何理解学前儿童科学教育活动中数学认知的意义？

6. 幼儿数学认知教育提高数学素养表现在什么方面？

7. 举例说明幼儿数学教育活动锻炼幼儿思维的敏捷性与灵活性。

8. 学前儿童科学教育中数学认知活动的特点有哪些？

9. 同化和顺应的含义是什么？

10. 举例说明学前儿童数学教育具有生活性及差异性特点。

模块三

活动评价

第九章

学前儿童科学教育活动的评价

【本章重点】
- 理解学前儿童科学教育活动评价的含义及价值。
- 掌握学前儿童科学教育活动评价的内容。
- 掌握学前儿童科学教育活动评价的步骤及方法。

【技能提升】

能利用学前儿童科学教育活动评价的步骤及方法尝试评价科学活动。

【学前引路】

通过前面两个模块的学习,我们掌握了学前儿童科学教育活动中有关科学探究活动和数学认知活动开展的基本理论。本模块我们将学习学前儿童科学教育活动评价的基本知识,它有利于帮助幼儿教师更系统地探索学前儿童科学教育活动的规律,提高教育教学质量,促进幼儿全面发展。

第一节　学前儿童科学教育活动评价的概述

一、教育评价的概念

教育评价是依据一定的教育价值观,用科学的方法,对教育现象、教育事件进行价值判断的过程,它在整个教育系统活动中起着自我检测和调节作用,有利于教师认识和调整自我的教育教学工作。

教育评价包含两层含义:评判和价值。评判是指对评价对象作出判断。幼儿教育活动评价的过程,是教师运用幼儿发展知识、学前教育原理等专业知识分析问题、总结经验、自我反思的过程,也是教师自我成长的重要途径。具体地说,是对教育活动的目标、内容、过程、环境及教师、幼儿等评价对象作出判断。所谓价值,则是作出评价的基础和标准,也就是说,评价者按照什么标准对评价对象作出各种判断。

教育评价不是一种简单的测验或测试。我们在研究教育评价时,要树立正确的教育评价观,掌握科学的评价方法,使教育评价成为教育过程中的一个有效环节,体现教育评价的价值并保证教育的质量提高。

二、学前儿童科学教育活动评价的概念

学前儿童科学教育活动的评价,就是根据儿童成长发展的规律,在《纲要》和《指南》精神指导下,依据学前儿童科学教育活动的有关研究结果,对学前儿童的发展能力和水平、科学活动过程与效果的评价。

具体来说就是以学前儿童科学教育为对象,根据评价目标,按照一定的标准,选择科学的评价技

术和方式、方法，对学前儿童科学教育活动的现象（目标、内容、过程、环境等）、教师、幼儿等评价对象进行测定并加以分析，最终做出价值判断的过程。例如，我们可以评价幼儿在科学活动中的观察力、解决问题的能力、探索的兴趣和欲望；也可以评价教师教学方法的运用及教学效果；还可以评价教师与幼儿的互动情况、环境的价值；等等。

学前儿童科学教育活动的评价要从实际出发，倡导"多元评价"，使评价的主体、方法、标准等多元化，既要体现规范化，也要体现人性化、个性化。

要树立科学的教育评价理念，应该注意以下三点。

首先，从权威评判转变为平等的对话，即摒弃只有权威才能担当评价者，只有权威的评价才是唯一的评价结果的观念，而是要倡导"多元评价"。因为不同的人有不同的价值取向，如家长和教师的价值观不可能完全一样，幼儿和成人的价值观也可能不一样，所以对同一件事不同的人就会有不同的价值判断。由此可见，只有多方共同参与、合作、交流、沟通，才会获得全面、客观和科学的评价。

其次，在评价中要树立"过程意识"，即评估要渗透到整个教育过程中，重视教育过程的评价。例如，教育过程中关于教师教学方法的运用、教学环境的布置、教具的选择，幼儿探索发现的兴趣、方法及解决问题的能力、合作交流的意识等方面的评价，要避免偏重对测评结果的评价而忽视对过程的评价。

最后，注重对幼儿差异性的评价，避免"一刀切"式的评价。充分尊重幼儿的个性，深入挖掘每个幼儿的发展潜力。采取动态的评价，关注幼儿的可持续发展，通过评价实现"以发展的眼光看幼儿""让幼儿在原有的基础上获得发展"。

幼儿科学教育活动评价按照不同的标准可划分为不同的类型。

第一，按照评价的参照体系不同，可以将幼儿科学教育评价分为相对评价、绝对评价、个体差异评价。

相对评价是以某一群体的平均状况为基准，评价每个对象在这个集合中所处的相对位置。如将某园教师组织科学教育活动的平均水平作为基准，对该园每位教师科学教育活动的组织与指导进行评价。

绝对评价是指在评价对象的集合之外，确定一个标准，评价时将评价对象在活动中的表现与这个客观标准进行比较，评价其达到标准的程度，从而作出价值判断。这种评价不以各个被评价对象的情况为转移，所有被评价的对象都要和客观标准对照。如对幼儿在科学教育活动前运用智力量表实施测验，以了解幼儿的智力发展水平，然后根据幼儿智力活动的特点设计相应的科学教育活动，以促进幼儿在现有水平基础上获得发展。

个体差异评价是把被评价个体的过去和现在进行比较，或将个体有关的各个侧面相互比较。如幼儿园评价某幼儿在科学教育活动开展以前与现时的发展水平，将该幼儿在观察力、语言、动作、社会性等方面的表现作前后比较，以确定该幼儿进步与否。这种评价充分照顾到了个体间的差异，在评价中不会对被评价者造成压力。这种评价由于既不与客观标准比较，又不与其他被评价者作相对比较，很容易发现被评价者自我满足，但也能很好地鼓励被测者，提升他们的自信心。

第二，按照评价功能的不同，可以将幼儿科学教育评价分为诊断性评价、形成性评价和总结性评价。

诊断性评价是指在开展科学教育活动之前，为使计划能更有效地实施而进行的预测性评价。其目的在于了解评价对象的基本情况，为制定教育计划、解决问题、搜集资料做好准备。如在幼儿刚入园时，教师会对幼儿在科学态度、科学知识及科学方法等的发展水平进行摸底测试，以便了解幼儿的发展情况，发现其发展中的一些特点，因材施教，这种评价就是诊断性评价。

形成性评价是指科学教育活动过程中评价活动本身的效果。其目的在于及时了解教育活动过程中的各方面情况，以便及时获取反馈信息，适时进行调节控制，并通过评价研究科学教育活动的进程，总结经验教训，及时改进工作。由于形成性评价是在教育活动发展的动态中进行的，因而更多地具有行动研究的性质,是一种在计划实施过程中不断进行的动态评价。例如,幼儿使用一套自己开发的科学教育的新教材,为了及时发现该教材在使用中的问题和不足,需要在工作中每隔一段时间对教师的使用情况和幼儿的发展情况进行一次评价,以便总结经验,找出问题,调整、修订教材,直到完善。

总结性评价是指在完成某个阶段教育活动之后,对其成果作出价值判断,也就是以预先设定的教育目标为基准,对评价对象达到目标的程度进行评价。这种评价的目的在于全面了解该阶段的成果,以便向决策者提供信息。总结性评价注重的是教育活动的结果,常常是对被评价对象作出鉴定,或对被评价对象划分等级,预测其未来发展的可能性。如幼儿园开展了科学发现室的教育后,对材料的投放、规则的制定、教师的指导等进行综合评价,检测该科学发现室创设与实施的有效性,下一步还需要做哪些改进等。

由于教育活动极其复杂,而每一种评价都有自己的特点和长处,也存在一定的不足,都有特定的适用范围和界限,使用任何一种类型的教育评价都不可能全面掌握和指导幼儿科学教育活动。因此,只有将多种评价加以综合使用,才能充分发挥各种评价的优势和特长,互相弥补各个评价的缺点和不足,从而使评价的结果更加客观、公正,更有利于提高教育教学质量,促进幼儿的发展。

第二节　学前儿童科学教育活动评价的价值

科学教育评价是为了更好地促进幼儿的科学发展以及提高科学教育的有效性所进行的一项重要活动。依据评价的目的、对象和实施范围、条件等因素的不同,可以体现出不同层次的科学教育评价。但无论是哪一层次或哪一对象为主体实施的评价,都对改善教育教学质量、促进教育活动的有效开展起着作用。学前儿童科学教育活动评价的价值主要体现在以下三个方面。

一、能对学前儿童科学教育活动的各个要素进行鉴别

通过评价,我们可以对教育活动的各要素进行科学的鉴别,了解教育的进程以及状况。也就是说,检查教育活动的各个方面是否达到了预期的目标,或活动目标实现到何种程度。例如,通过对某一个教育活动结果的评价,来检查幼儿对这一内容的学习情况,从而评价教育活动的效果。另外,通过对幼儿在活动中的表现,鉴定幼儿的智力发展水平。同时,我们还可以对评价的对象做横向比较。例如,哪个幼儿发展的水平较高,哪位老师教学的方法更得当,教学的效果更佳。所以说,学前儿童科学教育评价具有反馈功能,可用来判断科学教育活动过程中的每一个步骤是否有效,如果无效则必须及时采取措施进行调整,以确保科学教育质量。

二、能对学前儿童科学教育活动做出诊断

评价不仅是对教育活动的结果进行横向对比,而且要对教育活动的过程做出纵向的对比,以便使教育过程更加有利于孩子的发展,更加有效。通过评价可诊断、发现教育过程中存在的问题,并进行分析和判断,从而改进工作。比如,可帮助幼儿教师诊断其活动方法是否得当、活动技能怎样、活动程序是否合理、活动方案是否符合班级幼儿的发展水平、活动效果是否明显等。

例如,引导大班幼儿进行有关磁现象的探讨时,先要了解他们对磁现象的相关知识、内容的掌握情况,以便有的放矢地组织幼儿展开活动,这种评价就具有诊断作用。

又如,根据小班某个幼儿在认识青蛙的活动中的较长期表现,可以诊断出这个幼儿观察能力在不同阶段的发展情况,从而判断这个幼儿观察能力的整体发展情况。

三、能更好地实施因材施教,发展儿童个性

通过教育评价可以对学前儿童进行纵向与横向的鉴别和诊断,也就是说,通过评价可以了解哪个

幼儿发展得较好、较快，哪个幼儿发展得较慢、存在着不足，哪个儿童具有某方面的特长、在哪些方面较为突出，并通过分析找出症结，更好地了解幼儿间的个别差异，做到因材施教。

总之，教育评价的最终目的从根本上说是为了改进今后的工作，实现教育目标。在教育活动中，我们要根据教育活动的目标不断地对教育活动过程做出一系列的评价，使我们更深入地了解儿童发展的年龄特点和个别差异，帮助教师不断地改进自己的教育教学方法，更好地促进幼儿科技意识的发展。

第三节　学前儿童科学教育活动评价的内容

学前儿童科学教育评价的内容通常是指对学前儿童科学教育的某些方面进行评价，也就是评价什么。例如，是评价幼儿的科学态度、情感的发展水平，还是评价幼儿在科学活动中的行为及知识？是评价教师指导幼儿学习科学的方法，还是评价幼儿与教师在科学活动中的互动关系？

学前儿童科学教育评价的内容包括两个方面：对学前儿童科学教育活动本身的评价和对学前儿童发展的评价。

一、对学前儿童科学教育活动本身的评价

对学前儿童科学教育活动本身的评价主要包括对活动目标、活动内容、活动方法技能、活动程序、活动环境、活动效果以及活动中的师生互动关系等方面的综合评价。

（一）对学前儿童科学教育活动目标的评价

活动目标是指教师期望活动所达成的教育结果。评价活动目标可从以下五个方面来进行。

第一，活动目标应该与学期目标、学前儿童的年龄特点以及儿童发展的总目标密切联系，相辅相成。通过一个个科学教育活动目标的积累，构成阶段目标和终期目标，而每一项活动目标的达成，都是为了向阶段目标和终期目标的迈进。

第二，活动目标符合本班幼儿发展的整体水平和已有经验，并兼顾不同发展水平幼儿的个体需要。每个班级虽然在总体上符合该年龄阶段幼儿的一般特点和发展水平，但每个幼儿本身又有着自己的特殊性，各有不同的实际情况。例如，学前儿童普遍喜欢喂养小狗，但他们对小狗的认知和喜欢程度以及表征的方式方法都会有所不同，所以要针对具体的情况确定目标。

第三，目标的构成应该体现出幼儿科学教育的价值取向，要促进幼儿的全面发展。活动目标的构成应该包含情感态度、科学的思维方式和方法以及知识经验。其中，情感态度主要是指幼儿有好奇心和探索热情，以及初步的科学精神和态度，如探索热情、创造精神、保护环境、尊重事实、合作分享、沟通交流等；科学的思维方式与方法主要是指幼儿探索解决问题时形成的初步策略和感性认识，如探索过程中的预测、推理、解释、描述、交流；知识经验主要是指获得有关周围事物间关系的经验，并有兴趣主动尝试使用这些经验。

第四，活动目标应有利于幼儿的终身学习和发展。在科学活动中不能把学会科学知识和经验作为最终的目标，而应该注重幼儿通过亲身经历产生对科学活动的浓厚兴趣，培养幼儿乐于思考、勇于创新的科学精神，并让幼儿掌握初步的探索学习的方法，为幼儿的终身学习和发展奠定基础。

第五，活动的设计应该围绕着活动目标而进行。活动目标确定以后，整个活动设计实施应围绕活动目标来展开，如活动地点、内容的选择、活动的流程、活动的方式方法、组织形式的运用、教师提问的设计、环境的布置、材料的选取和投放，等等，都要围绕着目标展开。

（二）对学前儿童科学教育活动内容的评价

对科学教育活动内容的评价主要包括以下七个方面。

第一，活动内容应该有利于目标的实现。科学教育活动所涉及的内容、范围十分广泛，选择内容的首要依据就是目标。所以，活动内容应该有利于目标的实现。

第二,活动内容应该具有科学性。对幼儿进行科学素质的早期培养是幼儿科学教育的重要目的,因此科学教育的内容必须具有科学性,即科学活动所给的幼儿的知识应是准确的,应选取那些能被幼儿所感知的内容,有利于幼儿科学态度的形成,如季节的变化、冬眠的动物、植物的生长过程、声音的产生、电的来由、磁现象、水的三态变化等自然现象,以及感知集合、认识数及简单运算等数学认知现象。

第三,活动内容的选择应该体现时代性。现代科技日新月异,突飞猛进,因此科学教育活动应该反映出现代科技发展的最新成果,体现时代性。评价时应该注意分析活动内容是否能够引导幼儿关注新事物、新现象、新发明、新创造,激发他们的好奇心和探索的欲望,感受科技带来的新变化,如恐龙、自动控制系统、狮虎兽、电脑、通信、卫星、无土栽培技术等。

第四,活动内容应该贴近幼儿的生活。幼儿期不可能形成真正的科学概念,经验性的知识才是幼儿能够获得的最有价值的知识。我们选择的内容应该来源于幼儿的生活,着眼于帮助幼儿获得有关周围事物及其关系的经验,选择那些符合儿童天性的、最自然的、幼儿能够操作的、最富有生命力的内容,如怎样让热水快快变凉、种大蒜、镜子的秘密、图形宝宝在哪里、相邻数找朋友、比大小、认识太阳、电灯、节约用水、白色污染等。

第五,科学活动的内容应该考虑幼儿现有的水平出发,同时又具有一定的挑战性。例如,在小班幼儿学习认识了瓜果分类的基础上,让幼儿玩瓜果玩具并将瓜果拼成不同图案造型的水果拼盘。又如,在大班幼儿认识了人民币之后,还可以让幼儿开展“人民币兑换”游戏,加深对人民币的认识,提高幼儿的数学认知能力。

第六,活动内容要具有探究性。应该更多提供幼儿直接参与的机会,亲身参与科学探索、发现的过程。幼儿学习的主要方式是探究,因此我们选择的内容应该具有探究性,能够使幼儿在活动中动手、动脑、动口,充分体验,充分表达。例如,活动“摩擦起电”可以为幼儿提供动手进行小实验的机会,让幼儿观察塑料笔杆分别与尼龙布、棉布、动物毛皮摩擦后吸引碎纸屑的情况;把塑料笔杆换成玻璃棒或木棒在尼龙布上摩擦后吸引碎纸屑的情况。又如,在大班幼儿开展“认识人民币”活动中,教师要让家长为幼儿准备好 1 角、5 角、1 元的纸币和硬币,引导幼儿观察触摸纸币,看看不同的纸币的颜色有什么不同,正面和反面的图案有什么相同和不同之处,币值是多少,摸上去是什么感受。再观察硬币,看看币值、颜色、大小、图案有什么不同。

第七,活动内容应该体现整合的理念,尽可能地与各领域有机渗透。幼儿园的各领域之间存在着一定的内在联系,各领域之间只有相互渗透,有机结合,才会更好地促进幼儿的全面发展。例如,“有趣的声音”主题活动中,既可以对声音进行科学探索,又可以通过艺术表达、语言表达、体育游戏来扩展对“声音”的认识、理解,促进幼儿的全面发展。

(三)对学前儿童科学教育活动方法的评价

活动方法是实现科学教育活动目标所采取的教学方法及手段,同时也能让幼儿在教师的指导下学习科学方法。科学教育活动方法既包括教师施教的方法,也包括幼儿学习的方法。只有选择恰当的教学方法,才能保证活动的顺利进行,实现活动目标。教育活动方法的评价主要包括下列四点。

第一,活动方法是否适合幼儿的心理特征和认知特点。对于学前儿童,应该选择直观、生动、形象、简练、有利于激发幼儿兴趣的教学方法。如小班幼儿“认识鸭子”的活动,可以模仿鸭子走路的样子、鸭子的叫声、说出鸭子的颜色、指出鸭子各部分的形状、唱唱关于鸭子的儿歌、讲讲关于鸭子的故事、介绍自己吃过的鸭子美食,等等。生动、形象、灵活、贴近生活实际的教学方法,能让幼儿在轻松、愉快的氛围中学习和探究,收到良好的效果。

第二,活动方法是否符合所在幼儿园的环境特点,做到因地制宜。活动方法要根据幼儿园的环境和设备条件选择合适的方法。农村可以组织幼儿参观种植和养殖类活动,帮助幼儿体验种植和养殖的一般程序和常规;城市可以通过“垃圾分类”活动,帮助幼儿形成初步的环保意识。

第三,活动方法是否体现幼儿的主体性。选用的活动方法应该使幼儿成为活动的主体,能充分调动幼儿活动的积极性、主动性、创造性,让幼儿做活动的小主人,让他们在活动中探索方法、体验快乐、丰富经验,并产生爱科学的情感。总之,要有利于促进幼儿经验的获得和提升,而不是教师灌输知识、幼儿被动接受,更不能小学化。

第四,恰当运用现代科技手段。善于利用录像、网络、数码相机等收集、整理资料,丰富幼儿的感性经验,扩大幼儿的视野,激发幼儿活动的愿望。

(四)对学前儿童科学教育活动过程的评价

对学前儿童科学教育活动过程的评价可以从以下四个方面考虑。

第一,整个活动过程的结构是否严谨完整,层层递进,环环相扣。活动中的每个步骤要为后一个步骤做铺垫,打基础,环节交叉自然有序,避免生硬的罗列和简单的相加,这样才能够有效利用时间,并让活动始终围绕目标展开最终达到目标。

第二,活动过程中是否充分体现了教师与幼儿之间的和谐互动。活动过程中教师与幼儿的良性互动可以保证教育活动取得更好的效果。这种互动应该做到:教师既发挥了自己的主导作用,又调动了幼儿的积极主动性,幼儿与教师的交往和谐融洽。教师在活动中要体现多种角色,是指导者、帮助者、合作者、支持者、观察者等。如教师在材料的提供、环境的创设、问题的提出等方面都应该具有启发性,能激发幼儿的兴趣,让幼儿迸发出探索欲望,并进行自主探索,使幼儿参与的态度是积极的、主动的,而不是消极的、被动的;当个别孩子未完成探究活动时,教师要帮助、鼓励,绝不能嘲讽打击。

第三,活动过程中是否考虑了因人施教的问题。在活动过程中,要充分纳和尊重儿童的个体差异。儿童不可能都处于同一个发展水平,每个儿童都有自己独特的价值、自己的发展优势和兴趣特点,他们的原有经验也不同。活动中是否为其专门设计和指导,如采取集体、小组、个别活动相结合的形式,让每个孩子都有可能通过适合自己的方法去探索、去发现,同时要为儿童创设良好的环境,让儿童感受到轻松、自由、合作、分享的乐趣。

第四,活动过程中是否能随机调整预定的活动目标,并达成这一目标;是否能根据活动开展情况,对活动方法、组织形式、问题的设计等作出调整。

(五)对学前儿童科学教育环境的评价

科学教育环境包括物质环境和心理环境,是幼儿科学教育活动达到预期目标的支持和保证。

物质环境包括活动空间、活动场地、活动材料等,适宜的物质环境刺激,能激发幼儿积极的探索兴趣。教师应根据班级和园内的实际情况,围绕活动目的、内容及幼儿的实际情况,为幼儿创设趣味的、丰富的、优美的、多样的、紧扣目标的活动环境,如自然角、科学墙、音视频等。

另外,幼儿的思维特点是具体的、形象的,他们对外部世界的认识需要借助一定的材料来实现。教师选用的教具和学具应该具有趣味性、典型性、直观性、开放性、安全性、可操作性,既能激发兴趣,数量上要能保证幼儿在有效的时间内顺利完成探究任务。

心理环境包括活动的氛围、活动中教师和幼儿的关系、教师的态度、同伴关系等。教师要创设的心理活动氛围应该是宽松的、民主的、自由的、安全的、和谐的,要能让幼儿在愉快的情绪下学科学、感受科学。教师要积极主动地与幼儿交往,了解幼儿的意图、行动、解决问题的方式,成为他们探索的支持者。教师还要能尊重不同幼儿的观点,善于倾听、接纳幼儿的想法和做法,鼓励幼儿合作学习、善于交流、大胆猜想、勇敢尝试。

💡 对点案例

自来水不卫生

中班老师让每个小朋友带一盆植物来幼儿园养,要求把自己的植物照看好,让幼儿园更美丽。小朋友们有些兴奋,每天来园的第一件事情就是为自己的植物浇水。杰杰带来了一盆杜鹃花,这天,一个幼儿跑来告诉老师:"老师,杰杰用热水浇花了呐!"老师一看,确实杰杰的花盆里还冒着热气。老师问杰杰："怎么用热水来浇花？"杰杰非常认真地告诉老师："我妈说喝自来水不卫生，我也不能让我的花喝自来水，那样不卫生……"

老师 A 直接告诉幼儿："不能用热水浇植物，因为开水会烫伤植物的根，而且水经过加热，水中的含氧量降低了，对植物是不利的……"

老师 B 认为这就是幼儿的思维，这是一个愿意思考的孩子，懂得把自己的生活经验迁移到解决问题的过程中。于是，她及时组织了一个活动，让孩子们讨论：用热水浇灌植物行不行？有的幼儿说不行，有的幼儿说行。到底行不行呢？老师给了杰杰一个任务，请杰杰继续为他的花浇热水，并且和带花来的小朋友比一比，看看是凉水浇的花长得好，还是热水浇的花长得好。杰杰非常乐意地接受了这个任务。老师也请其他小朋友密切注意用不同水浇的花的变化。没几天，幼儿们发现杰杰的花蔫了，连叶子都好像没有精神了。终于有一天，杰杰忍不住跑来对老师说："老师，我的花快死了，你能救救它吗？"老师请其他幼儿去帮忙看看杰杰的花，然后老师问幼儿："杰杰用热水浇的花怎么样了？"幼儿们叽叽喳喳地议论开了，最后得出一个结论："不能用热水浇花，要用凉水浇花。"最后老师肯定了杰杰坚持实验的做法，并为他提供了一盆新的杜鹃花，让他用正确的方法照料。

点评：

案例中两位教师的做法营造了两种不同的心理氛围，教师 A 没有接纳幼儿的错误，直接纠正，不给孩子尝试的机会，长此以往，幼儿很快会怀疑自己的能力，失去探究的勇气。教师 B 尊重幼儿，当发现杰杰用热水浇花时，不是直接给出答案，而是去了解他行为背后的意图，接着让幼儿通过自己的实验去探究事实，为幼儿提供了心理安全的探究环境，同时也激发了幼儿对事物的探究欲望，可以使幼儿逐渐形成相信通过探究能解决问题的意识。

（选自：袁爱玲. 幼儿园教育环境创设[M]. 北京：高等教育出版社，2010.）

二、对学前儿童发展状况的评价

对幼儿发展状况的评价是以幼儿为对象的评价。通过对幼儿发展状况的评价，我们可以对幼儿做出某种鉴定，了解每个幼儿的发展状况，更好地改进教学，同时也可以帮助我们获得一些间接的资料，起到以评促学、以评促教、以评促研的作用。开展学前儿童科学教育活动的目的就是对幼儿的科学素养进行早期培养，即幼儿通过科学教育活动，获得科学知识经验，学会科学的方法以及培养科学的精神与态度。因此，对幼儿发展状况的评价包括以下三个方面。

（一）对学前儿童知识经验的评价

主要评价幼儿通过科学教育活动是否获得了科学经验，是否在此基础上形成了科学的初步概念。幼儿的思维特点是以具体形象思维为主，幼儿对事物及其关系的认识不是靠记忆，而是要靠一些具体的、特殊的材料进行科学探索而形成，他们所获得的知识经验不可能是真正意义上的科学概念，而是一些经验性的知识。因此，科学教育活动的开展应注重引导幼儿通过直接感知、亲身体验和实际操作去思考和感悟，从而进行科学学习，不应追求知识和技能的掌握，不能对幼儿进行灌输和强化训练。学前儿童科学活动应该强调"引导""帮助"幼儿获得经验性的知识。在评价活动中，可以通过有计划的测量、观察、分析、家长问卷、谈话等方式，收集资料进行统计分析了解相关情况，然后对幼儿所获得的经验性知识的情况作出评价。一般来说可从以下三个方面进行评价。

第一，是否具有常见的自然现象（包括季节、气象、理化等自然现象）及其与人类、动植物有关系的具体经验或初级的科学概念，是否具有初级的数学认知能力。

第二，是否具有关于周围环境及其与人的相互关系的具体经验或初级科学概念。

第三，是否具有与幼儿自己生活有关的科技产品及其对人类有影响的简单知识。

在对小班组织的科学活动"有趣的声音"进行评价时，可以对幼儿在活动中获得的相关经验作出评价，如"用什么办法可以发出好听的声音""怎样用不同的方法使不同的玩具发出不同的声音""哪些声音听起来好听""哪些声音听起来令人烦躁"等，而不需要对幼儿是否理解掌握"声波的概念"及"声音的要素"等问题进行评价。

（二）对学前儿童探索方法和能力的评价

对学前儿童探索方法的评价主要是指评价幼儿探索周围世界和学习科学的智力技能与方法的发展水平。如评价在活动中幼儿是否尽可能地运用多种感官；是否掌握观察的基本方法，学会有顺序地观察；是否能够在一定时间内专注地观察、思考、比较；能否在一组物体中，按照事物的特征进行分类；能否寻找独特的方法解决问题、发现各种关系；能否用简单的方法统计、记录探索和变化的过程；能否对一些物体进行比较、分析、抽象和概括；是否能大胆地提出新问题、新想法；是否主动以语言、体态、绘画、塑造等手段，表达交流科学探究活动中的发现、获得的经验和发现的问题以及探索的过程和方法。

在大班组织"融化和溶解"的科学活动中，教师可以通过观察幼儿是否能够认真观察，仔细操作，来评价幼儿的观察力、注意力、操作能力、解决问题的能力。比如，学生是否能够通过观察、模仿学会温度计的使用，能否注意观察比较不同温度下冰块的融化情况，能否说出生活中哪些物体容易溶解、哪些物体不容易溶解，是否能积极想办法使物体加快溶解等。

（三）对学前儿童的情感、态度的评价

在学前儿童科学教育活动中，对幼儿情感、态度的评价主要是指评价幼儿对周围世界的好奇心、探究热情、创造精神、尊重事实的科学态度、尊重他人的发现及创造、善于合作、爱护自然环境、乐于分享和交流的情感和态度等。例如，通过幼儿在科学活动"拉不开的书"中的表现，可以了解幼儿是否具有探究的热情、认真的态度，是否喜欢与同伴交流，是否乐意倾听别人的意见和建议，是否能和同伴合作共同探索。

为了让幼儿了解冰雪融化的原理，教师设计了这样一个情境——在严寒的北极，有一架客机由于燃油耗尽，被迫降落在这里，机上有一位病人需要喝热水，但是，在这冰天雪地里，如何才能有热水呢？孩子们由于同情，都想伸出援手，他们陷入了深深的思考中……

幼：把雪融化了。

师：如何融化？

幼：装在瓶子里，放在手心里捂。

师：为什么放在手心里捂雪就会融化？

幼：手是热的。

师：很好，雪会随着温度的上升而变化。

幼：这样不行，太慢！再说，万一手上的温度不够怎么办？

师（及时插入）：你认为，温度必须达到多少度雪才能融化？

幼：人体温度在三十几度，是零度以上。

幼：可水是凉的，病人喝着会不舒服的，怎么办？

幼：我们还可以用阳光生火。

师：这个主意非常好，幸好这架客机上有女乘客，她们都带有小镜子。如何利用小镜子使温度升得很高呢？

孩子们热烈地讨论，在老师的引导下最后形成统一意见：用一张易燃的皱纹纸，让所有的小镜子将阳光折射到纸上，就会点燃这张纸……

（选自：陈晓芳.幼儿科学活动设计与指导[M].北京：北京师范大学出版社，2013.略有改动）

在这里，孩子们深深地理解了科学知识的重要性，为了救命，他们面对挑战，进行了深深地思考和"艰苦"的探索，终于解决了问题。由此可见，有情感参与的科学学习活动更能够促进幼儿全身心地参与其中，更能培养他们的科技意识。

对幼儿科学教育内容的评价，有时是要有系统、有组织、有计划地实施的，是正式的评价，而更多是随机的、非正式的评价；有时评价比较显性，有时评价比较隐性。总之这种评价应该是通过教师幼儿互动来进行的。

第四节　学前儿童科学教育活动评价的步骤

评价的方法有很多，但不管运用哪种方法，都必须有目的、有计划、有步骤地进行，这样才能保证评价工作的科学性和有效性。学前儿童科学教育评价一般包括确定评价目标、设计评价方案、实施评价方案、处理评价结果等一系列有机联系的环节。

一、确定评价目标

无论是正式评价、随机评价还是非正式评价都是一种有目的的行为。评价过程中首要的步骤是确定评价目标。评价目标的确定包括以下三个方面。

（一）评价的目的——为什么评？

作为评价者首先要明确，当前评价的目的是什么？是衡量教育效果的优劣，还是探讨教育教学方法的运用？是了解幼儿的现有发展情况，还是对幼儿进行比较和鉴别？是为了发现和诊断问题，还是为了改进教学？是为了考评教师，还是为了发动家长献计献策，加强家庭和幼儿园的联系，保证家园教育的一致性？基于不同的目的，评价的具体实施也不同。只有确定了评价目的后，才能恰当地选择评价的内容、方法等。

（二）评价的主体——谁来评？

评价的主体指的是评价者，即评价的组织者和实施者。学前教育机构、管理人员、教师、幼儿及家长都是学前教育评价工作的参与者，幼儿园教育工作评价常常采用以教师自评为主、其他人员参与评价的模式。在所有的评价主体中，教师与幼儿是主体中的主体。

评价的目的不同，评价的主体就不同。例如，对幼儿园的教育质量进行评估定级，评价的主体应该是权威的评价机构或者上级教育行政和业务主管部门；对幼儿园内部教育效果进行的检查评价，评价的主体可以是幼儿园的管理人员及有关的教师；教师本人可以针对自己的教育教学情况，对自己的相关方面做出评估，或者进行诊断，从而改进和提高；幼儿也可以作为评价的主体，对家长、老师、同伴及本人做出各种评价。

（三）评价的对象和内容——评什么？

评价的目的决定了评价的对象和具体内容。在科学教育评价中，既要全面真实地反映评价对象的有关情况，又要力求简单可行，从实际出发，选择可操作性强的、具有代表性的内容进行评价。比如，对某教师在活动中的环境布置进行评价，就不需要将其学历、职称、品德等作为评价内容，只需评价教师设计的环境因素在该活动中对幼儿的探究活动所产生的作用。

二、制定评价方案

制定评价方案，就是根据评价的目的，对整个教育评价的过程进行总体的规划。方案的完备与否，直接影响着评价实施的效果。这一步骤包括以下四个方面。

（一）明确评价标准

在学前儿童科学教育评价中，应该以《纲要》《指南》中学前教育的总目标作为依据和标准，来评价教师的教学、幼儿的发展状况、幼儿园的教育教学质量等。

（二）设计评价指标体系

评价指标体系是教育目标的具体化，应参照《纲要》《指南》及幼儿园和教育活动目标，把评价的内容中各个有关的因素集中起来，按照一定的层次和权重，组成一个指标体系。比如，要评价幼儿的好奇心，可以通过幼儿在观察小猫中的表现来进行，可以将幼儿的表现分为对小猫的毛色的叙述，模仿小猫走路的样子，学猫的叫声，用语言逗引，挑选食物，喂食，模仿小猫吃东西的动作，用手摸，画有关猫的图画等，组成本次评价活动的指标体系。

（三）选择收集资料的方法

收集资料的方法有很多，如观察法、问卷法、谈话法、作品分析法等。不同的评价内容应该选择不同的方法，对同一评价内容，有时也需要采用不同的评价分析方法，以相互印证，提高评价结果的全面性和可靠性。

（四）准备评价的书面材料

为保证收集到有价值的评价资料、保证评价结果的科学性，在设计评价方案时，应该根据评价目的和方法，在评价前准备一定的书面材料，并在评价中进行记录。如运用观察法，就要准备好观察记录的表格和评价标准；运用问卷调查法，要设计好调查问卷，力求科学、有效；运用访谈法时，要准备好访谈提纲；等等。

三、实施评价方案

评价方案的实施主要有以下三个方面。

（一）宣传动员

评价正式实施之前，评价的组织者要对评价所涉及的对象作出必要的解释，以争取评价对象的支持和协助，以免造成负面影响，影响评价资料的真实性。例如，有的教师担心自己班幼儿的表现差于其他班级，对班上的幼儿进行事先演练，或者强化训练，甚至变相泄题等。家长为了让自己的孩子不"落后"，也进行强化训练，这样就会干扰评价方案正常进行，影响评价的真实性。评价者在评价方案实施前一定要对评价对象进行心理疏导，取得他们的理解和合作，也要对幼儿进行适当的解释，尽量消除他们的紧张情绪，保证评价顺利进行。

（二）收集评价资料

收集评价资料是科学教育评价工作中的重要环节，工作量大、技术性强，是决定评价是否成功的关键。幼儿教师首先要在平时勤于观察、记录，全面、准确地收集资料，完整地保存和积累资料，尤其要关注幼儿在日常生活中表现出的各种探索行为，如专心致志地观察小动物、浇灌植物、制作科学玩具等，这些其实都是有价值的资料，评价者应加以重视，耐心细致地进行搜集。

注意在评价过程中尊重、接纳评价对象,不能面对评价对象随意发表议论和评价,以免对其产生一定的影响,无法获得真实、客观的评价资料,并削弱评价资料的客观性。同时,评价者对资料的文字记录要保证客观性,避免使用一些带有主观色彩的词汇。比如,"他很关心豆芽的生长"就带有主观的推断,而"他每天都要去观察豆芽的变化好几次,闻闻味道,量量高度,浇浇水"就比较客观。

（三）对评价资料进行汇总整理

在获得资料以后,要及时、认真、精确地分析资料,用统计方法将评价资料加以处理。幼儿教师更要学会借助于计算机辅助完成有些量化统计的工作,提高工作效率。

四、处理评价结果

实施评价方案以后,评价者已经获得了有关评价对象的事实材料,这时评价者要及时针对汇总和整理的结果进行全面、认真地分析,作出评价的结论,写出形成报告,并提供给有关的对象,或反馈给教师,以便改进教学;也可以报告上级,使其了解情况。总之,要发挥好教育评价的作用,真正成为改进工作或作出决策的有效依据。

第五节　学前儿童科学教育活动评价的方法

教育评价的目的是真实地、全面地反映被评价对象的相关情况,便于总结经验改进方法,提高教育教学质量。在学前儿童科学教育活动评价过程中,要按照科学的程序,有计划、有组织地收集材料,确保收集材料的真实性,坚持客观性和科学性,不能通过主观臆断做出评价,这就必须借助科学的方法。但是,科学的方法并不一定是正规化、标准化的测验,我们应该注重通过多元化的评价方法,而不是标准化的模式来收集资料。作为评价者,应针对每个幼儿的特点进行个别化的评价,而不是用统一的标准来衡量每一个不同的个体;对幼儿进行评价应该注重对幼儿的整体的评价;不应该进行静态的评价,应该注重动态的评价,发展性的评价。幼儿教师应该注重把评价和教育活动密切结合起来,针对不同的活动,把不同的评价方法灵活运用在随机开展的评价活动中。

在学前儿童科学教育活动评价中,常用的收集评价资料的方法有作品分析法、测查法、问卷法、观察法、访谈法。

一、作品分析法

作品分析法是根据学前儿童的各种作品,如图画、泥塑、游戏、小实验、创编故事、儿歌、小制作等分析幼儿的发展水平,检测教育教学效果的一种方法。

例如,要求幼儿观察小鸡的生长变化并作观察记录,教师以此分析幼儿观察的细致性、准确性、系统性,同时了解幼儿坚持性、独特性等品质的发展情况。

又如,进行"可爱的不倒翁"活动后,教师可要求小朋友说出生活中所见过的与不倒翁制作原理相同的用品或玩具(如摇椅、摇摆木马等),鼓励幼儿回家制作不倒翁,教师可通过评价幼儿自制的不倒翁玩具中发现小朋友在观察、理解、动手和思维方面的进步情况,同时可反馈教师自己在活动中存在的问题。

作品分析法的优点在于资料较易收集,并且具有间接性,教师有足够的时间对幼儿的作业进行分析、比较,使评价更加客观准确。其缺点是,只能较多地反映当前教学的影响,而不能反映幼儿稳定的发展水平,不能系统、完整地了解幼儿的科学素质发展水平。

二、测查法

测查法也称测试法,指通过预先准备的问题测查幼儿的发展水平。测查法由统一的测试题目和测试程序构成,优点是可对大量的评价项目进行测试,可以在较短的时间内获得大量的反馈信息,便于量化和统计分析。

（一）编选测试题目

测查者根据评价的目的,拟定测试的内容、题目。题目不宜太多,以免被测者疲劳、烦躁。另外,还要拟定相应的指导语,对被测试者提出统一的要求。指导语应该简练明确、通俗易懂,易于被幼儿或家长接受。

（二）准备测试材料

测查中有时需要纸、笔,有时需要被测者操作,测试者要做好充分的材料准备。

（三）设计记录表格

记录表格一般是用来记录被测者在测试过程中的言语或行为表现,是统计分析的原始材料。设计表格时,应对被测者可能出现的问答或行为表现,加以归类,以便在测试过程中,在相应的格中作标记。

例如,为测查幼儿的左右方位知觉发展状况,可设计如表9-1所示的表格。

表9-1　幼儿左右方位知觉发展测试记录表

姓名	找到自己身体的左右部位	找到自己左边、右边的物品	找到自己左上方、右上方的物品	找到自己同方向的他人的左边、右边的物品	找到与自己异方向的他人的左边、右边的物品
A					
B					
C					
D					
E					

（表格选自：夏力.学前儿童科学教育活动指导[M].上海：复旦大学出版社,2013.）

（四）拟定评分标准

要根据不同类型的测试题目,拟定不同的评分标准。如加减法题有对错两种结果,最后可以计算正确率;分类能力测查也可以用一定的分值进行等级评定。如表9-2所示。

表9-2　幼儿分类能力发展测查评定表

姓　名	不会分类（0分）	会按一种特征分类(1分)	会按特征迅速分类(2分)	会按两种特征分类(3分)	会按两种特征迅速分类(4分)	会按两种以上特征分类(5分)
A						
B						
C						
D						
E						

（表格选自：施燕.学前儿童科学教育[M].上海：华东师范大学出版社,1999.略有改动）

三、问卷法

问卷法就是将一系列设计好的问题组合起来,通过书面形式,提供给调查者,征询被调查者的意见,回收、整理、分析问题的答案,从而获取有关评价对象情况的一种评价资料收集方法。

它的缺点是缺少面对面的沟通,研究者往往不在现场,获得的信息不够深入、细致,真实性无法核对;另外问题用文字和符号表达,对调查对象的要求较高,信息不够深入细致;但这种方法简便易行、省时、省力,调查内容广泛,能在较短时间内获得大量的反馈信息,且便于进行量化统计分析。

问卷调查为便于回答和统计,一般选择填空题、选择题、判断题、排序题。

(一)问卷的结构及设计

问卷的基本结构包括题目、前言、指导语、调查项目及供选择的答案、结束语五个部分。

题目:题目就是将要调查的主题,为了便于调查对象明确调查的目的和内容,题目应该是表述简练、明确。

前言:介绍调查单位和调查者的身份,简要说明问卷的内容和意义,了解回答问题的原因,说明调查对象的选取方式和对调查结果的保密措施,消除他们的顾虑和疑问,确保他们能够提供真实、客观的信息和材料。前言要做到真诚、简洁、明确、通俗易懂。

指导语:对答卷的方法、要求、注意事项等做具体的说明,语言要简明扼要。

调查项目及供选择的答案:问卷主要包括评价项目的有关问题和供选择的答案,是问卷的主要部分。问题一般涉及调查对象的基本情况、行为情况、态度情况等。问题要明确具体,答案要简单明了。

结束语:结束语包括答谢和问卷回收方法。既要用简短的语言对调查对象的合作表示真挚的感谢,还要向调查对象征询对该问卷的感受和看法,请他们提出宝贵意见。同时,让调查对象明确如何回收问卷。

(二)问题的编制和答案设计

问题的编制和答案设计是问卷的核心部分。问题的类型可根据问题内容的不同,分为开放式问题、封闭式问题、半开放半封闭式问题。

一般来讲,应该做到以下三点。

第一,问题的编制应围绕调查项目进行,要考虑到调查对象的知识背景;内容要具体、清晰、含义单一,不能笼统和抽象,避免带有复合性和兼容性的问题;语言要简练、通俗,应避免带有倾向性和诱导性。

第二,答案的设计要做到意思明确简洁,多选题中各选项要相对独立,避免交叉和包含,选项应该具有层次性,排列要讲究逻辑性,所有答案只能按一个标准分类。

第三,题目的排列和呈现应遵循几条原则:同类组合、先易后难、先概念后具体、先封闭后开放、先一般后特殊。例如,问题与列出的该题的答案应相对靠近、集中,避免答题者漏读某些部分;同类性质的问题应排列在一起,以利于调查者思考;可以相互检验的问题必须分隔开。

💡 对点案例

例如,在组织幼儿学习使用温度计时你的做法是:

A. 讲给幼儿听,告诉他们正确使用温度计的方法;

B. 讲给幼儿听,告诉他们正确使用温度计的方法,并演示给学生看;

C. 讲给幼儿听,告诉他们正确使用温度计的方法,让他们尝试测一杯热水的温度,试试老师讲的方法;

D. 不直接告诉他们正确的方法,准备好温度计和一杯热水,让幼儿在自己动手测量的探索过程中找出做法,教师给予引导、支持和帮助。

值得注意的是,以幼儿作为调查对象的问卷要避免文字,尽量用图画的方式。在调查实施时,要由调查者(一般是教师)帮助幼儿理解阅读调查问卷上图画的意义、问题的意思,然后再让幼儿作答。

四、观察法

观察法是指通过感官或辅助仪器,在自然状态或准自然状态下有目的、有计划地对观察对象进行系统的、连续的现场观察,并根据实际记录的观察结果进行分析,从而对观察对象作出评定的一种资料收集方法。

观察法具有客观性、可靠性、系统性、自然性和直接性。观察法观察的是正在发生的真实情况,观察者可以亲身感受被观察者的环境和活动,因而具有直接性。观察法特别适合学前儿童,他们的身心发展水平较低,书面和口头表达能力有限。同时,他们在观察时,不容易产生敏感,表现自然、真实,收集的资料比较真实可靠。

观察法的应用范围很广泛,包含的方法也比较多。常用的观察法有行为核对、情景观察和事件详录等。

1. 行为核对

行为核对就是在观察之前,依据评价的目标、内容制定一份观察行为核对表,观察过程中,评价者将观察到的事件或行为列在表中,与核对表中的项目逐条核对,在符合的条目上做记号,并进行评定的一种方式。

行为核对的优点是对观察者要求不高,记录简便易行,实施起来较方便。不足的是制定核对表要求较高,比较困难,不仅事先要确定观察行为的类型,而且需要通过抽取一定数量的具体行为,并从中选择出具有代表性的行为,作为行为条目来制定核对表,确保表中的行为能反映想要评价的内容。例如,在幼儿园的户外场地上,放置了几盒各种颜色的毛线,评价者要求大班幼儿玩毛线,并观察他们对毛线的行为反应,从而进行行为核对(表9-3)。

表9-3　幼儿对毛线的行为反应表

姓　名	绕线团	翻手花	钓　鱼	跳皮筋	编辫子	拼图案	装饰玩具	做游戏
A								
B								
C								
D								

注:在符合的行为上打"√"。

通过观察记录可分析出幼儿玩毛线的方式,以及幼儿的创造性。

核对表的设计大致有以下五个步骤:

第一步:选定用来测量评价对象某方面表现或行为的内容,然后将其分解成更具体的技能或表现。

第二步:用适当的语句将所列出的表现或行为表达出来。

第三步:将这些行为或表现按一定的顺序排列。

第四步:确定有些具体事项,如确定格式、确定是否要赋予一定的分值和等级。

第五步:给出明确的指导语。

制好核对表后,评价者就可以通过实地观察,根据评价对象的行为表现进行检核。如运用行为核对表9-4,对教师在幼儿偶发性科学活动中的态度进行行为核查。

表9-4　教师对幼儿偶发性科学活动态度的行为核对表

教 师 表 现	能	不 能
幼儿在自由活动时,教师能注意观察		
能发现幼儿的科学探究活动		
能提供必要的材料供幼儿使用		
能与幼儿一起观察科学现象		
能与幼儿一起讨论		
当幼儿有疑惑时,能给幼儿一些解答		
能向幼儿提供一些问题,供幼儿参考		
能在幼儿感到困惑时,鼓励幼儿坚持下去		
能支持幼儿将科学探索继续下去		

教师:　　　　　　班级:　　　　　　时间:　　　　　　调查人:

（表格选自:施燕.学前儿童科学教育[M].上海:华东师范大学出版社,1999.）

又如表9-5,运用行为核对表核查合作学习中幼儿解决小组冲突能力的行为表现。

表9-5　合作学习中幼儿解决小组冲突能力的行为核对表

日期:×年×月×日　　　　　班级:×班　　　　　参加小组:小组 A、小组 B、小组 C

教师:　×　×　×　　　　　　　　　　　　　　　　等级:＋经常有;√有时;○无

	解决小组冲突	小组 A	小组 B	小组 C
聆听	1. 一有机会就会倾听他人的想法	＋	○	○
	2. 积极采纳每个幼儿至少一个想法	＋	＋	＋
	3. 鼓励每个幼儿发表意见	√	○	√
明确责任	1. 每一项任务都欢迎志愿者参加	√	＋	○
	2. 每一个人都可以选择一份有意义的工作	√	＋	＋
	3. 能够轮流帮助别人工作	＋	√	＋
尊重每个人的价值及特点	1. 能够描述每一个小组成员的长处	＋	＋	＋
	2. 能够承认每个人最喜欢做的事	＋	＋	＋
	3. 具有接纳的氛围,鼓励每个人并帮助他们发挥各自的长处	＋	√	＋
树立榜样	1. 所有成员都有展示最佳工作的机会	＋	√	＋
	2. 接纳所有成员所表现出来的最佳工作结果	＋	＋	○
	3. 能够为共同的目标努力	＋	＋	○
提倡幽默	1. 能够大家一起大笑	√	＋	＋
	2. 能够欣赏彼此的成绩	＋	＋	＋
	3. 成员之间愉快合作	＋	＋	√

（表格选自:高芹.幼儿科学教育[M].海口:南海出版公司,2009.）

评价:

(1) 小组 A 具有很好的解决小组冲突的能力,尤其是在尊重小组的个人特点方面做得非常出色。

(2) 小组 B 合作能力较强,擅长营造轻松愉快的气氛,不过在聆听方面的能力还有待加强。

(3) 小组 C 非常注重其小组成员的价值,但在鼓励成员表现自我和树立最高共同目标追求方面的能力还有待加强。该小组可能不怎么接受非小组成员的参与,这在有些时候可能不利于小组对某些问题的解决。

2. 情景观察

情景观察是由评价者事先创设一个特殊的情景,将幼儿置于其中,以此引发评价者观察有关幼儿的行为反应,从而获取评价资料,达到评价观察对象的目的。

情景观察的优点是:能够测量幼儿发展水平的不同层次,并且是在有控制的情境中进行,能排除一些无关因素的干扰,观察的效果较好。缺点是:评价者创设一个能很好体现评价目标的情景很难,这个度相对难以把握;这种观察花费的时间和精力较多,观察的多是外部行为表现,因果关系的确定难以精确;在观察中,记录的只是想要观察的行为,忽略细节,难免带有一定的主观性;对评价者要求较高,需要评价者如实、快速、准确地对幼儿的反应进行记录。

💡 **对点案例**

运用情景观察,评价幼儿的观察力。

安排每个幼儿观察梨子和苹果,根据他们的行为表现、询问观察结果,制定表 9-6,评价他们的观察力。

表 9-6 幼儿园观察情况记录表

姓名	看	摸、捏	嗅	尝	比 较	关注细节	交 流	提出问题
A								
B								
C								
D								

3. 事件详录

事件详录是指评价者对幼儿在日常生活中或自然状态下的某种特定行为或事件的完整过程的观察,进行详细记录、分析,然后做出评价的方式。

事件详录虽然不需要实现编制记录表格,也不需要事先创设特殊的情境,但要针对事件的过程或相应的行为加以速记,并且要确保真实、客观,因而对观察者的要求较高。其优点是评价者可以随时随地在日常活动中观察、记录,并及时做出评价,获取的资料比起前面几种方法更加生动、具体,更能完整地反映幼儿行为的面貌,使评价更加现实、可行、有效。

💡 **对点案例**

这里记录的是一个两岁半的儿童玩卫生纸的实况。

源源看到地毯上放着一卷卫生纸,于是,拿起来撕下一块,又撕下一块,一直撕了六块,然后,将撕下的又全部撕成小块,撕了一地毯。他重新拽起卫生纸的一端开始拉,拉了很长,迟疑了一下,抱起身边的布熊,往小熊身上缠卫生纸,将小熊五花大绑了一番后,他站起来,拉着卫生纸拖着小熊走,拖着拖着,卫生纸被小熊拽断了。他停下来,重新捡起卫生纸的一端,再次想拖小熊,可是纸又断了。几次都没成功。他掉过头,站了一会儿,目光落在卫生纸卷上,于是,他又拉着卫生纸走起来,越走越快,之后跑起来,卫生纸布满了地毯,他咯咯地笑着、跑着。

（选自:夏力.学前儿童科学教育活动指导[M].上海:复旦大学出版社,2013.)

从上面的记录中,我们可以看出这位小朋友对卫生纸的兴趣、他玩纸的方法以及探索的坚持性。

事件详录包括三部分:

(1) 幼儿的班级、姓名、记录日期、记录地点及其他需要注明的内容;

(2) 事件的详细过程;

(3) 对事件的分析解释。

运用事件详录法时应该注意:

第一,明确要观察的幼儿表现不宜过多,以保证观察时不分散精力、不偏离目的。观察过程中还要注意幼儿不常见的表现,有时不经意的表现是很有价值的。

第二,观察后要尽快做简短的记录,以免遗忘一些重要细节,之后一定要及时补充完整。

第三,描述要客观具体,简短准确,便于书写和阅读,并易于总结;一个事件和另一个事件间不要混淆。

第四,作总结前,应充分收集幼儿的有关事件记录资料,以便全面、客观地评价幼儿的发展状况。

五、访谈法

访谈法也称谈话法,是指评价者通过直接与访谈对象进行面对面的交谈,以口头问答的形式来获取有关评价资料的一种方法。

评价者在对幼儿进行访谈时态度要亲切、平和,让幼儿能在轻松、平等的气氛中愉快地进行访谈,这样幼儿才能表露出自己的真实想法并发挥他们主动性,访谈的过程才能灵活、深入,才能保证访谈获取的资料更为真实可靠,生动具体,富有个性。

访谈法简单易行,适用面广。但访谈法获得的资料比较难以标准化,对被调查者的心理状态不好控制,有一定的局限性。访谈法对访谈者素质要求也很高,它不仅要求访谈者对访谈的内容非常熟悉,还要求访谈者本人具有较高的语言能力和敏锐的洞察力,能迅速地明白对方和理解对方的意思。访谈者的价值观、态度、谈话水平、语气等,都会影响评价对象,容易导致偏差。

访谈法的形式多种多样,评价者可根据需要采取集体访谈和个别访谈,也可以采取封闭式访谈或开放式访谈,还可以进行直接访谈和间接访谈。如可对某个儿童进行访谈或对一组儿童访谈,可面对面访谈或电话访谈,可对准备好的问题进行访谈或对随机的问题进行访谈。被访谈者也可以是教师、家长等对象。

无论采用哪种形式的访谈,访谈者首先要做好充分的准备,如了解被访谈者的背景,选好访谈的时间、地点,选择适当的访谈形式,设计好访谈提纲、程序、主要问题、附加问题等。访谈中要充分体现人性化,要与被访谈者建立良好的关系,取得其信任和支持。同时,要尊重访谈对象的年龄特征。

对点案例

下面是一个教师与幼儿关于"鸟"的对话。

（一）

师:你认识哪些鸟?

幼:麻雀、八哥、鸳鸯、鸵鸟、老鹰、杜鹃、啄木鸟。

师:你喜欢鸟吗?

幼:喜欢。

师:为什么?

幼:因为鸟会叫,会飞。

师:企鹅是鸟吗?

幼:不是,它是动物。

(二)

师:你能说出几种鸟的名字吗?

幼:乌鸦、喜鹊、画眉、杜鹃、黄莺。

师:蝙蝠是鸟吗?

幼:是的。

师:为什么?

幼:因为它会飞。

师:你喜欢鸟吗?

幼:喜欢。

师:为什么?

幼:因为鸟吃害虫。

从谈话中可以了解,幼儿对鸟的认识不够明确,把鸟儿定义为"会飞的小动物",说明幼儿有着自己各种各样的想法,还没有真正形成有关鸟的科学知识经验。但也可以看出,他们在根据自己的经验思考问题,已经具备了概念发展的水平。

对点案例

对中班幼儿"了解动物过冬的方式"的访谈。

(一)

师:谁知道青蛙怎样过冬的?

幼:不吃不喝睡大觉。

师:还有哪些动物和青蛙一样是睡觉过冬的?

幼:蛇和熊。

师:睡觉过冬就叫冬眠你知道吗?

幼:知道。

(二)

师:家里养的小鸡、小鸭怎样过冬?

幼:不知道。

师:老师告诉你吧,像小鸡、小鸭、小鹅、羊、兔,它们都是加厚自己身上的皮毛或羽毛来过冬的。这叫换毛过冬。

(三)

师:燕子和大雁怎样过冬?

幼:燕子和大雁到冬天就飞到南方去了。

师:这叫迁徙过冬知道吗?

幼:不知道。

（四）

师：蚂蚁怎样过冬？

幼：不知道。

师：蚂蚁、蜜蜂和田鼠，它们是躲在洞里吃秋天搬回的粮食过冬的。

幼：在秋天把粮食搬回来存放好，叫储存粮食。这种过冬的办法叫吃储存粮过冬。你知道吗？

（选自：夏力.学前儿童科学教育活动指导[M].上海：复旦大学出版社，2013.）

通过访谈可以知道，这些幼儿对动物过冬的方式了解并不多，对"迁徙""储存"这两个词语没有形成概念，也没有形成有关动物过冬的知识经验。

本章论述了学前儿童科学教育活动活动评价的概念、价值、内容、步骤及方法。在评价过程中，评价者必须明确评价的价值取向，使活动评价真正成为引导学前儿童科学教育的有效环节，最终促进幼儿的终身发展。因此，我们要坚持评价的科学性、时效性，不能将评价变成走过场，赶时髦，浪费人力、物力。另外，我们应该注意不能将评价神秘化，使评价变得高不可攀，无法把握，只有专家才能进行。应该树立这样的观念：每一位活动者、教育者都可以成为评价者。

案例展示

案　例　一

一天，张老师正准备开始美工活动，外面忽然下起了大雨，孩子们一下子就跑到了窗前，观看瓢泼大雨，他们跳着，叫着，只有东东仍然端正地坐在位子上。张老师说："我最喜欢东东了，他知道我们马上要上课了就没有乱跑。我看谁像东东一样遵守纪律？"孩子们听见张老师的话，纷纷走回位置坐好，开始美工活动。

活动后，其他老师对张老师的做法提出建议：应该请东东小朋友一起来观雨，自己也参与其中，并通过提问"雨是从哪里来的？"这样的问题，引导孩子们关注地面的变化，一段时间后，再问"水坑里的水哪去了？"，孩子们可以对雨进行一系列的研究。张老师也反思了自己的做法，觉得应该顺从幼儿的兴趣点，抓住教育契机，生成一次偶发的科学教育活动，这种反思促进了教师教育理念和行为的更新。

点评：

上述例子中，教师对幼儿被"突然下雨所吸引"的场景做出了"幼儿不遵守教学常规""教师要顺利完成预设好的活动"的判断，并未顺应幼儿的兴趣点，满足其探索需要。但其他教师的建议会促使教师反思和改进教育理念，在教学活动实施中教师指导策略的评价，对科学活动本身和幼儿的发展是非常有价值的。

案例展示

案　例　二

这是某幼儿园公开性的一次大班科学实验活动《斜坡开车》的简要过程。教师为幼儿制作了几组有四条跑道的斜坡赛车装置（斜坡坡度相同），每组装置的四条跑道的表面光滑程度不相同,有玻璃、木板、地毯和瓦楞纸板,还为幼儿准备了一些相同的小汽车。活动开始后,教师事先提出操作赛车的方法,即将赛车放置斜坡顶端后不用力让赛车自己滑下来;接着让幼儿分组自由操作这些玩具,要求幼儿观察哪条跑道的赛车滑的距离最远;最后教师让各小组说出玩的过程中的发现,对幼儿的经验进行总结。

活动后,教师通过说课表述了自己的活动设计思路:赛车是许多幼儿感兴趣的玩具。在玩斜坡装置的过程中孩子自己会产生疑问,"为什么同样的车有的跑得快,有的跑得慢呢?"通过多次操作,孩子就会发现"坡度"可以使汽车向下滑动,而且不同表面的下滑速度和下滑距离也不同,等等。

评课组认为:

第一,此活动的操作材料是幼儿感兴趣的玩具。

第二,这个斜坡装置引发了幼儿对汽车下滑距离和速度不同的好奇心,促使幼儿思考和持续操作来探究原因。

第三,在活动总结中,大多数幼儿能够说出"跑道光滑程度不同,汽车滑行速度和距离不同"以及"跑道越粗糙,汽车滑行越缓慢,滑行距离越短"等结论,这是为幼儿以后认识"摩擦力"这个物理现象积累了直接经验。而且在活动中幼儿能持续操作和观察,同伴之间能自发地进行交流和合作。因此,该活动基本实现了活动目标,幼儿也得到了应有的发展。

第四,教师在活动中给予了幼儿充足的材料和操作时间,让幼儿"做中学";另外,活动中教师规范了试验方法,比如"把汽车放在顶端,不用力让汽车下滑"等,尽量避免了无关因素的干扰;教师还引导幼儿将注意力集中到"跑道的光滑程度上",活动后进行总结提升,使得幼儿有目的地学习,有效地获得了物理经验。

点评:

以上案例表明:在幼儿园里,开展科学教育活动后会组织教师开展教研活动。教研中主要根据教师现场活动的实施情况和教案进行评价和建议。这个评价既包含对教师教案目标设定、内容选择等评价,也包括活动实施中教师指导策略的评价,还会谈到科学活动对幼儿的发展价值。

(选自:李玮,庄彩霞.学前科学教育[M].天津:南开大学出版社,2012.)

【实践活动】

1. 到幼儿园见习,运用情景观察法对科学教育活动实施过程进行评价。

2. 到幼儿园见习,运用事件记录法对科学活动中教师的教学方法进行记录与评价。

3. 学习下面两个科学活动案例,以小组为单位,利用实训课时间在幼儿园组织小朋友开展这两个活动,并尝试运用本章所学知识对活动进行评价。

案 例

活动一　科学探究活动:会变化的影子(大班)

设计教师:刘清　评析专家:刘霞

幼儿园:山东省胜利油田仙河社区学前教育中心第三幼儿园

设计意图:

孩子们在户外做操时,经常注意到自己的影子随着自己动作的变化而变化,我经常能听到孩子说,"瞧,我的手变大了""我变得好高呀"……此外,孩子们对一条奶粉广告里做恐龙手影的小孩很感兴趣,会谈论:"小恐龙怎么一下子变成了大恐龙了?"为此,我设计了这一节科学探究活动,旨在帮助幼儿解开心中的"为什么",使幼儿了解影子的变化与光源和物体的关系,激发幼儿对科学探索活动的兴趣。

活动目标:

1. 了解影子形成的条件。

2. 发现影子的变化与光和物体的距离及位置的关系。

3. 萌发对影子的好奇心和持续探究的愿望。

活动准备:

光线较暗的教室,手电筒,玻璃片,透光纸,卡纸,布娃娃,剪刀,记录纸。

活动过程:

1. 猜谜导入活动,激发幼儿学习兴趣。

请幼儿猜谜语,引出活动内容。

谜面为:有个好朋友,天天跟我走;有时走在前,有时走在后;我和他说话,就是不开口。

2. 通过讨论和实验,探究影子形成的原因。

(1) 经验回顾,使幼儿知道影子的成因之一——有光才能有影子。

师:你们都在什么地方见过影子? 为什么会有影子? 在什么地方没有影子呢?

小结:有光的地方才有影子,没有光就没有影子。

(2) 探索实验,发现影子的成因之二——不透光的物体才有影子。

① 教师出示手电筒、玻璃片、透光纸、卡纸、布娃娃、剪刀等材料,请幼儿分成两人一组去试一试,看看什么样的材料在光照下会产生影子,并做好记录。记录表如下:

物　品	玻璃片	透光纸	卡　纸	布娃娃	剪　刀
是否有影子					

② 师生一起总结分享实验的结果。

师:请小朋友说说你的实验结果是什么,为什么卡纸、布娃娃、剪刀有影子,而玻璃片和透光纸没有影子呢?

小结:原来当光照在卡纸、布娃娃、剪刀这些不透明的物体上时,就会产生影子;当光照射在玻璃片、透光纸这些透明的物体时没有影子,因为光线能穿透过去。

3. 进一步探索,发现影子的变化与光和物体的距离及位置的关系。

(1) 提出问题:谁能让同一物体的影子一会儿变大一会儿变小?

(2) 请幼儿操作、验证:探索影子的变化与光和物体的距离及位置的关系。

请幼儿两人一组,一人拿手电筒,一人拿剪刀反复进行实验。

(3) 分享交流:请幼儿讲述自己的实验结果。

小结:当光离剪刀近时,影子变大;离剪刀远时,影子会变小。此外,光源的位置比较低时,剪刀影子变大;光源的位置高时,剪刀影子变小。

4. 延伸拓展,激发幼儿进一步探究的兴趣。

小结:今天我们和影子做游戏,真开心。其实,光和影子还有许多秘密呢,所以小朋友们平时要多注意观察,把你发现的秘密和老师、小朋友一起分享。影子还会跳舞呢,现在咱们一起让影子跳起舞来吧!

(选自:董旭花.幼儿园优秀科学活动设计88例[M].北京:中国轻工业出版社,2013.)

案 例

活动二 数学认知活动：认识人民币(大班)

设计意图：

大班幼儿已经对人民币有了初步的认识及接触，部分幼儿会在家人的陪伴下购买文具、图书、小食品等，也有的幼儿拿来游戏币和同伴一起玩游戏。孩子们已经了解了人民币的功用，对人民币上面的图案有着浓厚的兴趣，但对于人民币的面值还比较模糊。针对这种情况，我设计开展了本次活动，引导孩子们认识各种币值的人民币，了解不同币值人民币上的图案，并学习兑换面值小的人民币，通过游戏加深幼儿对人民币的认识。

活动目标：

1. 认识1角、5角、1元的纸币和硬币。

2. 学习掌握元与角之间的兑换关系。

活动准备：

1. 人手一套1角、5角、1元的纸币和硬币，兑换记录表。

2. 开小超市用的物品，包括铅笔、本子、转笔刀、小玩具等。

3. 部分国家的货币图片。

活动过程：

1. 出示纸币和硬币，引起幼儿的兴趣。

教师出示1角、5角、1元的纸币和硬币，引导幼儿观察、思考：这是什么？它们是哪个国家的？它们的名字叫什么？有什么用？

小结：这是我们中国的钱，也叫货币；中国的货币叫人民币，人民币是用来购买物品的。

2. 认识、区分1角、5角、1元的纸币。

(1)每人一套1角、5角、1元的纸币，引导幼儿观察、触摸并说一说。

师：它们是什么颜色的？正面、反面都有什么图案？摸上去什么感觉？

小结：不同币值的人民币，它们的颜色、图案是不一样的，摸上去有凹凸不平的感觉。

(2)区分1角、5角、1元纸币的异同。

师：找找看，这些纸币上哪些地方是不同的？哪些地方是相同的？

小结：不同币值的人民币的大小、颜色、图案是不一样的，代表纸币面值的数字和纸币的编号、发行年份也是不同的；不管哪种纸币，上面都有中国的国徽图案和"中国人民银行"的字样。

(3)做游戏"对对碰"，复习巩固对纸币的认识。

教师说出一种人民币的面值(或图案)，幼儿说出相应的图案(或面值)，说完后教师、幼儿分别拿出所说的钱币碰在一起，看看是不是一样的。若说对了，相互击掌两次，并一起说："嗨嗨！真棒！"

3. 认识、区分1角、5角、1元的硬币。

(1)幼儿每人一套1角、5角、1元的硬币，自由观察、探索。

师：这是什么？这是多少币值的硬币？它们是什么颜色的？什么形状的？上面都有什么？

(2)幼儿交流与分享。

(3)教师小结，提升经验。

不同点：图案、数字、年份、大小不同；有的有国徽，有的没有；5角的是金色的，其他的是银色的。

相同点：都有花的图案、代表硬币面值的数字、年份、"中国人民银行"的字样。

4. 玩游戏"小银行",学习 1 元、5 角、1 角之间的兑换。

(1) 教师交代游戏玩法:幼儿 3—4 人一组,一人做银行出纳员,其余人做顾客,玩人民币兑换游戏。比如,顾客说:"我想把 1 元钱换成 5 角的,可以吗?"或者"我有 3 个 1 角和 2 个 1 角的钱,可以给我换成 5 角的吗?"出纳员根据顾客的要求进行兑换,请顾客核对是否正确。

(2) 幼儿自由结合进行游戏,教师参与游戏,进行指导。

活动延伸:

1. 开展"小超市"区域活动,投放人民币游戏币及多种材料,供幼儿练习人民币的使用及兑换。

2. 鼓励幼儿和自己的爸爸、妈妈一起了解几种其他国家的货币及其名称,如英镑、美元、澳元等,开阔视野。

(选自:董旭花.幼儿园优秀科学活动设计 88 例[M].北京:中国轻工业出版社,2013.)

【拓展实训】

一、选择题(以下各题为多项选择题)

1. 对学前儿童科学教育活动本身进行评价时,主要包括以下哪些内容?(　　)

　　A. 对活动目标的评价　　　　　　　　　B. 对活动内容的评价

　　C. 对活动方法的评价　　　　　　　　　D. 对活动过程的评价

　　E. 对活动环境的评价　　　　　　　　　F. 对幼儿知识经验的评价

2. 学前儿童科学教育活动评价的一般步骤是什么?(　　)

　　A. 实施评价方案　　　　　　　　　　　B. 确定评价目标

　　C. 处理评价结果　　　　　　　　　　　D. 制定评价方案

　　E. 收集评价资料　　　　　　　　　　　F. 明确评价标准

3. 下列哪种方法不是学前儿童科学教育活动评价的方法?(　　)

　　A. 问卷法　　　　　　　　　　　　　　B. 测查法

　　C. 作品分析法　　　　　　　　　　　　D. 观察法

　　E. 访谈法　　　　　　　　　　　　　　F. 实验法

二、简答题

1. 简述教育评价及学前儿童教育评价的概念。

2. 为什么要进行学前儿童科学教育活动评价?

3. 学前儿童科学教育活动评价的内容有哪些?

4. 在科学教育活动评价中如何运用测查法进行评价?

参 考 文 献

1. 李玮,庄彩霞. 学前科学教育[M]. 天津：南开大学出版社,2012.

2. 瞿葆奎,郑金洲. 教育心理学[M]. 福州：福建教育出版社,2010.

3. 高芹. 幼儿科学教育[M]. 海口：南海出版公司,2009.

4. 余子侠. 陶行知教育名篇导读[M]. 天津：天津教育出版社,2010.

5. 张丽霞. 学前儿童发展心理学[M]. 武汉：华中师范大学出版社,2013.

6. 陆兰,杭梅. 幼儿科学教育与活动指导[M],北京：北京师范大学出版社,2011.

7. 施燕. 学前儿童科学教育[M]. 上海：华东师范大学出版社,2006.

8. 张俊. 幼儿园科学教育[M]. 北京：人民教育出版社,2004.

9. 李季湄,冯晓霞.《3—6岁儿童学习发展与指南》解读[M]. 北京：人民教育出版社,2013.

10. 黄瑾. 幼儿园教育活动设计与指导[M]. 上海：华东师范大学出版社,2007.

11. 董旭花. 幼儿园科学区(室)[M]. 北京：中国轻工业出版社,2012.

12. 夏力. 学前儿童科学教育活动指导[M]. 上海：复旦大学出版社,2012.

13. 彭越,王栋材. 幼儿园科学教育活动设计与指导[M]. 长沙：湖南大学出版社,2013.

14. 董旭花. 幼儿园科学活动设计88例[M]. 北京：中国轻工业出版社,2013.

15. 王志明. 学前儿童科学教育[M]. 南京：南京师范大学出版社,2001.

16. 王冬兰. 学前儿童科学教育[M]. 上海：华东师范大学出版社,2009.

17. 王秀华. 幼儿园科学教育研究与实践[M]. 宁波：宁波出版社,2011.

18. 李维金. 学前儿童科学教育[M]. 北京：科学出版社.2012.

19. 陈蔚红. 学前儿童游戏[M]. 北京：中央广播电视大学出版社,2011.

20. 刘焱. 幼儿园游戏教学论[M]. 北京：中国社会出版社,1999.

21. 黄瑾. 学前儿童数学教育[M]. 上海：华东师范大学出版社,2007.

22. 庄爱平,王岳林. 幼儿数学教育[M]. 天津：南开大学出版社,2011.

23. 李淑贤. 幼儿数学教育理论与实践[M]. 长春：东北师范大学出版社,2006.

24. 陈晓芳. 幼儿科学活动设计与指导[M]. 北京：北京师范大学出版社,2013.

25. 袁爱玲. 幼儿园教育环境创设[M]. 北京：高等教育出版社,2010.

图书在版编目(CIP)数据

学前儿童科学教育活动设计与指导/李洪屏主编. —2 版. —上海：复旦大学出版社，2022.1
(2023.8 重印)
ISBN 978-7-309-15804-5

Ⅰ.①学⋯　Ⅱ.①李⋯　Ⅲ.①学前儿童-科学教育学-高等职业教育-教材　Ⅳ.①G613

中国版本图书馆 CIP 数据核字(2021)第 127477 号

学前儿童科学教育活动设计与指导(第二版)
李洪屏　主编
责任编辑/查　莉

复旦大学出版社有限公司出版发行
上海市国权路 579 号　邮编：200433
网址：fupnet@ fudanpress.com　http://www.fudanpress.com
门市零售：86-21-65102580　　团体订购：86-21-65104505
出版部电话：86-21-65642845
杭州日报报业集团盛元印务有限公司

开本 890×1240　1/16　印张 13.25　字数 392 千
2023 年 8 月第 2 版第 3 次印刷

ISBN 978-7-309-15804-5/G·2268
定价：48.00 元